高职教师专业发展：困境与出路

徐 华 著

上海交通大学出版社

内容提要

本书共分 6 章，从教师专业发展的基本情况说起，借鉴国外教师专业发展的经验，深入分析了高职教育发展的情况，剖析了我国高职教师发展存在的问题，提出了我国高职教师专业优化发展的实现路径。全书理论联系实践，具有一定的可读性和参考价值。

图书在版编目(CIP)数据

高职教师专业发展：困境与出路/徐华著.—上海：上海交通
大学出版社,2017
ISBN 978-7-313-18616-4

Ⅰ.①高⋯ Ⅱ.①徐⋯ Ⅲ.①高等职业教育-英语-教师-师资培养-中国-文
集 Ⅳ.①G715-53

中国版本图书馆 CIP 数据核字(2017)第 316298 号

高职教师专业发展：困境与出路

著　　者：徐　华

出版发行：上海交通大学出版社　　　　　　地　　址：上海市番禺路 951 号

邮政编码：200030　　　　　　　　　　　　电　　话：021-64071208

出 版 人：谈　毅

印　　制：凤凰数码印务有限公司　　　　　经　　销：全国新华书店

开　　本：710mm×1000mm　1/16　　　　　印　　张：16

字　　数：285 千字

版　　次：2017 年 12 月第 1 版　　　　　　印　　次：2017 年 12 月第 1 次印刷

书　　号：ISBN 978-7-313-18616-4/G

定　　价：48.00 元

前　言

　　教师专业化是当今世界各国教师教育改革的基本目标，也是各国提高教育质量的重要途径。随着知识经济社会的到来，社会对有形资本的依赖程度逐渐降低，对智力资本的依靠越来越大。因此，高等教育界在迎接知识经济的挑战上有着特殊的地位和作用，且对社会经济发展、社会进步和科技革新产生的影响愈加重大。善之本在教，教之本在师。教师是学校教育中最活跃、最关键的因素，其专业素质和教学能力是学校教育持续改进的最深刻的变革力量，是学校教育不断提升的动力源泉。我国教育改革发展纲领性文件《国家中长期教育改革和发展规划纲要（2010—2020 年）》中指出"加强教师队伍建设，提升教师素质，努力造就一支师德高尚、业务精湛、结构合理、充满活力的高素质专业化教师队伍。"

　　我国高等职业教育在国家的教育发展规划中，承载着职业教育"大力发展"和高等教育"提高质量"的两大战略使命，职业教育领域的教师教育重要性也日渐凸显。高职教育面临着前所未有的挑战和机遇，经济快速发展，技能人才需求旺盛，而我国长期形成的重普通教育轻职业教育的状况，导致职业教育师资力量薄弱，专业发展水平不高。本书以外语教师为例，浅谈了外语教师面临的尴尬境遇。高职外语教师如果还没有危机感，很有可能在高职教育改革浪潮中被淘汰。目前绝大部分高职外语教师当初在校学习期间接受的是传统的纯语言教育，基本属于"语言型"或"语言和文学结合型"人才，不具备某一行业的基本知识和实践经验。行业外语教学具有跨学科教学的性质，需要多学科知识的交融才能达到培养专门用途语言能力的目的。高职外语教师缺乏跨学科知识的现状制约了其开展行业外语教学与研究，使其备感困惑与压力。

究其主客观原因：一方面外语教育改革严重滞后于专业课程的改革发展，另一方面外语教师专业发展陷入停滞不前的发展困境。本书是作者多年理论研究和实践探索的成果，旨在全面阐述新时代下高职教师面临的困境、大数据时代的责任和挑战，同时借鉴英美等发达国家教师发展的成功经验，从宏观策略指导到微观的行动研究、课堂教学等方面提供成长路径，具有时代性、实践性和可操作性，本书理论联系实际，特别是高等职业院校的外语教师学习者的成长手册，也可作为教师发展研究者的参考读物，具有研究借鉴价值。

全书共分六章，第一章主要包括教师专业发展的概述、历史变迁、教师教育体系的形成、教师发展理论、发展阶段论以及高职教师专业发展概述。第二章阐述了高职教育发展现状、趋势，高职教师职业发展现状，高职教师面临的挑战、发展现状及转型趋势。第三章对教师专业发展进行比较，借鉴英国杜伦大学教师发展的校本研究，美国耶鲁大学和康奈尔大学教师发展研究以及日本、德国、新加坡、荷兰等大学的教师专业发展研究引发启示。第四章阐述了高职外语教师专业发展的宏观政策：教师教育政策的界定、教师教育政策的走向、国际教师教育的政策的走向、我国教师教育政策的建议、高职教师发展中心的校本政策等。第五章从微观角度审视高职教师专业发展，以外语教师为例，阐述外语在线学习、外语教学反思、高职外语教师合作学习及角色定位等。第六章是对高职教师专业发展的展望，从技术革新、制度设计、工学结合、双师型、激励机制、社会学视角、教育生态、评价体系等关键词入手进行阐述，立体化地阐明了教师专业发展的实现路径。

本书为江苏省高校哲学社会科学基金项目一般资助课题《高职院校外语教师在线专业化发展（TOPD）的协同机制研究》（课题编号：2016SJB880090）和江苏省高等教育科学研究"十三五"规划一般课题（课题编号：16YB203）的阶段性成果；江苏省第三批中青年骨干教师境外研修资助项目；扬州工业职业技术学院青蓝工程学术带头人专项资助项目。

本书在写作过程中得到了扬州工业职业技术学院同仁们的热忱鼓励和鼎力支持。本书的出版得到了上海交通大学出版社的大力支持和帮助，在此致以诚挚的感谢！

由于作者水平有限，对于本书存在的不足和问题，敬请读者批评指正。

徐　华

2017 年 8 月

目　录

第一章
教师专业发展解读：概念与内涵

思维世界的发展，在某种意义上说，就是对惊奇的不断摆脱。

——爱因斯坦

第一节　教师专业发展概述

一、职业与专业

根据中国职业规划师协会的定义，职能和行业相乘，才能算是一个完整的职业。为了人类社会生存和发展，每个人在成年后都必须从事一定的工作，担负起不同的职责和义务。因为这是一种谋生的手段，而且从事某种职业也是一个社会人应当承担的社会责任。《中国大百科全书·社会学》里对职业是这样解释的："职业是随着社会分工而出现的，并随着社会分工的稳定发展而构成人们赖以生存的不同的工作方式"。职业是一个历史范畴，它不是从来就有、永恒不变的，而是在历史上产生并随着社会分工和劳动分工的变化不断发生变化的。

自从人类社会出现了分工及各种职业以来，各职业之间的高低及尊卑之别就成为人类社会中的普遍现象。至17世纪，欧洲部分职业群体从众多职业中分化出来，被社会默许为

"专业"。当时,英国社会的医学、法律与神学就普遍被默许为专业。随着工业革命及知识与科技的发展,社会分工日趋精细,各种新兴职业不断涌现,其中不少也能争取到专业的称谓。所谓专业是专门职业的简称。卡尔·桑德斯是较早有系统地分析专业的社会学家,他说:"专业是指一群人在从事一种需要专门技术的职业。专业是一种需要特殊智力来培养和完成的职业,其目的在于提供专门性的服务。"日本学者石村善助认为,所谓专门职业,是指通过特殊的教育或训练掌握了已经证实的认识(科学的或高深的知识),具有一定的基础理论的特殊技能,从而按照来自非特定的大多数公民自发表达出来的每个委托者的具体要求,从事具体的服务工作,借此为全社会利益效力的职业。在社会学概念里,专业是"指一群人经过专门教育或训练,具有较高深和独特的专门知识与技术,按照一定专业标准进行专门化的处理活动,从而解决人生和社会问题,促进社会进步并获得相应报酬待遇和社会地位的专门职业。"

二、职业的特征

1. 职业的社会属性

职业是人类在劳动过程中的分工现象,它体现的是劳动力与劳动资料之间的结合关系,其实也体现出劳动者之间的关系,劳动产品的交换体现的是不同职业之间的劳动交换关系。这种劳动过程中结成的人与人的关系无疑是社会性的,他们之间的劳动交换反映的是不同职业之间的等价关系,这反映了职业活动、职业劳动成果的社会属性。

2. 职业的规范性

职业的规范性应该包含两层含义:一是指职业内部的规范操作要求性,二是指职业道德的规范性。不同的职业在其劳动过程中都有一定的操作规范性,这是保证职业活动的专业性要求。当不同职业在对外展现其服务时,还存在一个伦理范畴的规范性,即职业道德。这两种规范性构成了职业规范的内涵与外延。

3. 职业的功利性

职业的功利性也叫职业的经济性,是指职业作为人们赖以谋生的劳动过程中所具有的逐利性一面。职业活动中既满足职业者自己的需要,同时,也满足社会的需要,只有把职业的个人功利性与社会功利性相结合起来,职业活动及其职业生涯才具有生命力和意义。

4. 职业的技术性和时代性

职业的技术性指不同的职业具有不同的技术要求,每一种职业往往都表现出一定相应的技术要求。职业的时代性指由于科学技术的变化，人们生活方式、习惯等因素的变化导致职业打上那个时代的"烙印"性。

三、西方职业的划分

根据西方国家的一些学者提出的理论，一般将职业进行 3 种分类：

(1) 按脑力劳动和体力劳动的性质、层次进行分类。这种分类方法把工作人员划分为白领工作人员和蓝领工作人员两大类。白领工作人员包括：从事专业性和技术性的工作的人、农场以外的经理和行政管理人员、销售人员、办公室人员。蓝领工作人员包括：手工艺及类似的工人、非运输性的技工、运输装置机工人、农场以外的工人、服务性行业工人。这种分类方法明显地表现出职业的等级性。

(2) 按心理的个别差异进行分类。这种分类方法是根据美国著名的职业指导专家霍兰德创立的"人格-职业"类型匹配理论，把人格类型划分为六种，即现实型、研究型、艺术型、社会型、企业型和常规型。与之相对应的是六种职业类型。

(3) 依据各个职业的主要职责或"从事的工作"进行分类。这种分类方法较为普遍，以两种代表为例。其一是国际标准职业分类。国际标准职业分类把职业由粗至细分为四个层次，即 8 个大类、83 个小类、284 个细类、1 506 个职业项目，总共列出职业 1 881 个。这种分类方法便于提高国际间职业统计资料的可比性和国际交流。其二是加拿大《职业岗位分类词典》的分类。它把分属于国民经济中主要行业的职业划分为 23 个主类，主类下分 81 个子类，489 个细类，共计 7 200 多个职业。此种分类对每种职业都有定义，逐一说明了各种职业的内容及从业人员在普通教育程度、职业培训、能力倾向、兴趣、性格以及体质等方面的要求，有较大的参考价值。

四、我国职业的划分

根据我国不同部门公布的标准分类，我国职业分类方法为两种：

(1) 第一种是根据国家统计局、国家标准总局、国务院人口普查办公室 1982 年 3 月公布的供第三次全国人口普查使用的《职业分类标准》。该标准依据在业人口所从事的工作性质的同一性进行分类，将全国范围内的职业划分为大类、中类、小类三层，即 8 大类、64 中类、301 小类。其中 8 个大类的排列顺序是：各类专业、技术人员；国家机关、党群组织、企事业单位的负责人；办事人员和有关人员；商业工作人员；服务性工作人员,农林牧渔劳动者；生产工作、运输工作和部分体力劳动者；不便分类的其他劳动者。在八个大类中,第一、二大类主要是脑力劳动者,第三大类包括部分脑力劳动者和部分体力劳动者,第四、五、六、七大类主要是体力劳动者,第八类是不便分类的其他劳动者。

(2) 第二种是国家发展计划委员会、国家经济委员会、国家统计局、国家标准局批准,于1984年发布,并于1985年实施的《国民经济行业分类和代码》。这项标准主要按企业、事业单位、机关团体和个体从业人员所从事的生产或其他社会经济活动的性质的同一性分类,即按其所属行业分类,这两种分类方法符合我国国情,简明扼要,具有实用性,也符合我国的职业现状。

五、职业兴趣

职业兴趣是一个人对待工作的态度,对工作的适应能力,表现为有从事相关工作的愿望和兴趣,拥有职业兴趣将增加个人的工作满意度、职业稳定性和职业成就感。根据颇具权威的霍兰德职业兴趣分类方法,可将职业兴趣分为六种类型：常规型、艺术型、实践型、研究型、社会型和管理型。

职业兴趣是以一定的素质为前提,在生涯实践过程中逐渐发生和发展起来的。它的形成与个人的个性、自身能力、实践活动、客观环境和所处的历史条件有着密切的关系,因此,职业规划对兴趣的探讨不能孤立进行,应当结合个人的、家庭的、社会的因素来考虑。了解这些因素,有利于深入认识自己,进行职业规划。

1. 个人需要和个性

不管人的兴趣是什么,都是以需要为前提和基础的,人们需要什么也就会对什么产生兴趣。由于人们的需要包括生理需要和社会需要或物质需要和精神需要,因此人的兴趣也同样表现在这两个方面。人的生理需要或物质需要一般来说是暂时的,容易满足。例如,人对某一种食物、衣服感兴趣,吃饱了、穿上了也就满足了；而人的社会需要或精神需要却是持久的、稳定的、不断增长的,例如人际交往、对文学和艺术的兴趣、对社会生活的参与则是长期的、终生的,并且不断追求的。兴趣是在需要的基础上产生的,也是在需要的基础上发展的。

有的人兴趣和爱好的品味比较好,有的人兴趣和爱好的品味比较差,兴趣和爱好品味会受其个性的影响。例如,一个人很高雅,会对公益活动感兴趣,乐于助人,对音乐、美术有兴趣；反之,一个人很庸俗,会对占小便宜感兴趣,对低级、庸俗的文艺作品有兴趣。

2. 个人认识和情感

兴趣不足是和个人的认识和情感密切联系着的。如果一个人对某项事物没有认识，也就不会产生情感，因而也就不会对它产生兴趣。同样，如果一个人缺乏某种职业知识，或者根本不了解这种职业，那么他就不可能对这种职业感兴趣，在职业规划时也想不到。相反，认识越深刻，情感越丰富，兴趣也就越深厚。

例如，有的人对集邮很入迷，认为集邮既有收藏价值，又有观赏价值，它既能丰富知识，又能陶冶情操，而且收藏得越多、越丰富，就越投入，越有兴趣，于是就会发展成为一种爱好，并有可能成为他的职业。

3. 家庭环境

家庭作为最基本的社会单元，对每个人的心理发展都产生重要的影响，个人职业心理发展具有很强的社会化特征，家庭环境的熏陶对其职业兴趣的形成具有十分明显的导向作用。大多数人从幼年起就在家庭的环境中感受其父母的职业活动，随着年龄的增长，逐步形成自己对职业价值的认识，使得个人在选择职业时，不可避免地带有家庭教育的印迹。家庭因素对职业取向的影响，主要体现在择业趋同性与协商性等方面。

一般情况下，个人对于家庭成员特别是长辈的职业比较熟悉，在职业规划和职业选择上产生一定的趋同性影响，同时受家庭群体职业活动的影响，个人的职业生涯决策或多或少产生于家庭成员共同协商的基础上。兴趣有时也受遗传的影响，父母的兴趣也会对孩子有直接的影响。

4. 受教育程度

个人自身接受教育的程度是影响其职业兴趣的重要因素。任何一种社会职业从客观上对从业人员都有知识与技能等方面的要求，而个人的知识与技能水平的高低在很大程度上取决于其受教育的程度。一般意义上，个人学历越高，接受职业培训范围越广，其职业取向领域就越宽。

5. 社会因素

一方面，社会舆论对个人职业兴趣的影响主要体现在政府政策导向、传统文化、社会时尚等方面。政府就业政策的宣传是主导的影响因素，传统的就业观念和就业模式也往往制约个人的职业选择，而社会时尚职业常常是青年人追求的目标。如当前计算机技术和旅游事业都得到较大发展，对这两个职业有兴趣的人也增加得很快。

另一方面，兴趣和爱好是受社会性制约的，不同的环境、不同的职业、不同的文化层次的人，兴趣和爱好都不一样。

6. 职业需求

职业需求是一定时期内用人单位可提供的不同职业岗位对从业人员的总需求量，它是影响个人职业兴趣的客观因素。职业需求越多、类别越广，个人选择职业的余地就越大。职业需求对个人的职业兴趣具有一定的导向性，在一定条件下，它可强化个人的职业选择，或抑制个人不切实际的职业取向，也可引导个人产生新的职业取向。

年龄的变化和时代的变化也会对人的兴趣产生直接影响。就年龄方面来说，少儿时期往往对图画、歌舞感兴趣，青年时期对文学、艺术感兴趣，成年时期往往对某种职业、某种工作感兴趣。它反映了一个人兴趣的重心随着年龄的增长、知识的积累在转移。就时代来讲，不同的时代，不同的物质和文化条件，也会对人兴趣的变化产生很大的影响。

六、专业

专业指的是：①专门从事某种学业或职业；②专门的学问；③高等学校或中等专业学校所分的学业门类；④产业部门的各业务部分；⑤是指对一种物质了解得非常透彻的程度。具体示例如下：

1. 专门从事某种学业或职业

《后汉书·献帝纪》："今耆儒年逾六十，去离本土，营求粮资，不得专业。"南朝梁刘勰《文心雕龙·养气》："至如仲任置砚以综述，叔通怀笔以专业，既暄之以岁时，又煎之以时日。"《续资治通鉴·宋太宗淳化二年》："愿精选五经博士，增其员，各专业以教胄子，此风化之本。"巴金《在 1979 年全国优秀短篇小说评选发奖大会上的讲话》："其中有的专业作家，有业余作家，有熟悉的，也有第一次见面的。"

2. 专门的学问

唐代李峤《上张明府书》："峤西垂之贱吏耳，技非专业，未始存于剑书。"

3. 高等学校或中等专业学校所分的学业门类

《花城》1981 年第 5 期："一个文科大学的考生却接到了卫生学校的录取通知，尽管我根本就没有报过这个专业。"

4. 产业部门的各业务部分

工业自动化、防静电行业、高新技术产业等。

专业是指人类社会科学技术进步、生活生产实践中，用来描述职业生涯某一阶段、某一人群，用来谋生，长时期从事的具体业务作业规范。也指高等学校或中等专业学校根据社会专业分工的需要设立的学业类别。中国高等学校和中等专业学校,根据国家建设需要和学校性质设置各种专业。各专业都有独立的教学计划,以实现专业的培养目标和要求。

众多学者通过对专业概念的描述,运用结构功能主义社会分析理论,以医生、律师等社会公认的成熟的专业作为理想的模式,从中归纳出一系列的专业特质。如认为"专门职业具有不可或缺的社会功能""具有完善的专业理论和成熟的专业技能""具有高度的专业自主权和权威性"等。刘捷在其《专业化:挑战21世纪的教师》一书中指出,一种专业具有"专门的知识与技能;服务的理念和职业伦理;经过长期的培养与训练需要不断地学习进修;享有有效的专业自治;形成坚强的专业团体"六个方面的特征。

不同研究者从各自不同的角度对专业作了描述和界定。归结起来,一种职业能否被称为专业,至少应满足三个方面的要求:

1. 拥有一套"专业知识"

专业知识是理论与实践的知识系统,它需要经过较长时间的专业学习和在职进修才能掌握。而且由于它的深奥性和复杂性,所以它可以自成一个封闭系统,形成"围内知识",非一般人或门外汉所能轻易获得,只有接受了专业训练者才有能力获得这些知识。

2. 享有一种"专业自主权"

所谓专业自主权是指专业成员不受专业外势力的控制与限定,有权做出"自主的"职业判断,如专业团体对专业人员的聘用、解职与专业业务相关的权利不受专业外因素的控制。享有高度的自主权是专业的一个显著特征,也是专业实践和发展的内在要求。

3. 具有一种"专业服务理念"

所谓专业的服务理念就是专业内的成员能表现出一种以服务社会大众为首要取向的态度,具有很强的社会责任感,有一种服务重于报酬的意识。

七、教师专业

我们已经了解了专业的特质,那么教师这种职业是否能称为一种专业呢?它是否符合专业的各种标准呢?

首先,就专业知识来说,教师职业所依据的知识系统,现今已成为大学内的一个独立学系。然而就学科的内容与性质分析,它又存在着双重的学科基础,一方面是教师任教科目的学科知识,如物理学、化学、历史等;另一方面是教育方面的基础知识,如教育哲学、教育心理学、教育社会学等。不少学者指出,教育学本身根本不是一门独立、完整的学科,它是以心理学、哲学、社会学等学科作为基础发展而来的,因此在专业知识上缺乏独立性。另外,在把教育理论落实为实践方面,教育理论与教学实践之间存在着一条深深的鸿沟。一方面是理论工作者远离实践,不研究实践中的问题。另一方面是实际执教者又多数不从事研究工作,他们的工作只是局限在知识的传授而不是知识的发展与创造。

其次,在教师职业与专业自主权方面,虽然教师这项工作已被肯定为社会所不能缺少的,但不少人仍认为对教师进行专业训练只是有用,而并非必要。这是因为一般的社会人士认为未受过教师专业训练的成年人,只要有一定的文化水平就可以教导学生,也能达到一定的专业水准。造成这种错误认识的主要原因是教师工作未具备专业自主权,未形成"围内"的专业知识,所以很难维持教师专业的垄断性及封闭性。结果教师专业受到非专业者与未受训者的入侵。

最后,在教师职业与专业服务理念方面,我们只是对教师应具备的道德品质提出泛泛的要求,不像医生、律师等专业的道德守则那样具有制度和法律的约束力。教师组织中专业道德守则的发展与确立是较为落后的。例如美国学者利伯文指出:"在美国,教育的道德守则发展较其他专业落后。"美国一个重要的教师组织——国家教育协会在1929年制定并通过了一份道德守则,直到1952年后,才得到各州的广泛采用;另一个主要的教师组织——美国教师联盟由于倾向于工会主义,始终未制定过任何道德守则。正因为如此,教师职业在一个相当长的时期内不被确立为"专业"或只能是一个"边际专业"或"半专业"或"一个正在形成中的专业"。

人们之所以对教师职业的专业性产生怀疑,以致否认教师职业的专业性,一方面是因为人们拿传统的职业如医生、律师的专业标准去衡量教师这个职业,没有看到教师专业自身的特殊性。

首先,教育的对象是人,人的个体差异性和特殊性决定教师必须具有特殊的专业素质。人的心理和行为是教师面临的最复杂的领域,认识人的本性、人的身体发展规律及心理的发展过程是教师从事教育职业的前提。同时,对人的认识和理解也是不断深化的,而教育又是培养人的活动,所以教师职业的内涵也会随人的内涵的深化而不断扩大和提升。

其次,正是由于教育对象——人的特殊性,教师职业具有动态生成性与不确定性。教师职业是在和学生的交往互动中存在和发展的,交往的双方都具有能动性、个别差异性,所以教师的职业实践永远处于生成性和暂时性的情景之中。

最后,基于教师职业是一种培养人的活动,所以教师职业需要做到学术性与示范性的统一。教师不仅要精通教什么的知识，而且还要知晓如何教的知识。由一种职业变为专业需要一个很长的过程，这个过程就称为专业化。教师职业是一个特殊的并不断走向成熟和完善的专业。

八、教师专业发展

1. 从教师专业化到教师专业发展

教师专业化一直是各国提升教育所努力的方向。目前关于教师专业化的定义源于历史上对其他职业成为专业的分析。霍伊尔认为"专业化是指一种职业经过一段时间后成功地满足某一专业性职业标准的过程。它涉及两个一般是同时进行并可独立变化的过程，就是作为地位改善的专业化和作为职业发展、专业知识提高以及专业实践中技术改进的专业化。"也有人认为"专业化，一是指一个普通的职业群体逐渐符合专业标准、成为专门职业并获得相应专业地位的过程；二是指某一职业群体的专业性质和状态处于什么样的情况和水平"。由此可见，教师专业化是指教师这一职业由非专业向专业转变，符合专业标准的发展过程，它包括教师职业专业地位的提高和专业能力的发展两个方面。

帕森斯认为一种职业在专业化过程中提高专业地位和发展专业能力两方面是相辅相成的。一种职业只有专业地位提高了才能对专业知识和技能的发展提出要求和给予保障；另一方面，一种职业只有真正地拥有了独特的专业知识和技能，才能享有很高的专业地位。

然而在教师专业化的早期，人们却一味地企图通过提高教师的社会地位，来获得专业上的认可。如在 20 世纪 50～60 年代，人们通过罢课、游行等方式来争取教师的专业地位。但这些手段都到以失败而告终，而且并没有让教师职业获得预想的专业地位。20 世纪 80 年代以后，人们把注意力转移到教师的专业发展上来。因为只有教师切实提高自己的教育教学水平，提升专业能力，才有可能使其像其他专业一样赢得社会的尊重。

从广义的角度来看，"教师专业化"和"教师专业发展"这两个概念是相通的，都是指加强教师专业性的过程，教师专业发展是教师专业化不断深入发展的客观要求。但从狭义的角度来看，二者又存在区别："教师专业化"更多的是从社会学角度加以考虑的，如通过建教师专业组织，制定专业标准，使教师群体、外在的专业性得到提升；"教师专业发展"更多地是从教育学维度加以界定的，强调教师个体的、内在的专业性提升。

2. 教师专业发展的内涵

到目前为止，在教育学和心理学界，可以说人们对教师专业发展的理解各有不同。如有的人从汉语的构词方式将教师专业发展理解为两种不同的意思，一种是"教师专业—发展"，另一种是"教师专业发展"。按前一种构词方式，"教师专业发展"可能被理解为教师所从事的职业作为一门专业，其发展的历史过程，与教师教育的概念相似；按后一种构词方式，"教师专业发展"则被理解为教师由非专业人员成为专业人员的过程。国外对教师专业发展的研究也有两种研究取向，一种是研究教师专业发展所经历的阶段，一种是研究教师专业发展的内涵。

从对教师专业发展所下的定义来看也是五花八门，各有千秋。如有人把教师专业发展理解为"通过扩大教学专业赖以存在的知识基础，并提高教师的认识来提高教学的专业地位的过程。"有些人认为，"教师专业发展就是教师的专业成长或教师内在专业结构不断更新、演进和丰富的过程"；也有的表述更加具体，即教师专业发展是"教师个人在经历职前师资培育阶段、任教阶段和在职进修的整个过程中都必须持续地学习与研究，不断发展其专业内涵，逐渐达到专业圆熟的境界"等。

虽然目前学术界对教师专业发展还没有一个统一的、权威的定义，但通过对以上各种有关教师专业发展的不同界定的分析和理解。本人认为教师专业发展是对比教师专业化更加强调教师个体自身主动发展的一个概念。它指的是教师通过自身的努力由一个非专业人员成长为一个专业人员的过程。教师专业发展把教师职业的提升从外在的、被动专业化转向教师主动发展自身专业素质、专业能力的自我主动发展的道路上来。

3. 教师专业发展的特点

(1) 教师专业发展是多主体共同努力的过程。如前所述，虽说相对教师专业化来说，教师专业发展更注重教师主观的努力。但教师专业发展并不仅仅是教师的事情，它既是社会发展对教师提出的新的客观要求，也是置于广大的社会环境中进行的，不可能脱离整个教育、社会的背景孤立地进行。它需要社会方方面面力量的努力和支持，如国家提供经济支持，给教师提供宽松的工作环境，制定有利于教师专业发展的教育政策等。同时教师在专业发展过程中需要和社会、教育系统中的多个主体发生联系，如教育管理者、教育专家、同事、家长、学生等等。这些主体或多或少对教师的专业发展产生促进或阻碍作用。总之，教师专业发展需要多主体共同努力。

(2) 教师专业发展是一个内涵不断丰富的过程。人们对"教师专业发展"的认识曾经走过一段弯路。在早期，人们指望通过政策、福利、工资等外在措施来提高教师地位,激发教师发展的积极性。后来,学者们逐渐认识到,只有通过提高教师的专业教学水平,实现教学效果的改善,才会得到社会的认可。正如美国学者赫伯特在总结美国师范教育发展时所说的:"我们已经犯下的最大错误是一味地追求公共教育中教师地位的专业化,而忽视了培养我们课堂老师教学实践的专业化。"

在追求课堂教学专业化的过程中,人们对教师专业发展内涵的认识又有一个不断变化的过程。开始采用的是现代工业主义"技能熟练模式",把教师职业等同于医生、工程师一样的专业,认为教师的专业发展过程就是学科内容知识和教育学、心理学的原理与技术的熟练掌握和合理运用过程。

教学的专业化就是知识的专业化和教学技术的专业化,教师专业发展的目的就是把教师由新手训练为专家。在这样的一种发展模式下,教师被当作"技术员",学生成了产品,教师的教学过程等同于"技术员"的"技术释放"过程。教师和学生都成了工业时代的"单面人"。后来,人们开始用一种全新的视野来审视学生和教师职业,我们发现教师职业实践的对象是人的心理、思维和"灵魂",职业实践中充满了"人",职业实践的载体是各主体之间的交往。

教学活动总是处于一种生成性和暂时性"情景"之中。通过将专家教师与新手教师对比研究发现,两者不同之处在于专家教师掌握的"缄默知识"不同,这种知识要通过在实践中反思得来。教师实践活动的生成性、不确定性特点决定了教师的专业发展不仅是熟练掌握一套教育教学技巧,而且要发展一种对教育教学的理解和领悟能力,对灵活多样的情景创造性地做出自主判断和自主选择的能力。因此,当前教师专业发展的内涵更加全面和丰富,从结构组成上来说包括教师的专业知能、专业理念、专业情感和自我专业发展意识等多方面的发展。

(3) 教师专业发展是一个阶段性与连续性相结合的过程。教师专业发展理论的提出就是因为人们逐渐发现,教师作为一个教学人员,要经历一个由不成熟到相对成熟的发展历程,而且这样一个过程会持续一生。虽然刚踏上教学工作岗位的教师,经过了职前的教育培训,并获得了教师资格证书,但并不意味着他就是一个成熟的教学专业人员。教师的专业发展空间是无限的,成熟只是相对的,而发展是绝对的。同时,教师在专业发展的过程又呈现出明显的阶段性,有发展、有停滞、有低潮。国外对教师的发展阶段研究很多,如有"关注"阶段论、教师职业生命周期阶段论、心理发展阶段论等有关理论。教师专业发展是一个阶段性与连续性相结合的过程。

教师的专业发展是一个长期、复杂的过程,它具有自身发展的特点,同时又受多方面因素的影响和制约,它需要社会提供外部环境支持与教师自身努力相结合才有可能实现。教师专业发展的基本途径主要有：完善教师教育制度，进行多途径多形式的教师培训，开展教育科研等等。其中依据教师专业发展的特点，国家建立一套完善的教师教育制度，是实现教师专业发展最基本和最关键的途径。教师专业发展不是一个自然的成长过程，它有赖于教师教育的保证和配合。

第二节　教师教育的历史变迁

一、我国古代的"师范教育"

人们一般把培养教师的活动称为"师范教育"。在《中国大百科全书·教育卷》里把师范教育定义为"培养师资的专业教育"和"培养和提高基础教育师资的专门教育"。因此，严格说来在原始社会和奴隶社会是不存在"师范教育"一种教育活动的。但自从人类社会产生以来，广义的师资培养活动就已存在，所以我们这里讲的古代的"师范教育"，是从一个很宽泛的意义上来讲的。

在原始社会初期，人们过着穴居野处、漂泊不定的生活，文化积累十分贫乏，教育没有从社会生产和生活中分离出来成为专门的事业，没有专门的教育机构和固定的教学人员。年轻一代的受教育活动主要是通过人们在生产和生活中以口耳相传的方式进行，由家庭或部落的年长者充当教师的角色，并且是不固定的。到了原始社会晚期，已经有了萌芽形态的学校，这时可能出现了专职或半专职的教学人员。如在主要实施乐教的成均之学中，可能已设有专事或半专职的乐师。随后，出现了正式的文字，学校逐渐正规化、制度化。我国到了西周时期，已初步形成了包括中央官学和地方官学在内的学制系统。

我国古代社会虽然认识到了教育的重要性，认为"致天下之治者在人才，成天下之才者在教化，教化之本在学校"；也非常重视教师在社会中的作用，认为"国将兴，必贵师而重傅。国将衰，必贱师而轻傅"；在中国古代历史上也逐渐形成了尊师重道的传统并提出了一些为师之道的思想，如孔子的"温故而知新可以为师矣""其身正，不令而行；其身不正，虽令不从"等等，这些成为中国师范教育产生和发展的重要思想渊源。但是，在中国古代历史上自始至终没有形成师范教育体系，也没有一个专门机构来培养教师。当时的教师之所以为教师，只是因为他们具有某种知识或道德。有关教师的言论也只是注重教师的修养、道德品质方面,还没有专业培养教师的意识。

二、我国近代的"师范教育"

1. 清末师范教育的发端

1840 年鸦片战争以后,帝国主义列强的炮舰轰开了中国数千年闭关锁国的大门,也打开了人们的眼界。西方的船坚炮利,使国人认识到只有"取外人之长技",才可能实现国家的"自强""求富"。而学习外国,需要人才,"培养人才实为中国自强之根基";培养人才,需重视教育。康有为指出:"考察泰西之所富强,不在炮械军器,而在穷理劝学。使自七、八岁,人皆入学;有不学者责其父母"(康有为:《上清帝第二书》)。办教育、兴学校,根本在于教师。然而中国自清同治元年兴办学堂以来,令人感受最深最切的是没有一支合格的师资队伍,更没有培养新师资的稳定基地。梁启超也批评洋务运动,指出其病根有三,其中之一是"师范学堂不立,教习非人也"。他首先提倡办师范学堂的倡议,在《变法通议》一节中提出师范教育是"群学之基""欲革旧习,必以立师范学堂为第一义",为建立师范教育进行了舆论准备。

1897 年,盛宣怀在上海创办南洋公学,于其中设师范院,这是我国近代史上最早出现的师范教育机构,标志着中国师范教育的诞生。同年,成立京师大学堂,内设"师范斋"(后改为师范馆),是北京师范大学的前身,是我国最早的高等师范教育机构。因师范生为中小学之表率,故师范馆招生要求较严,只有品学端正者方能入选。1902 年清政府颁布《钦定学堂章程》。1903 年,张之洞在南京创办了南京三江师范学堂,这是我国近代第一所独立设置的中等师范学校。同年,张睿创办了我国第一所私立师范学校——通州师范学校。1904 年初清政府颁布《奏定学堂章程》,该章程规定,师范教育分为优级师范学堂和初级师范学堂两类,各地方纷纷依此创办地方师范学堂,如河北保定师范学堂。这一时期创办的师范学堂是我国师范学校独立设置的开始,从而奠定了我国近代师范教育的格局。

清末是我国师范教育的诞生期,这一时期师范教育的特点主要有三点:一是在本质上它是封建主义的教育,表现在教育目标和课程设置上;二是在办学模式上仿照日本,这一时期的师范教育不管是在制度上,还是课程设置上,除了一些封建主义的东西以外,其他都是照搬日本的;三是办学的形式采取封闭式结构,分为初级和优级师范学校两阶段制,规定唯师范学校的毕业生才能成为正式教师。师范学校毕业的学生也只能从事教学活动,否则给予一定惩罚。清末在师范教育方面的开创性工作为后来的师范教育的发展打下了一定的基础。

2. 民国时期师范教育的变迁

1912 年中华民国临时政府成立后,颁布了《师范学校规程》和《师范学校课程标准》等一系列文件,将初级师范学堂改为师范学校,学制 5 年,以省立为原则;优级师范学堂,以国立为原则,全国共设立北京、南京、武昌等 6 所高师。为突出师范教育的地位,当时曾实行师范区制度,即师范学校分区设立,全国划分为 6 个大区,每区设高等师范学校 1 所,各省亦划分若干区,每区设中等师范学校 1 所。

"五四运动"以后,以杜威为代表的一批美国实用主义教育家相继来华,宣传西方的教育思想和制度,中国教育由仿效日本开始转向借鉴美国。1922 年,政府颁布了以美国"六三三制"为模式的新学制,对师范教育进行了一系列的改革:将高等师范学校升格,与普通大学合并;当时除北京高等师范学校于 1923 年改为国立北京师范大学外,其他几所高等师范学校则并入或改为普通大学,如南京高等师范学校并入东南大学;将中等师范学校合并于普通高中,在高中内设师范科。

虽然也允许独立设置的师范大学和师范学校的存在,但在制度上已被列于次要地位。名为提高师范教育水平,增加修业年限,实则取消了师范教育的独立地位,不利于中小学教师的培养。经过多次争论,至 20 世纪 30 年代逐步重新确定师范教育的独立地位,规定"师范学校,应脱离中学而单独设立;师范大学应脱离普通大学而单独设立"。当时教育部陆续制定《师范学校法》《师范学校规程》《师范学校课程标准》,使师范教育制度走向完善。此后总体说来是在贯彻这些基本要求,但许多制度要求并未付诸实施。

民国时期的师范教育发展几经变迁,从开始模仿日本到后来效法欧美,虽取得不小成绩,但由于历史条件的限制,以及不顾中国国情盲目照搬外国办学模式,使得当时的师范教育并没有取得设想的发展的水平。自此以后,虽经历四十多年的发展,我国师范还是没能解决教育所必须的基本师资问题。

3. 新中国的教师教育

1949 年中华人民共和国成立,历史新纪元开启。从此,师范教育随同整个革命与建设事业迈进了一个新的历史时期。

中央人民政府对教育事业和对人民教师的培养十分重视。1951 年颁布《关于改革学制的决定》,在确立我国学制中,明确了师范教育的地位和制度。新学制中规定:幼儿师范学校培养幼儿园教养员;师范学校和初级师范学校培养初等教育师资;师范学院和师范专科学校培养中等教育师资;综合大学也担负部分培养师资的任务。同时规定了各级师范院校的修业年限,为发展师范教育提供了法令依据。同年召开了第一次全国师范教育会议,讨论确定了各级师范学校的方针和任务,并拟定了全国中师设置计划和高师调整设置原则,会后教育部颁布《关于高等师范学校的规定》《师范学校暂行规程》《关于大量短期培养初等及中等教育师资的决定》等文件,推动了全国高等师范院校的调整和中等师范学校的发展。

从1952年下半年起至1953年,教育部根据"以培养工业建设人才和师资为重点,发展专门学院,整顿和加强综合性大学"的方针,以华北、东北、华东为重点进行全国高等院校的院系调整。高等师范院校调整的原则是:每大区至少设一所师范学院;设在大学内的教育学院、师范学院均独立设置为师范学院;大学教育系科停止招生,归并于师范学院。至1953年底,经过院系调整,设置独立高等师范院校31所。师范专科学校和中等师范学校也得到了迅速发展。全国大部分省市已经建立了完整的三级师范教育体系,为我国基础教育培养了大量所需的师资。

这一时期教育部发出《关于加强中等学校在职教师业余进修的指示》,要求当时几万名学历不够大专程度的中学教师,通过业余进修,达到学历合格水平。为此,各师范院校大力举办教师函授教育,成为师范教育的重要组成部分。到1956年,师范教育事业获得显著发展,高等师范学校由12所增加到55所,在校学生由12 039人增加到98 821人,在全国高校学生中所占比重由10.3%增加为24.5%,中等师范学生在校人数由151 750人增加到273 417人。

1957年以后的二十年间,社会主义事业的发展受到阻碍,师范教育遭到严重冲击。特别是"文化大革命"时期师范教育遭受了一场"浩劫",师范院校与其他高校一样,开始了"并、迁、改、停",大多数院校停止招生达5年之久。此间,造成教师队伍数量不足,质量下降,青黄不接,后继乏人,给国家和人民带来无法估量的损失。据有资料显示,1965—1971年,高师院校从110所减到44所,学生从94 268人减至1969年的16 840人。中师生从15.5万减至12万人,1969年竟跌到1.5万人的低谷。

以1978年中国共产党第十一届中央委员会第三次全体会议为标志,中国的社会主义事业进入一个新的历史时期,在实现社会主义现代化的过程中,把教育提高到战略重点的地位,重视教师的培养和提高。1980年教育部召开了全国师范教育会议,会议重申:"师范教育是'工作母机',是整个教育的基本建设。师范教育在整个教育事业中有十分重要的地位,必须有计划按比例地发展。"在这种形势下,"文革"期间被破坏的师范教育体系得到了恢复和重建。经过几十年的发展,目前我国已形成了布局结构趋于完善的师范教育体系。

当前,我国正处在一个建立社会主义市场经济体制的历史时期,而原有的师范教育体系、模式与基本制度,存在着封闭、单一、呆滞、不完整等弊端,与发展市场经济对各级各类师资的需求不相适应。于是广大教育工作者呼吁改进师范教育。

通过对我国教师培养活动发展历史的回顾,我们发现,我国的教师培养机构从无到有,从不完善到完善经历了一个历史的发展、变化过程;同时,"教师经历了从兼职到专职,到成为一种行业,逐步形成它的专业化特征"历史变化过程。这样一种历史的变化过程是从师范教育到教师教育不断转变的过程,是教师专业性逐渐突显的过程。

"教师教育"这一概念内涵丰富,从内容上说包括人文科学教育、学科教育、专业教育和教学实践;从顺序来看有职前教育和在职教育;从形式上看有正规的大学教育和非正规的校本教师教育;从层次来看有专科、本科和研究生教育。可以说,教师教育是职前培养和在职进修的统一,是正规教育和非正规教育的结合,是多层次、全方位、立体式的教师终身"大"教育。在我国有关教师教育的文件里把教师教育表述为"在终身教育思想指导下,按照教师业务发展的不同阶段,对教师的职前培养、入职教育和在职培训的统称"。20世纪30年代以后,发达国家用"教师教育""师范教育"作为世界通用的概念。我国直到2001年《国务院关于基础教育改革与发展的决定》中才第一次在政府文件中以"教师教育"代替了长期使用的"师范教育"这一概念。

三、教师教育特征

用教师教育代替师范教育不仅是一种概念的变化,更蕴涵着观念的更新和制度的变革。教师教育相对于师范教育来说,其特点主要表现在以下几个方面:

1. 教师教育更强调教师职业的专业性

从词性来看,"师范"中的"师"有"教师"和"效法"的含义,"范"顾名思义是"模范""榜样"的意思。汉代的杨雄说,"师者,人之模范也",表明教师是学生做人的模范。我国古语中还有"学高为师,身正为范"的说法。可见,师范教育概念中的"师"蕴涵着较多的伦理学和职业道德色彩,强调的是师德、师风的重要性。

教师教育的概念,则强调的是教师职业的专业性,将教师视为拥有异于一般知识的专业知识和技能,能够根据特有的专业经验,为特定对象提供专业服务的专门化职业。这种专业化的资格需经过专门培训,而且也需经过严格的考核才能获得,并以其不可替代的专业性赢得特殊的社会地位。

2. 教师教育更强调教师职业的开放性、多元性

在强调教师职业伦理性的影响下,多年来,师范教育采取的是封闭和定向办学的方式。师范生在入学之初就被定向为教师,并在毕业后由政府主管部门统一分配到中小学校和幼儿园任教。师资队伍只向师范生开放,拒绝非师范院校毕业的学生进入教师队伍。20世纪中叶之后,许多国家纷纷取消封闭式的师范院校,以开放方式培养教师。可为在修完学科课程之后,或在本科高年级想获取教师资格的学生,提供教育科目和教育实训。这样能吸收一些自愿从教的优秀学生进入教师队伍。

3. 教师教育更强调教师职业的终身性

传统的师范教育是一种教师职前预备教育,也是一种终结性的教育,与职后教育没有必然联系,甚至是相互分离的。终结性的职前教育基于这样的假定:职前教育可以使师范生拥有在其整个职业生涯中履行教师职业所需的知识、能力。显然,这种假定违反了终身教育的理念。现代的教师教育的概念不再局限于职前教育,而是从终身教育理念出发,强化职前教育、入职教育、在职教育的联系和沟通,使之成为一体。简单地说,教师教育着眼的是教师在其职业生涯的所有阶段中的专业发展,这也是各国教师教育改革最为显著的共同趋势。

四、20世纪90年代教师专业发展

经过近几十年的发展,我国教师教育取得了丰硕成果,培养的中小学教师在数量上基本满足了我国基础教育发展的需求。随着我国教育体制改革的不断深入和基础教育的发展,我国教师教育的任务需要从数量满足型向质量提高型转变。1998年,原教育部师范司司长马立在《面向21世纪振兴中国师范教育的思考》报告中就明确提出我国师范教育改革的目标是:"瞄准世界一流的基础教育,改革培养模式,调整课程结构,逐步实现教学内容、课程体系、教学方法和手段的现代化,提高师范教育专业化水平,培养21世纪经济、社会和教育发展需要的新型师资。"为此,提高师资培养质量和教师专业化水平,改革教师教育,就成为我国面临的一大时代课题。

1. 改革的背景和缘由

(1) 社会经济、科技发展的要求。从历史发展的长河来看,教师教育制度的产生、发展乃至变革并不是随意的,而是有规律可循的,它受到社会物质文化条件的制约。如在处于自然经济和手工劳动下的古代社会,低下的物质生活水平和落后的文化,使绝大多数人处于文盲状态,教育的功能主要是培养统治阶级的后备人才,有知识的人就可以当教师,教师的功能主要是将自己掌握的知识传授给学生。因此,这时虽然已有了学校和教师,但对教师的需求在数量和质量方面都比较低,没有出现专门化的教师培养机构,教师职业还处于非专业化阶段。到了近代社会,尤其是文艺复兴以后,随着生产力水平的提高、科技的发展,这时社会生产对劳动者提出了科学文化素养的要求,教育对象随之扩大,教育开始普及,对教师的需求增大,出现了专门培养教师的机构——师范学校,并且形成了封闭式定向培养教师的培养模式。这一时期要求教师不仅要掌握一定的科学文化知识,而且要具备一定的教育教学技巧。

20 世纪中叶以后,以计算机为代表的现代科学技术的新发展,引起了现代生产和现代社会物质生活条件的根本性变化,这对劳动者的科学文化素养提出了更高的要求,相应地对教育、教师和教师教育提出了新的要求。要求教师成为一个专业人员,不仅要传授知识,而且要培养学生的创新精神和自主学习能力。正是在这些因素的影响和推动下,20 世纪 80 年代以后,以教师专业发展为取向的教师教育改革成为一种世界潮流。

我国自改革开放以后,经济和社会发展进入一个新的发展阶段。随着社会主义市场经济体制逐步完善和对外开放的不断扩大,特别是伴随我国加入WTO(世界贸易组织),我国经济开始融入全球经济的洪流中。社会经济、科技的发展对劳动者素质和人才结构提出了新的要求,使得我国教师教育也面临新的机遇和挑战。

我国 1985 年《中共中央关于教育体制改革的决定》明确指出"建立一支有足够数量的、合格而稳定的师资队伍,是实行义务教育、提高基础教育水平的根本大计","与此同时,必须对现有的教师进行认真的培训和考核,把发展师范教育和培训在职教师作为发展教育事业的战略措施"。

1993 年《中国教育改革和发展纲要》指出:"师范教育是培养中小学师资的'工作母机',各级政府要努力增加投入,大力办好师范教育"。1999 年 6 月颁发的《中共中央国务院关于深化教育改革,全面推进素质教育的决定》中明确提出:"建设高质量的教师队伍,是全面推进素质教育的基本保证",要"加强和改革师范教育,大力提高师资质量"。因此,提高教师质量,改革教师教育成为当前我国教育改革中的一项重要任务。

(2) 终身教育思潮的影响。"终身教育"是由法国教育家保尔·郎格朗于1965 年在巴黎召开的国际成人教育推进委员会上正式提出,并迅速传播开来的。它以强调教育的连续性与终身性为主旨,认为教育应该是人一生中连续不断的学习过程，今后社会应当在人需要的时候，以最好的方式，提供相应的教育。自 20 世纪 60 年代以来，终身教育思想对世界教育理论和实践产生了深刻的影响，种种迹象表明世界教育发展的趋势与终身教育的主张是一致的。

终身教育思想的影响及二战后现代科学技术的迅猛发展，经济与社会方面的急剧变化，这些条件都促使教师教育首先成为终身性事业。教师是最先感受到终身受教育必要性的社会职业工作者之一，正是时代要求教师不断地完善自己的专业，经常地补充知识，理解学校和周围世界的新现象。可以说，20 世纪 50 年代以前很少有国家建立终身教育体系，但 20 世纪 60 年代以后，教师的终身教育，即继续教育在世界各国都有迅速发展，成为新世纪，教师教育改革与发展的重要趋向。

（3）国外教师教育改革的推动。20 世纪 60 年代以来，随着世界范围经济竞争和科技竞争的加剧，许多国家把教育摆在了社会发展的战略位置来考虑，进行了一系列的教育改革。在教育改革的过程中，各国政府日益认识到教师教育的改革是教育改革成败的关键。

20 世纪 80 年代，美国一篇题为《救命！教师不会教》的文章引起了公众对教师质量的担忧，拉开了以提高教师素质、推进教师专业发展为核心的教师教育改革的序幕。随后，有美国"国家高质量教育委员会"1983 年发表的《国家处在危险中：教育改革势在必行》、霍姆斯小组 1986 年发表的《明天的教师》、卡内基教育和经济论坛工作组 1986 年发表的《国家为培养 21 世纪的教师作准备》等一系列报告和文件，掀起了一场轰轰烈烈的以教师专业发展为目的的教师教育改革的高潮。

1991 年英国全国课程委员会发表了一份题为《国家课程、师范生、试用期教师和证书教师的职前培训》的调查报告，要求对教师的职前培训进行改革。1992 年 5 月，英国教育大臣帕登正式宣告了这一教师教育改革计划。

1992 年 3 月 13 日，俄罗斯科学部高等教育委员会通过了《关于在俄罗斯建立多层次高等教育的决议》，根据决议精神，俄罗斯许多师范院校都在寻求新的办学方式，并使新方式与新战略结合在一起，培养富有个性和创造能力的教师。

国外教师教育改革的浪潮对我国也产生了一定的影响。我国从 20 世纪 90 年代后开始对教师专业发展和教师教育改革给予关注。

2. 我国教师教育的现状和问题

改革开放以来，尤其是近几年来，由于我国致力于优先发展教育事业，各级各类师范教育都获得了较大发展。到目前为止，我国已有一千多万中小学教师，形成国内最大的一个专业团体，承担着世界上最大规模的中小学教育。据有关部门统计,2000 年我国全国小学专任教师 586 万人,初中专任教师 324.9 万人,普通高中专任教师 75.7 万人,教师在数量上大体满足了需求。据有关资料预测,虽然以后若干年我国对教师的需求在总量上还会不断增加,但在增加量上会有变化,除小学师资需求数量有明显增加以外;初中和普通高中的师资需求增加量将呈逐渐下降趋势,并且一些省份和地区将会出现教师超员现象。

一方面是随着我国计划生育政策的深入开展、经济水平的增长、人们的文化教育水平和生活质量的不断提高,我国出生人口将进一步减少。这样,基础教育入学人数势必将逐渐减少,随之对师资的数量需求也将会减少。另一方面是由于随着教师待遇和地位的提高,教师职业的吸引力越来越大,有越来越多的人补充进教师队伍来。因此教师在数量上满足需要以后,我国教师教育的发展目标必然要求转移到教师质量和教师专业化水平不断提高上来。

目前我国教师队伍的现状是教师整体素质还不高,合格的中小学教师数量仍不足,仅就专任教师学历合格率来看,2001 年小学为 96.81%,初中为 88.72%,普通高中仅为 70.71%。与发达国家相比,中小学教师在教育理念、创新意识、职业道德、知识结构、教学手段、研究能力等方面还有较大差距,我国中小学教师专业化还处于初级阶段。然而我国的教师教育体制自建立以来没有多大变化,仍旧存在着"明显的定向封闭型特征""培养模式比较单一"等问题,其中的许多缺陷成为我国教师专业化进程中的主要障碍。具体表现为:

(1) 我国的教师培养体系单一、封闭且职前教育和职后教育相分离,无法适应教师专业发展的连续性、一体化、终身化原则的要求。20 世纪 50 年代以来,我国教师教育体系逐步形成了包括职前培养和职后培训两个体系相互独立的封闭的单一的办学模式。师资培养几乎由师范院校垄断,学生只要选择进入师范院校学习,就自然取得了担任教师的资格。教师如果要进行职后培训或提高学历则进教育学院、教师进修学校进修。不仅职前培养和职后培训在机构上是分离的,而且在培养目标、教育内容的选择上也是"各自为政"。这样一种状况违背了教师专业发展的连续性、一体化的要求,不利于教师专业发展。

(2) 我国教师教育中专业知识体系的不合理,不能为教师专业发展提供一个完整的知识体系。教师职业具有学科专业与教育专业"双专业"的性质,教师专业化要求教师既要有深厚的学科专业知识,又要通晓教育科学知识,了解教育规律,掌握教育技能。然而,我国现阶段教师教育的专业知识体系还欠完整,偏重学科知识忽视教育理论知识。学校开设的教育理论课比较少,只有普通教育学、普通心理学和学科教学法"老三门",与教师专业发展的要求相差甚远。

(3) 我国现阶段的教师教育满足不了教师教学自主与专业自治的要求。教师拥有专业自主权是教师专业化的一项重要指标。然而，长期以来，"我国教师教育观念落后、教学方法单一、专业课程的教材陈旧，培养的教师整齐划一"。这样教育培养出来的教师只能成为既定的教学思想的执行者，成为一个"教学技工"，缺乏专业自主意识。我国现在很多教师就是这样，在教学内容、方法、进度方面没有自主选择的权利和意识，完全由教材编制者确定。教师的教学实践活动就是依照教材和教参进行，达到教材和教参所要求的目标。教师教学自主和专业自治权的丧失是教师专业发展的最大障碍。

我国教师教育培养目标中存在的弊端，关键和核心之处在于对教师教育的对象——未来的教师的主体性发挥重视不够。因此有学者指出，未来的教师除了要具备专业人员必备的素质外，关键是还要具备一种自我发展意识和能力。我们教师教育应该培养那种能自主选择、自主反思、自主建构、可持续发展的"自主成长型"的教师。

"自主成长型"教师的培养是社会发展和教师专业发展需要。随着科技的发展、知识的增长，社会对教师提出了新的要求。要求教师不仅要掌握一定的知识，自己会学习，而且要教会学生学习，激发学生的学习兴趣和愿望；今天的教师不仅需要掌握必备的教学技能、胜任教学工作，而且要掌握与学生沟通和在复杂情境中灵活处理教育问题的能力；不仅要有与同事合作的能力，而且要有参与社区生活，在多元社会中学会辨别道德是非，做出道德判断和道德选择的能力。

我国教师教育的弊端主要体现在以下几个方面：

(1) 学科专业过于庞杂。我国的学科专业课程比重几乎达到其他国家的两倍。教育理论课门类少，比重低。课程一直是"老三样"，即教育学、心理学、学科教学法，只占全部课程的6%。教育专业课程作为培养教师专业内涵、体现教师专业特点的主干课程，是教师教育区别于其他教育的重要标志，同时也是提高教师教育专业化水平和教师职业专门化程度的重要保证。在整个教师教育课程体系中，教育专业课程的结构比例小，势必影响师范生职业专门化程度的提高，最终影响教师专业化水平的达标。

(2) 实践性课程薄弱且流于形式。从课程的类型上分析，我国教师教育课程的三个组成部分基本上分为两种类型：一是理论性课程，以教师的讲授为主；二是实践性课程，以教育见习、实习为主。我国教师教育课程有重理论课程，轻实践课程的倾向。

教育实习是师范生积累教育实践知识，初步形成教育技能的重要保证，是师范教育的重要环节。但从目前我国的教育实习状况来看，教育实习没有承担起这一责任，教育实习流于形式。具体表现为：教育实习的时间过短，按大纲规定,本科生的实习时间为 6 周,专科生的实习时间为 4～6 周,这样的教育实习时间是新中国成立以来最短的,更无法与其他国家的教育实习相比;教育实习缺乏规划和设计,变成了走过场的"四步曲"形式,即跟班听课、讲课、组织活动、实习总结。以这样的实习时间和安排,师范生很难从中迅速积累个人实践知识,形成教育教学技能。

（3）课程内容残缺与陈旧并存。在我国教师教育课程体系中,课程内容残缺与陈旧并存的问题突出地表现在教育专业类课程上。我国教育专业类课程开设的有教育学、心理学两门必修课程,虽然近年来大多数师范院校增加了一些选修课程,但其课程内容的宽泛性与完整性远远达不到教师职业专门化的要求,达不到迅速发展的教育实践对师范生教育理论与技能的需求。而且教育专业课程普遍存在着知识陈旧、观点陈旧的问题,特别是在技能与方法层面上开设的学科教学法还停留在基础教育课改前的中小学的教学内容上,教师职业训练与考核的内容仅限普通话一项。

第三节　教师教育体系的形成

一、教师教育体系逐渐由封闭走向开放

美国从 20 世纪 60 年代开始就逐步由单一性、封闭型的师范教育转变为综合性、开放式的师范教育。目前,美国已经基本没有独立体系的师范教育,几乎90％以上的中小学教师由综合大学的教育学院或文理学院培养。英国的师范教育转型比美国略晚,起步于 20 世纪 70 年代末,是在师范教育生源不足的情况下进行的一次改革。改革以改组和整顿师范教育机构为中心,通过关停合并的方式,让 100 多所教育学院朝着综合大学方向发展。德国在 20 世纪 60 年代初进行师范教育改革,首先是取消师范,中小学教师统一由高等师范学院和综合大学教育系培养;以后高等师范学院逐渐减少,1978 年有些州已明令中小学教师一律由综合大学培养。日本自 1949 年起,由单一师范学校培养教师的做法被废止,改由大学培养和多渠道培养相结合的模式。

面对世界教师教育的改革浪潮,我国应该选择一种什么样的教师教育体系呢？封闭、开放还是混合型呢？从我国中小学教育实际来看,我国是"穷国办大教育",需要大量的合格的中小学教师。由于中小学教师在社会上的地位、待遇

还不是很高,教师职业在社会上还缺乏应有的吸引力。因此,独立设置师范院校仍旧在一段时间内还有存在的必要,以确保提供足够数量的教师。但随着社会主义市场经济的发展,为了适应当代科技和教育发展的要求,原有的师范体系必须逐步打破。我国学者檀传宝、黄威等认为,从我国实际出发,建立适合中国国情、具有前瞻性、世界一流的、开放多元的教师教育体系将是我国教师教育发展的必然选择。

从我国实际情况来看也是这样的,教师教育体系逐步由封闭走向开放,多元开放的教师培养体系正在形成。1999年《中共中央国务院关于深化教育改革全面推进素质教育的决定》中首次提出"鼓励综合性高等学校和非师范类高等学校参与中小学教师培养",在理论和政策上为多元化教师教育体系的构建提供了保证。

2001年《国务院关于基础教育改革与被展的决定》又提出:"我国以现有师范院校为主,其他高等学校共同参与、培养培训相衔接的开放的教师教育体系。加强师范院校的学科建设,鼓励综合性大学和其他非师范类高等学校举办教育院系或开设获得师资所需课程",完整地提出了我国教师教育体系的构成。

从20世纪90年代后期起,一些综合大学开始主动向师范教育靠拢。据统计有59所综合大学开办教师教育专业,15所重点大学承担骨干教师国家级培训,如北京大学教育学院于2000年正式挂牌,厦门大学于2001年开始招收"3+1"模式的师范生,清华大学于同年开办校长职业化研修中心。到2003年举办教师教育的非师范院校共有298所,师范类专业在校学生数53.4万人,约占到了师范生总数的28.2%。另外我国师范院校也在不断拓展办学功能,如北京师范大学和华东师范大学这两所全国重点师范大学都提出了向以教育科学为主要特色的研究型大学发展的目标。

因此,我国通过现阶段以及以后一个相当长时间的教师教育改革,将逐渐形成一个以师范院校为主体、综合大学为补充,由师范院校和综合大学共同承担,适合教师专业发展的开放的教师教育体系。

二、逐渐提高教师职前培养结构重心

我国现存的教师培养层次结构是从20世纪60年代逐渐形成的,分为三级,即高等师范大学或学院、高等师范专科学校和中等师范学校(简称师大、师专和中师)。这样一种师资培养层次结构,从总体上看是适应我国当前基础教育师资队伍需要的,因为我国农村还有相当数量的教师没有具备应有的学历和资格(小学教师中师学历、中学教师专科学历、高中教师本科学历）。然而自 20 世纪 90 年代后期以来，我国小学入学人数明显减少，据有关资料显示，2002 年全国小学招生 1 952.8 万人比 1997 年 2 462.04 万人减少 509.24 万人。另外随着我国九年义务教育的逐渐普及，一些发达地区和城市已开始"普高"。"普九"工作也从量的意义上的基本实现，转变到实现质的意义提高上来。

因此，提高师资培养层次已成为必要和可能。在一些发达地区如北京、上海、江苏、广东等地，已提出小学教师大专甚至本科化的要求，教师教育办学层次逐步提高。1984 年，江苏南通师范学校招收初中毕业生，学制五年，培养大专层次的小学教师，开始了我国大陆地区培养专科程度小学师资的历史。上海的中师和师专已进入调整消失阶段，由师范大学担负起培养本、专科学历的小学教师和本科、研究生学历的中学教师的任务。1997 年，上海将全国第一所独立建制的培养专科程度小学教师的上海高等师范专科学校并入上海师范大学，成立初等教育学院，专门培养本科学历的小学教师。1998 年，南京师范大学与晓庄师范学校联合成立晓庄师范学院，培养本科学历的小学教师。同年，杭州师范学院也开始设置培养本科学历的初等教育专业。从 1999 年开始，北京市停止中等师范学校招生，在首都师范大学设立初等教育学院，将小学师资入口的标准从大学专科分步提高到大学本科。北京市已决定提高教师学历起点，要求到 2005 年 10% 的初中教师和 30% 的高中教师经过硕士研究生主要课程的学习，小学新任教师达本科学历。根据"十五"计划，广东省政府提出到 2005 年小学教师学历达标率（大专）为 50%，初中教师学历达标率（本科）为 50%，普通高中学历达标率（本科）为 90%。

虽然上述做法目前只是在部分地区尝试，但这一变化是现有结构的重大突破，带有根本性的历史意义和前瞻意义。而且从全国范围来看，教师的培养层次结构也呈上移趋势。与 1997 年比较，2003 年高师本科院校有较大发展，由 74 所发展到 103；师范专科学校逐步减少，由 151 所减少到 80 所；中等师范学校合理收缩，由 892 所减少到 317 所。教师培养培训资源进一步整合，教育学院由 229 所减少到 103 所；教师进修学校由 2 142 所减少到 1 703 所。我国教师培养已经基本上完成了从三级师范向二级师范的过渡，并有加快向一级师范过渡的发展趋势。教师职前培养结构重心逐渐上移，将大大提高中小学教师的任职资格和水平，为教师专业发展提供了一个很好的平台。

三、教师职后继续教育

从历史上来看，中国教师的职后教育并不受重视。古代虽有尊师重道的传统,却也由此导致教师非职业化的趋向,无论职前培养还是职后教育均不存在。近代中国建立师范教育体系后,职后教育仍然缺失。1949 年后,两者虽都有发展,但职后教育侧重点在各个阶段有所不同。从 1978 年至今,中国教师的职后培训可以区分为以教材教法过关、学历补偿和继续教育为重点的三个不同阶段。

1978 年到 1983 年为第一阶段,这一阶段的主要任务是根据"教什么,学什么""缺什么,补什么"的原则,让"文革"后新补进教师队伍的近 44 万名教师在所教学科上合格。据 1977 年底统计,全国小学教师学历合格率为 47.1%,初中教师为 9.8%,高中教师为 45.9%。经过大约 5 年的时间,有 85% 的小学教师、80% 的初中教师过了"教材关",一些不胜任教学工作的教师初步掌握了教材,具备了基本的教学能力。

从 1983 年到 1989 年为第二阶段,其主要任务是根据 1986 年 2 月国家教委印发的《关于加强在职中小学教师培训工作的意见》,对"现有不具备合格学历或不胜任教学的教师"进行培训,使其"绝大多数能够胜任工作,并取得考核合格证书或学历"。经过几年的发展,到 1989 年底,小学教师达到中师学历的比率上升到 71.4%,初中教师达到高师专科学历的比率上升到 41.3%,还有 30 万左右的中小学教师取得了《专业合格证书》。

20 世纪 90 年代以后为第三阶段,重视职后继续教育。原国家教委于 1990 年底召开了"全国中小学教师继续教育工作座谈会",次年印发了《关于开展小学教师继续教育的意见》,明确了继续教育的主要目标在于提高教师的教育教学能力,促进教师的专业发展。此后,有关小学新教师、骨干教师继续教育的意见也相继颁发。1996 年 9 月,教育部召开了全国第五次师范教育工作会议,提出在学历补偿教育基本完成之后,要不失时机地将中小学教师培训转移到继续教育上来的要求。

1999 年 1 月 18 日印发的国务院批转教育部《面向 21 世纪教育振兴行动计划》的通知将教师继续教育推向了高潮。该计划全面描绘了中国教育的远景,并将实施"跨世纪园丁工程"作为计划的重点之一。该工程将大力提高教师队伍的整体素质,以重点加强中小学骨干教师队伍建设作为主要内容。如今,国家级骨干教师培训工作已经告一段落,各省及地方政府组织的各种类型的培训活动正在紧张地进行。

我国职后教育由学历补偿教育逐渐转移到职后继续教育上来,表明教育决策者已经开始认识到教师专业发展的重要性,意识到职前培养不可能一次性提供一个优秀教师所需要的全部知识,教师的发展应该是终生性的、持续的过程。因此,我们在以后的教师教育改革过程中一方面要强化教师职后继续教育的意识，另一方面要抓好质量。让职后继续教育真正成为教师专业发展的加油站。

四、教师职前和职后教育一体化

教师职前培养与职后培训一体化是世界教师教育改革的一大趋势，反映了终身教育的要求，也符合教师职业生涯发展理论和教师成长规律的要求。"教师教育一体化"是指以终身教育思想为指导，根据教师职业生涯的阶段性特点，对教师的职前、入职和在职培养、培训统一规划，使之相互贯通，建立起连续性教育的教师教育体制。

我国传统的教师职前培养与在职培训是相互分离的，分属在两个不同的系统中进行，由师范大学(学院)承担教师职前培养，由教育学院负责教师的在职培训。这样的一种培训体系其弊端至少表现在：第一，教师的职前培养与在职培训人为地割裂开来，难以对教师的终身教育做全盘的统筹；第二，职前培养与在职培训的层次倒挂，从而使得在职培训难以起到继续提高教师的水平与能力的作用。这样的一种体系不仅造成有限的教育资源的严重浪费，还不利于教师队伍整体素质的提高，不利于教师的专业发展。

针对我国教师培训体系中存在的弊端，适应世界教师教育一体化改革的要求，我国采取合并、联合发展等模式进行了一系列教师教育的改革尝试。从1996年开始，在师范院校结构布局调整中，许多地方教育学院合并进师范大学(或学院)，共同对中小学教师进行在职培训。1996年、1997年河北省、上海市以及南京市的高等教育院校率先在本地区实现了师范类院校的合并，明确提出了教师培养、培训一体化的办学途径，并在办学中逐步运作和实施，如将上海教育学院、上海第二教育学院、上海幼儿师范高等专科学校并入华东师范大学。

据教育部师范司统计，从1992年到2000年师范院校的布局调整中，有41所教师培训学院(即原来的教育学院)并入普通高校，有3所改为普通高等师范学校，27所改为其他高等学校，39所已撤销。合并或改制后的教育学院明确教师培养与培训一体化的办学定位，从事培养和培训中小学师资的重任。

2000年北京师范大学在教师培训工作方面作出了重大的改革。北京师范大学提出把教师的在职培训与职前本科和研究生的培养共同作为学校人才培养的三大支柱，使教师在职培训的工作成为北师大教师培养中的一个重要领域；并在学校原有的教师培训中心的基础上，成立了全国第一所专门从事各级各类教师继续教育的机构——教师培训学院。

教师培训学院的成立符合世界教师教育一体化的发展要求，为我国探索教师的职前培养与在职培训相统一、学历教育与非学历教育相结合的人才培养模式提供了宝贵的经验,标志着我国教师的职前培养与在职培训逐步走向一体化。

第四节　教师发展理论

一、终身教育理论

(一) 终身教育提出背景

关于终身教育的思想,古今中外曾有不少思想家对此有过论述。如古希腊大家柏拉图认为,那些极有天赋的人,应受教育到 35 岁,然后再进行数年的锻炼,才能成为最好的人才。我国古代著名思想家、教育家孔子指出,"人非生而知之"。他至晚年仍然勤奋学习,"加我数年,五十以学《易》,可以无大过焉""发愤忘食,乐以忘忧,不知者将至"。但是,终身教育被正式提出并发展成为一种国际性的教育思想和理论,则是发生在 20 世纪的 60～70 年代。应该说,它的提出和发展有着深刻和复杂的历史时代背景。

1. 科学技术的飞跃发展

20 世纪 50 年代,世界上开始出现了新技术革命。20 世纪 80 年代的电子科学、信息科学、材料科学、能源科学、生物工程、海洋工程、光纤通信技术、激光技术、宇航空间技术等重大技术突破,标志着技术革命进入一个崭新的阶段。《学会生存》一书指出"到目前为止,还没有什么东西可以和我们现在所说的科学技术革命所产生的后果相比拟。"首先是知识更新的速度加快。据统计,20 世纪 80 年代每年全世界发表的科学论文约 500 万篇,平均每天发表包含新知识的论文达 1.3 万篇。登记的发明创造专利每年超过 30 万件,平均每天有 800 件以上的专利问世。"人类近 30 年来所积累的科学知识,占有史以来积累的科学知识总量的 90%,而在此之前的几千年中所积累的科学知识只占 10%。"美国有关部门统计,一个大学毕业生在大学期间所学的知识,在第一次世界大战之前至少可用 30 年,到第二次世界大战时,只能使用 10～20 年,到 20 世纪 60 年代中期,只能使用 8～10 年,个别领域则缩短到 5 年左右,而其他知识都老化、陈旧或无用了。其次,科技革命具有高度综合性和学科相互渗透性的特征。以前的技术革命一般是由某一领域、某一学科而引起的。但是,此时新的科学技术革命无疑出现了学科综合性的特点。环境、能源、材料、海洋工程、宇航空间等等,都是多学科研究成果的综合性运用。

2. 社会政治的变化

二战以后,世界众多殖民地国家通过长期的艰苦奋斗,纷纷获得了民族独立。民族要独立生存,必先振兴经济,大力发展生产力,而这需要全面提高民族素质,培养自己的科技工作人员和建设人才。科技与人才的解决关键在于发展教育。但旧的教育体系,不仅无法解决这些新发展中国家所面临的问题,而且还留下了严重的后遗症。所以只有根据各国的实际情况,把教育发展扩展到整个社会的各个阶层和各个阶段,建立一个全新的教育体制,才可能实现民族的真正复兴。

3. 人口剧增

第二次世界大战后,世界进入一个相对较为平静时期。欧美及众多国家出于因战争因素造成的死亡人数的补偿性增长考虑,这些国家的自然人口迅速增加。人口规模的迅速扩张是这时期大多数国家所面临的问题。人口增长的后果之一就是对教育需求的不断增长。换言之,人们逐渐意识到他们都有接受教育的权利,且产生必须接受教育才能立足于竞争激烈的现实生存感。同时,由于人们生活水平的提高,科学医疗技术、条件的先进,人的寿命得到不断延长。人口的变化要求教育的数量、性质、职能、作用等做出相应的改变。如果我们接受了这样的原则,即人类进程应受到控制,要服从于合理标准,并在人类的需要与可利用的资源之间维持平衡,那么,只有教育才能有效地解决这个问题——影响到人类资源及生存的问题。

4. 变革的加速

世界无时无刻不处在持续变化的状态中,唯一不变的就是变化。从古到今,人们的思想观念、社会的文化习俗等都在不停变迁和发展。然而,与往日不同的是,今天的问题是变革的速度令人应接不暇。从前需要几代人不懈努力的革新,现在只靠一代人就完成了。"每隔十年,人们就面临着一场在物质、精神和道德领域内如此广泛的转变,以至于昨日的解释已经不再符合今天的需要。"因此,人们迫切需要伴随一生的教育来获得适应这个变化莫测的世界所需要的灵敏性。

5. 闲暇时间的增加

在古代社会,由于生产力落后,人们往往需要花上一整天的时间进行劳动以提供自己及家庭的生存资源。所以,在这种情况下,劳动人民根本没有多余的时间去放松,去从事其他学习娱乐等生活。然而,随着资本主义社会的到来,生产力迅速提高,机械化操作生产代替了原来的人工操作,特别是在高科技、高自动化的现代社会,智能化生产大大缩短了人们的工作时间,使人们有了更多的自由空闲时间来安排自己的个人生活,完善自己的个性,使生命过得更有意义。不论是从个人自身的利益,还是从整体的社会效益来考虑,如今越来越多的人在闲暇时间选择了继续接受教育。可以预见,随着社会生产力的不断进步,人们将会有更多的闲暇时间接受教育,这必然要求建立一种新的教育体系以满足社会人们的需求。

(二) 终身教育的概念、历程和本质

1. 概念分析

终身教育,最早由联合国教科文组织成人教育专家保罗·朗格朗先生于1965年正式提出。这一术语一经提出就受世界各国教育界人士积极关注。众多学者对此发表了自己的认识和见解,可谓是见仁见智。目前关于终身教育概念主要有以下几种观点:

(1) 创始人朗格朗的定义。朗格朗认为,"教育不能停止在儿童期和青年期,只要人还活着,就应该是继续的。教育必须以这样的做法,来适应个人和社会的连续性的要求。"此后,他又在《何谓终身教育》一文中指出,终身教育论,它所要论述的第一件事——恐怕是最广泛地人们所接受的就是教育不再是一个人由初等、中等或大学等任何一个学校毕业之后就算完结了,而应该是通过人的一生持续进行。

(2) 联合国教科文组织有关会议或文件。1973年11月,由联合国教科文组织举办的"巴黎全国讨论会"对终身教育做出了如下定义:"是从幼儿期到死亡的不间断的学校及校外教育,不存在青少年、成年之区别,与培养人格和职业生活的训练相结合。"即终身教育是由一切形式、一切表达方式和一切阶段的教学行动构成一个循环往复的关系时所使用的工具和表现方法。

(3) 意大利学者埃特里·捷乐比·班认为,终身教育应该是学校教育和学校毕业以后教育及训练的统合。

(4) 国内部分学者的理解。有学者认为"终身教育的核心思想是以学生的主动自愿学习为基础,以个性化、多样化、非职业化学习为特征,以个体发展的多样性、个体享受的丰富性为原则,它的实质是以人为本、品质优先、能力为优、服务为核,它的本质是不断促进人的全面发展。"顾明远主编的《教育大辞典》认为,终身教育是面向社会全体成员并为其生命全程提供的教育。它既是一种先进的思想体系,又是一种崭新的教育体系。

2. 发展历程

随着人类日益深刻地认识世界，认识自己，人类教育思想也日趋深入发展。而终身教育思想是其中最为璀璨的明珠之一，以至在许多国家，终身教育被列为世纪教育发展战略的重点。终身教育思想起源于成人教育的发展。19 世纪中叶，作为近代产业革命策源地的英国率先突破工业社会的教育模式，一些教育机构和非教育机构开始对校外学生进行教学和职业技术培训，最早开始了成人教育实践。1919 年，英国建设部下属成人教育委员会的一份报告指出，成人受教育的机会"应当是普遍的和终身的"。二次世界大战后，世界形势发生了深刻的变化，现代科技革命的兴起加速了科技更新，引起社会经济结构的巨大变化，使得职业的更替和迁移日益频繁，极大地影响着人们的日常生活方式。

人们越来越清楚地认识到：传统教育将人的一生分成职前职后两个阶段，职前在学校集中学习，职后则一心工作。这种"前端模式"的传统教育是一种不完全的教育，已不能适应社会发展，因为教育不应仅仅是单一的、阶段性的学校教育，而应是在任何时刻都能以最恰当的方式为任何人提供必要知识和技能的终身教育。这种观念上的转变为"终身教育"提供了适宜的氛围和土壤，加速催生了"终身教育思想"。

1965 年，国际成人教育促进委员会第三次会议在巴黎召开，朗格朗主持会议。在总结会议成果的大会报告中，朗格朗首次阐述了"终身教育"的基本原则，终身教育理论指导下的高校课程设置标志着"终身教育"思想的诞生。它"可以与哥白尼学说带来的革命相媲美，是教育史上最惊人的事件之一"。此后，朗格朗撰写的《终身教育引论》成为终身教育思想的代表作。终身教育思想强调将教育和学习活动贯穿于人的一生，要求在人们需要的时候，以最恰当的方式提供最必要的学习和进修机会。这不仅顺应了社会发展，同时也满足了人全面发展的要求。因此，终身教育思想一产生，就以其强大的生命力日益深入人心，在教育领域引起一场广泛而深刻的革命，对全球教育产生了深远的影响。

1972 年，国际教育发展委员会主席埃德加·富尔主持撰写著名调查报告《学会生存——教育世界的今天和明天》。他指出，委员会强调两个基本观念"终身教育和学习化社会，必须重新考虑原有的教育体系，构建新的学习环境，达到一个学习化社会的境界"。在这种社会里，"活到老，学到老"成为人们生存的现实原则，不断地学习是人的基本生存方式之一，人们只有按照终身教育思想的原则"学会学习"，才能"学会生存"。

1989 年，面向 21 世纪教育国际研讨会在北京召开。面对臭氧层破坏、大气变化、森林被毁、动植物物种灭绝、各种环境污染等直接威胁着人类生存的重大问题,大会提出"学会关心"的口号,要求年轻的一代跳出只关心自我的小圈子,逐步达到"关心他人""关心其他物种""关心社会和国家的经济和生态利益""关心全球的生活条件""关心真理、知识和学习"等超越自我的境界。这些崭新的内容引发了终身教育思想由"学会生存"到"学会关心"的升华。

20世纪80年代以来,许多国家通过报告或立法手段促进终身教育的顺利实施。法国以终身教育思想为指导,规定"终身的职业训练是国家的责任",职工享有继续教育的权利。瑞典通过一项职工享有教育假的权利法,以保障职工接受继续教育。美国通过《终身学习法》,并专设终身教育局。日本颁布《终身学习振兴法》,并与学校教育法、社会教育法并列为教育基本法。中国通过《面向21世纪教育振兴行动计划》,提出要"基本建立起终身学习体系"。

与此同时,继1969年英国开放大学正式建立以来,美国学院式中心、加拿大无围墙大学、中国广播电视大学等许多国家也积极进行终身教育实践,探索多种多样的终身教育模式,终身教育成为未来教育不可逆转的趋势。

3. 本质特征

终身教育理论指导下的高校课程设置上述关于终身教育概念和发展历程的分析,说明了终身教育内涵的深邃性和丰富性。不同角度、不同背景、不同阅历的人们对终身教育的理解不尽相同。在此笔者无意要追寻一个确切的唯一的终身教育的定义,而是想在复杂的表述中,总结归纳出一些共同的、本质性的东西。

一般认为,终身教育的本质特征大致可总结为三点:

(1) 从纵向结构上看,教育并不只限于青少年阶段而应贯穿于人的整个一生。即人从胚胎发育直至进入坟墓之间都是教育的对象,教育在时间上是永不停息的。这是终身教育的一个显著特征。它突破了正规学校的框架,把教育看成是一个人一生中连续不断的学习过程,是人们在一生中所受到的各种培养的总和,实现了从学前期到老年期的整个教育过程的统一。

(2) 从横向结构上看,终身教育不只限于学校教育这样的正规部门教育,学校以外的任何非正规教育机构或任何教育形式都可以是教育的承担者,教育是整个社会的责任。终身教育既包括家庭教育、学校教育,也包括社会教育。可以这么说,它包括人的各个阶段,是一切时间、一切地点、一切场合和一切方面的教育。终身教育扩大了学习天地,为整个教育事业注入了新的活力。概言之,终身教育是时间和空间有机统一的教育。终身教育,其原理之一就是强调发展的综合统一性。

(3) 从更深层次的角度上,终身教育还有一个的特征,即把人的教育与社会生产、生活紧密联系,而不是割裂为前后孤单的两段,边学习边工作、边生活边学习是现代社会中人们活动的有机统一体。一直以来，教育只是作为人们为未来生活做准备的一项任务看待，学生往往背着某种压力而求学，学习成了功利色彩严重的一项活动，似乎学习与生活、学习与工作是两种性质不同的活动，学习远远脱离现实生活，从来没有与学生的真正生活完整地联系起来。而在终身教育思想下，工作与学习、生活与学习可以说是浑然统一的有机体，在某种程度上说，工作亦是学习，学习亦是生活，学习成了人们自愿选择的最佳生活方式之一。

21世纪的高等教育何去何从，从全世界范围来看，各国都不约而同提出本国的发展战略和指导思想，联合国教科文组织在1998年巴黎召开的首次世界高等教育会议上发布的《世纪的高等教育展望与行动世界宣言》《高等教育的改革和发展的优先行动框架》《关于高等教育的变革与发展的政策性文件》，是从1993年就着手准备，经过五年时间的酝酿，并相继召开国际会议专门研究高等教育问题，其中有些国际组织也举行类似主题会议，在充分准备的前提下，从全世界角度考虑的重要的高等教育未来发展的划时代文件，反映了世界高等教育改革发展的新理念或传统理念的新精神，预测了未来高等教育的趋势：

(1) 高等教育应该根据受教育能力完全平等地对一切人开放；

(2) 高等教育的基本使命是促进整个社会的可持续发展和进步；

(3) 要使大学生具有各种选择入学和退学的灵活性，一生中任何一个时候都可以进入大学，把高等教育与继续教育终身教育结合起来；

(4) 培养大学生的创新精神和学会创业；

(5) 高等教育的质量是一个多层面的概念、应用新的信息技术来扩大接受高等教育的机会、使发展中和转型国家从人才外流到人才回归、所有的学科研究都应受到鼓励等，并着重提出所有的理念都需建立在高等教育的促进社会可持续发展和进步的基本使命中；

(6) 将高等教育"促进全民终身教育的实施，成为全民终身教育的一个重要组成部分和重要的推动力量并为此变革、自我改造"的任务定义为重要使命之一。

终身教育思想的出现源于20世纪中期的特定时代背景，当时科学技术的迅猛发展带来了生产变革和社会变革，使人们深刻地思考人与自然的关系。

人与社会的关系，重新认识人类自身的发展和责任，于是终身教育思想的出现就受到了全世界的极大关注，数十年来，终身教育既成为当代影响最广的、使用频率极高的教育思潮，又是全世界范围内最为深刻的教育改革实践。

从20世纪最后20年来看，作为西方发达国家高等教育进入大众化、普及化阶段时，人们重新解读高等教育特征时的一种现实反映，终身教育思想与高等教育联系在一起,更多地反映了一种趋势及趋势的载体选择。

“终身教育”的概念,自从1965年被法国保罗·郎格朗在巴黎国际成人教育会议上提出后,就不乏为其作出概念的厘定者,郎格朗的《终身教育引论》、埃德加·富尔的《学会生存教育世界的今天和明天》及中国学者都为终身教育下过定义,终身教育从单纯的字面理解“贯穿人的一生的教育”“摇篮至坟墓的教育”,发展为概念及外延相当丰富的概念组,比较这些相关的概念,《学会生存》中对终身教育的概念意义更为深刻,使终身教育从单纯形式论(教育的一切形式、内容、方法)的理解转换为终身教育的本体论(教育对社会整体发展和个体的现实生活与生命成长的意义)理解层面。

郎格朗认为“最初,终身教育只不过是应用于一种较旧的教育实践即成人教育的一个新术语,后来,逐步地把这种教育思想应用于职业教育,随后又涉及在整个教育活动范围内发展个性的各方面,即智力的、情绪的、美感的、社会的和政治的修养,最后,到现在终身教育这个概念,从个人和社会的观点来看,已经包括整个教育过程了,它首先关心儿童教育,帮助儿童过着他们应有的生活,同时它的主要使命是培养未来的成人,使他准备去从事各种形式的自治和自学,后一种学习要求为成人发展提供许多范围广阔的教育结构和社会活动。”“因此,终身教育就变成了由一切形式、一切表达方式和一切阶段的教学行动构成一个循环往复的关系时所使用的工具和表现方法。”

人们在理解终身教育时更多地将它作为一种思想、原则,而体现此思想原则的体系就是终身教育体系。

终身教育的思想无论从内容、形式都改变了传统的教育思想,曾被赫梅尔称之为“教育史上可与哥白尼学说带来的革命相媲美的最惊人的事件”之一,终身教育不可被任意其他概念取代,将终身教育理解为“继续教育”“成人教育”“回归教育”都是一种狭隘的、简单的、片面的理解。

“终身教育”也并非等同于“终身学习”“学习型社会”,这三者关系密切,是一种辩证的关系。终身教育是一种理想的教育模式,是实现理想的现实过程终身学习是从学习者立场出发终身学习是进行终身教育的基础,终身教育发展的最高境界是学习型社会。

联合国教科文组织将高等教育视为“从幼儿教育和初等教育开始并持续终身的整个教育系统的一部分”,那么如何理解这“一部分”。终身教育体系的高等教育并非两个独立体系的简单叠加,是一个相互“融入”的过程。“融入”这个词既可以表达一个体系与另一个体系融合的过程,也可解释为一个体系完全融合到另一个体系的结果,并且这两种解释都没有重新建立新体系的涵义。

融入终身教育体系的高等教育不是要建立一个新的、特殊的、单独的高教体制代替现有体制,而是用终身教育的"范式"审视反思现有体制的缺陷,并提出改进的途径,改进不只是修补也不是简单的放大,而是更广泛的形式、内容、结构、机制和体制的变革。

二、可持续发展理论

可持续发展作为一种全新的社会发展观,已为人们普遍接受,并且成为整个人类社会共同致力的目标。教育,尤其是高等教育的可持续发展被视为社会可持续发展的原动力和实现人的可持续发展的基础与保证。高等教育的可持续发展离不开教师的可持续发展,归根结底,就是要提高教师的可持续发展能力,因此,首先要把握可持续发展理论丰富的科学内涵,理解发展和可持续发展等基本概念的科学涵义。只有明确了可持续发展的科学内涵,才能科学地把握可持续发展理论内涵,才能理解教师的可持续发展。

(一) 可持续发展的涵义

理解可持续发展的内涵,首先要弄清楚"发展"这一概念。那么什么是发展?国外发展理论所说的"发展"是在第二次世界大战之后产生的专门术语。

20 世纪 50 年代前后,广大发展中国家获得独立,这些国家为了消除贫困、振兴本国经济和重新确立自己在世界体系中的地位,普遍开始向工业化迈进。相对于已经完成工业化任务的发达国家,这些国家被称为发展中国家。发达国家和国际组织为了援助发展中国家的这种努力也制定了各种国际发展政策。

联合国按每十年为一个规划期,先后于 1960 年、1970 年和 1980 年提出了"第一个发展十年""第二个发展十年"和"第三个发展十年"的国际发展战略,这使得发展研究成为世界各国普遍关注的问题,发展理论也迅速兴起。在这种情况下,"发展"一词成了国际生活中通用的术语。在我国,邓小平同志首先把"发展"这一术语引入到中国的政治生活中。1984 年,他在谈到中国的内外政策时指出:"在争取和平的前提下,一心一意搞现代化建设,发展自己的国家,建设具有中国特色的社会主义。"

1987 年,他在会见孟加拉国总统时指出:"中国在国际上处于落后状态,中国要发展起来,要实现四化。"后来,邓小平多次谈到"中国的主要目标是发展"。与此同时,中国学者对"发展"概念也作了许多有价值的探讨。关于"发展"的概念,就世界范围而言,经历了以下三个演化阶段:

1. 第一阶段

20 世纪 50 年代前后,这一阶段发展仅仅是指经济的增长。这是一种经典的发展观,它用一个等式表示就是"发展＝经济增长"。在这种发展观指导下的发展模式,基本上是以工业化增长作为唯一衡量指标的"工业化实现模式"。在现实生活中它是以 GNP(国民经济总产值)为指标,以追求经济高速增长为目标和动力的。这种片面追求 GNP 增长的发展模式,以高投入、高消耗、低产出、低效率,资源浪费和环境破坏为特点。在这种发展观的指导下,许多发展中国家在经济增长的同时,并没有实现预期的发展目标。虽然生产量出现明显的增长,但并没有带来社会经济结构、社会状况、政治经济体制等方面的明显进步和提高。这种发展的模式因而受到普遍批评。

随着人们对片面追求经济效益发展模式弊端的认识,许多发展经济学家开始对发展等同于增长的发展观进行反思。这种反思使人们意识到:发展是建立在经济增长基础上的社会多维变化过程,在肯定增长是发展的基础之上,还需要更多关注发展的质的变化。除此之外,环境学家还提出对环境污染的治理。

2. 第二阶段

发展就是经济增长加社会变革。这是发展概念演化的第二个阶段。这种发展观用等式表示就是:"发展＝经济增长＋社会进步＋污染治理"。人们错误地认为,只要在原有发展模式的基础上注重"治理污染",问题就会迎刃而解。似乎解决污染问题很简单,只需要进一步的发展科学技术,或对技术工艺稍加改进,尽量少出废物和对废物充分利用就可以了。殊不知技术发展了,"废物"在某种程度上也"升级"了,环境污染问题并没有得到根治,环境问题反而越来越严重。

3. 第三阶段

到了 20 世纪 90 年代,人们才更深入了解到环境问题和生态危机,是同传统发展模式的自然观和价值观危机相应并存的。为了克服这一危机,人类必须在发展观念上作根本性的变革。于是形成了当前对可持续发展模式的共识。这是发展概念演化的第三个阶段。这种发展观用等式表示就是:"发展＝经济增长＋社会进步＋环境保护"。可持续发展模式就要从经济、社会、环境、生态、科技、文化等更广泛的系统学的高度去审视人类的前途,使社会、经济和生态环境协调发展。

以上我们考察分析了"发展"的概念,下面分析"可持续发展"这一概念的形成及其本质内涵。

"可持续发展"这一概念的形成经历了一个发展变化的历史过程。从 1962 年美国海洋生物学家卡尔逊所著《寂静的春天》一书问世,到 1972 年 6 月联合国在瑞典斯德哥尔摩举行的人类环境会议发表《人类环境宣言》,标志着人们认识到环境问题与发展问题的密切关系。1987年,世界发展委员会组织以挪威前首相布伦特兰夫人为首的21个国家的专家经过对世界各地的考察,发表长篇报告《我们共同的未来》。报告揭示了环境与发展的相互关系:传统意义上的发展会导致环境资源的破坏以致衰竭;反过来,环境的退化又限制了经济的发展。报告首次给出了可持续发展的定义,即"可持续发展是既满足当代人的需求,又不危及后代人满足其需求的能力的发展"。这一定义后来被广泛接受。

1992年6月,在巴西里约热内卢召开了联合国环境与发展大会,来自183个国家的代表团和联合国及其下属机构等70个国际组织的代表出席了会议,102个国家元首到会。会议通过和签署了《里约宣言》《21世纪议程》等多个重要文件。这次会议彻底否定了工业革命以来那种"三高"(高生产、高消费、高污染)的传统发展模式和"先污染后治理"的道路。会议提出了环境与发展不可分割的观点,主张为保护地球生态环境,实现可持续发展而建立起一种"新的全球伙伴关系"。以这次环境发展大会为标志,人类对环境与发展的认识提高到了新的阶段:即环境与发展密不可分,两者相辅相成。

这次大会是人类转变传统发展模式,走可持续发展道路的一个里程碑。同时,也是可持续发展思想得到广泛认同,达成实现可持续发展目标共识的一次重要会议。里约会议10年之后,即2002年9月联合国在南非约翰内斯堡举行了可持续发展世界首脑会议,包括104个国家元首和政府首脑在内的192个国家的1 700多名代表济济一堂,共商全球未来发展大计,首脑会议全面审议了1992年以来环境发展大会所通过的《里约宣言》《21世纪议程》等重要文件和其他一些主要环境公约的执行情况,并在此基础上通过谈判产生了面向今后具体行动的推进全球可持续发展的行动计划。此次会议形成了具有重要意义的《约翰内斯堡政治宣言》和《行动计划》,这两个文件反映了世界上170多个国家超越意识形态分歧和社会制度的差异,在保护全球生态环境、坚持人类可持续发展上达成的共识,这在人类发展史上是史无前例的。这次首脑会议之后,以人地和谐为思想底蕴的可持续发展思想成为时代的主流发展意识。

从可持续发展概念的形成过程来看,我们可以在以下意义上理解可持续发展的本质涵义。可持续发展是从环境与自然资源角度出发,提出关于人类长期发展的战略与模式,它强调环境与自然资源的长期承载力对发展的重要性以及发展对改善生态质量的重要性。可持续发展的核心是强调社会、经济的发展与环境相协调,追求人与自然的和谐;可持续发展的目标是不仅满足人类的各种需求,而且还要关注各种经济活动的生态合理性,保护生态资源,不对后代人的生存和发展构成威胁;在发展指标上,可持续发展不再把GNP作为衡量发展的唯一指标,而是用社会、经济、文化、环境、生活等各个方面的指标来衡量发展。

（二）可持续发展理论的涵义

发展理论亦称发展研究。由于"发展"范畴被理解为是一个摆脱不发达状态实现现代化的过程,因而发展理论为研究传统农业社会向现代社会转变的理论。发展理论可做狭义的和广义的理解。狭义的发展理论是专门研究发展中国家如何实现现代化的理论;广义的发展理论是把现代化作为一个世界性的历史进程,不仅研究发展中国家如何实现现代化,而且研究发达国家是如何从传统农业社会转变为现代工业社会并进而向信息社会变迁的过程。根据这样的界定,发展理论是一个包含多学科的理论,其中形成于 20 世纪 50～80 年代的可持续发展理论是发展理论的重要组成部分。

可持续发展理论是从环境与自然资源角度研究人类社会发展的问题。可持续发展基础理论主要包括三个方面:①环境承载力论。环境对人类活动的支持能力有一个限度,人类活动如果超越这一限度,就会造成种种环境问题。环境承载力可以作为衡量人类社会经济活动与环境协调程度的判据之一;②环境价值论。环境是有价值的,环境之所以能直接或间接地满足人类社会生存发展的需求,首先是因为它具有影响需求的价值属性;③协调发展论。其意指发展与环境的"调试"和"匹配",发展与环境的关系应是相互联系、相互作用、和谐一致。

可持续发展基础理论确立了可持续发展理论的立足点,揭示了可持续发展理论的本质特征,体现了可持续发展理论的丰富内涵,概括起来主要体现在以下四个方面:

第一,可持续发展理论的核心是发展。可持续发展是针对传统发展模式的弊端而提出的一种新的发展观,这种新发展观是为了促进人类社会更好的发展而不是限制发展。从现实情况来看,要提高一个国家的综合国力,就要靠发展;要进一步提高人民的物质文化水平,要靠发展;要解决人们在社会实践过程中产生的思想认识问题,最终也要靠发展。经济发展是我们一切社会实践的物质基础,落后和贫穷不可能实现可持续发展的目标,也不可能保证人口、资源、环境与经济协调发展。

第二,可持续发展理论的目标是使经济与社会发展形成良性循环。20 世纪80 年代以前,尤其是发展中国家,为了保障人民的生活,不得不把经济的发展建立在对自然资源的过度开发和消耗上,造成资源的过度消耗和环境污染。随着工业化和城市化的进程加快,环境污染和生态破坏问题越来越严重,人口对资源环境的压力越来越大。自然经济和社会的发展呈现出一种恶性循环。可持续发展理论既满足人类的各种需求,又关注各种经济活动的生态合理性,使经济和社会发展步入良性循环。

第三，可持续发展理论的道路是走绿色发展之路。传统经济发展走的是"先污染，后治理"的黑色发展道路，在"谁污染谁治理"或"谁污染谁付费"的原则下，人们通常强调末端治理的解决方式，其结果不能解决环境问题。可持续发展理论要求经济发展必须有利于资源的持续利用，有利于生态系统的良性循环，要保护好人类赖以生存与发展的大气、淡水、海洋、土地和森林等自然环境和自然资源，防止环境污染和生态破坏，走绿色发展道路。

第四，可持续发展理论的前提是转变观念。在可持续发展观形成之前，人们有两种很普遍的观念：一种是认为环境作为一种资源是取之不尽用之不竭的。殊不知，自然再生速度和环境的自净能力客观上是有限的。20世纪60年代末，各种环境问题逐步暴露出来，就是因为人类夺取自然资源的速度逐渐超过了自然资源及其替代品的再生速度，向环境排放废弃物的数量超过环境的自净能力。另一种是只注重人与人的关系文明化，而忽视人与自然的关系文明化，好像这样看待是天经地义的。这两种观念都是不可取的。树立可持续发展观必须转变思想观念和行为规范。在处理人与自然的关系上，要用可持续发展的新思想、新观念、新知识改变旧的生产方式、消费方式、思维方式，从整体上转变人们的传统观念和行为规范。

可持续发展理论除了有丰富的内涵之外，还具有自身的基本特征：

第一，可持续发展理论具有思维综合性。这是因为研究可持续发展问题涉及生态学、环境学、经济学、社会学和哲学等学科和领域，因而可持续发展理论建设需要自然科学、社会科学和人文科学的大综合。可持续发展理论把人类、社会、自然和经济作为整体统一考虑，注重协调约束各自的行为限度，达到一个动态的平衡发展。

第二，可持续发展理论具有社会历史性。从可持续发展问题和理论的产生来看，它是人类社会发展到一定阶段的产物；从研究的具体内容和形式来看，可持续发展理论在具体的历史时期有所不同；从可持续发展问题的解决方式来看，可持续发展问题的最终解决和理论完备本身也具有社会历史性。

第三，可持续发展理论具有实践性。可持续发展理论研究的对象和内容来自于社会实践，研究的成果也需要在实践中经受检验，需要不断丰富和完备，并且最终为实践服务。

（三）马克思和恩格斯关于可持续发展的思想

发展的可持续性问题很早就引起了马克思和恩格斯的认真思考。马克思关于物质变换理论同现代可持续发展理论密切相关。特别是，马克思提出善待自然的观点已经具有了现代生态伦理观的思想蕴涵。恩格斯一方面看到科学技术促进社会生产力发展，另一方面也提出人类征服大自然必将遭到大自然惩罚的观点。所以从某种意义上来说，他们的一系列研究成为可持续发展理论的先声。马克思和恩格斯关于可持续发展的思想主要体现在以下三个方面：

第一，马克思和恩格斯很早就提出人与自然关系问题。马克思认为，人类与自然密切相关。人类发展的历史"可以从两方面来考察，可以把它划分为自然史和人类史。但是这两方面是不可分割的；只要有人存在，自然史和人类史就彼此相互制约"。恩格斯也论述道："全部人类历史的第一个前提无疑是有生命的个人的存在。因此，第一个需要确认的事实就是这些个人的肉体组织以及由此产生的个人对其他自然的关系。"他认为，人与自然的关系是从人类出现就开始形成，并随着人类劳动实践活动而发展。

第二，马克思和恩格斯认识到对自然的掠夺会导致发展的不可持续性。马克思批评了人们在劳动中对土地、森林、矿藏等自然资源的破坏，这种破坏使人们的生存受到直接威胁。在谈到对土地的破坏时，马克思指出"资本主义任何进步，都不仅是掠夺劳动者的技巧的进步，而且是掠夺土地的技巧的进步，在一定时期内提高土地肥力的任何进步，同时也是破坏土地肥力持久源泉的进步……"

在谈到森林破坏时，马克思认为"文明和产业的整个发展，对森林的破坏从来就起很大的作用，对比之下，对森林的养护和生产，简直不起作用"。马克思在给恩格斯的信中也曾经写道"耕作的最初影响是有益的，但是由于砍伐树木等等，最后会使土地荒芜。"

恩格斯告诫人们，无论人类多么强大始终都是自然界的一部分，并且与自然相互作用紧密相连。自然界为人类社会的发展与进步提供了必要的物质基础，因此人类必须与自然界和谐相处。人类在满足自身需要的同时，必须注意保持生态的平衡，否则就会受到自然界的惩罚。恩格斯深刻指出，人类征服自然和改造自然的空前能力给人们所带来的不一定都是福音。恩格斯还警告人们："不要过分陶醉于我们人类对自然界的胜利。对于每一次这样的胜利，自然界都对我们进行了报复。"

第三，马克思和恩格斯还对机械发展观与资本主义生产方式的不可持续性进行了深刻的批判。在他们看来机械发展观和资本主义制度是造成人对自然破坏的两大因素，同时也是造成生态和发展不可持续性的因素。要实现人类社会的可持续发展就必须使人类和自然界和谐发展。马克思和恩格斯都提出，人与自然的关系问题既是一个理论问题又是一个实践问题。首先，马克思和恩格斯认为，人与自然关系问题是一个观念性问题。马克思主张人们把单纯的"征服自然"观念转变为"善待自然"的新的发展观。恩格斯也提出人们要在正确认识人与自然关系的基础上掌握自然规律。恩格斯指出，人类之所以遭到自然界的报复和惩罚，从认识上来讲，就是因为人类没有正确认识到自身在自然界中所处的位置，错误地把自己凌驾于自然之上。从这个意义上来说，马克思和恩格斯明确表达出了善待自然的观点，提出了具有生态伦理意义的善待自然的思想。其次，马克思和恩格斯认为，要实现人与自然的协调发展，必须变革不合理的生产方式和社会制度。在马克思看来，资本家自私自利的短视行为造成生产过程的生态破坏性，所以资本主义条件下人和自然的关系带上了污染和破坏的特征。因此，与其说是机械发展观造成了生态问题，不如说是资本主义制度造成人对环境的污染和破坏。在马克思看来，公有制有利于土地、森林、河流等环境资源和各种生产资料的利用和保持，建立公有制可以克服资本主义制度的痛疾。

关于职业教育与培训，教科文组织认为其对于可持续发展具有关键的和持久的意义。可持续发展教育项目专家、多伦多约克大学查理斯·霍普金斯指出"不是任何一个学科、团体、教师、雇员可以承担全部可持续发展教育，然而任何一个学科、团体、教师、雇员都可以为可持续发展教育做出贡献，特别是其中一些有希望在教育体系的再造中发挥领导作用。"职业教育研究中心主任理查德·麦克林指出"只要教育被认为是有效发展的关键，那么职业教育就是减轻贫困、推动和平、保护环境、改善所有人的生活质量和帮助实现持续发展的万能钥匙。"

在教师专业发展中，美国经历过由狭隘走向持续性的阶段。在 20 世纪 70～80 年代，"专业发展"是可有可无的事情，发展模式几乎就是进修班、举行会议、选修大学课程或是由聘请的专家做的几次报告，通过可持续性的理论，教师的专业发展被定义为教育学的可持续发展、发现自我的发展、认知的可持续发展、理论的可持续发展、专业的可持续发展以及职业可持续发展，同时教师的专业发展应持续进行并且融入工作之中。

三、终身教育背景下的可持续发展

随着社会发展对教育需求的增加，教育发展的空间和范围越来越大，其在可持续发展战略中的地位与作用也得以进一步的巩固和加强。1992 年联合国环境与发展大会通过的《21 世纪议程》指出："教育是促进可持续发展和提高人们解决环境与发展问题的能力的关键。"1994 年联合国国际人口与发展会议通过的《行动纲领》指出："教育是可持续发展的一个关键因素——有效的信息、教育、交流是可持续发展的先决条件。"在知识经济时代全面到来之际，知识和人才将成为社会经济持续发展的决定力量，作为知识生产和人才培养的重要途径——教育无疑将处于可持续发展的核心位置，知识经济时代将是教育时代。正因为此，世界各国都极为重视教育发展，把教育发展提高到事关国家与民族前途和命运的战略高度，积极促使教育发展为本国可持续发展实践服务。知识经济形态下的可持续发展需要教育的有力支持，然而传统的学校教育却无法满足这一需要。传统学校教育是一种对应于传统经济形态的教育发展模式，在这种经济形态下，教育被视为既定的或是外生的变量，在经济发展中处于辅助的地位。这就导致了传统的教育观念、教育体制、教育内容和教育方式在新时代面前显得落后、封闭、陈旧和单一，与社会发展相互脱节，相互背离，严重影响了知识创新、技术创新和人力资源的开发利用，难以为知识经济时代可持续发展的需要提供确实的帮助和支持。因此，尽管传统学校教育获得了巨大的发展，但由于其自身的历史局限性，故"无论传统教育制度的速度和规模多大，中学、大学和学院都不具有那种应变性"，因而"使得教育愈来愈被迫寻找新的途径"。

　　传统教育与可持续发展之间的矛盾和对立促使教育发展必须在原有教育观念、教育体制和教育实践的基础上寻求突破和创新，以扩大教育规模，提高教育质量，满足人们和社会日益增长的教育需求。正是在这种时代背景下，终身教育得以不断发展和完善。终身教育作为一种"哥白尼式的教育革命"，既是教育自身发展规律使然，同时（更主要）也是传统教育与社会发展之间矛盾激化的结果。在联合国教科文组织的积极推动和各国政府的积极响应下，终身教育思想得以迅速传播并逐渐发展成为一种具有广泛影响的国际教育思潮。尽管出于各自的理解和不同的研究目的，人们对终身教育的解释和定义存在分歧，但这并不影响人们在终身教育的问题上达成一致的见解和共识。

　　终身教育是适应知识经济发展要求的教育观念和教育模式，其本质和属性决定了终身教育本身有利于可持续发展的实现。第一，从教育观念看，终身教育主张终身性教育，认为随着知识经济的发展，知识和技能老化、更新的速度加快，职业变动频繁，同时社会生活不断变化，这些在客观上要求人们不断接受教育和培训，以适应个人发展和社会发展不断变化的需要。这与传统的一次性教育观或阶段性教育观有着本质的不同。第二，从教育目的看，终身教育旨在人力资源的整体性开发，既重视劳动技能的培养，又重视其他各方面素质的提高和锻炼，促使个人德、智、体、美、劳相互协调，相互促进，全面发展，这与可持续发展的目标是相一致的。而传统教育往往只注重某方面素质的培养，尤其关注智力的开发，对其他方面有所忽略，导致教育客体健全人格的缺失，不利于人的全面综合发展，有悖于可持续发展的宗旨和目标。第三，从教育结构看，终身教育实现了教育的纵向一体化和横向一体化,社会成员可以随时随地接受教育,满足自己的教育需求,有利于人力资源的持续开发和结构优化。第四,从教育内容看,终身教育涉及可持续发展各方面(如人口、资源、环境、经济和社会等)、各层次的内容,同时终身教育的内容紧贴社会生活,有利于人们从个人发展和社会发展的实际需要出发掌握各方面的知识和技能,促进社会持续发展。第五,从教育对象看,终身教育"有教无类",其教育对象没有年龄、性别、种族、职业、地位等方面的限制和歧视,是一种全民教育。这一属性不但有利于保障人们受教育权利的实现,而且通过终身教育提高了人们尤其是弱势群体把握自身命运的能力,从而为可持续发展的最终实现提供广泛的人力资源保障。第六,从教育运行看,终身教育突破传统教育体制,鼓励社会力量办学,实现了教育格局的多元化,在时间和空间上为人们提供了灵活多样的教育方式和学习机会,实现了"墙内教育"与"墙外教育"、近程教育和远程教育、固定教育和弹性教育的统一,不但有利于满足人们日益膨胀的教育需求,而且促进了教育资源的统筹安排和优化配置。总之,终身教育无论在教育资源配置上,还是在知识创新和人才培养上,都实现了一种根本的转变,是实现可持续发展的根本保证。

四、可持续发展背景下的终身教育

终身教育对可持续发展起着重要的支撑作用,是实现可持续发展的根本保证。可持续发展作为人类社会新的发展观念和发展战略,已成为可持续发展各领域的指导原则,并为各领域的发展提供各方面的基础和条件。教育作为可持续发展的重要组成部分,自然离不开可持续发展的支持和引导。彼此之间相互影响,相互制约。

具体来说,可持续发展对终身教育发展的影响主要通过以下几个方面:首先,可持续发展能够为终身教育的逐步实施和日益完善提供强有力的物质基础,这是终身教育得以发展最重要的基础和前提。人类社会只有实现可持续发展,才能不断为终身教育提供各类教育资源,保障终身教育顺利实施。目前许多落后国家和地区由于经济发展缓慢甚至停止不前,使得教育资源匮乏,教育供给严重不足,国民受教育的权利无法保障,人们科学文化素质普遍低下。其次,可持续发展为终身教育的发展提供了现代化的价值理念和观念,如人本观念、生态伦理观念、平等观念、民主观念、合作观念、全球观念等等。这些观念既有利于促进终身教育体制的完善,也有利于终身教育内容和方式的变革和创新以及教育国际化和本土化的有机结合,从而为终身教育朝符合可持续发展要求的方向健康发展提供正确的指导。最后,可持续发展为终身教育的发展提供了科学的原则。

(1) 持续性原则。可持续发展是人类社会不断持续发展的动态模式,讲求社会发展各阶段之间的相互联系和相互依存,这就要求终身教育必须迎合可持续发展的这一需求持续发展。终身教育无论在个人微观层面还是社会宏观层面都必须在教育发展各个阶段形成一条发展链,各阶段之间的发展相互依存,互为条件,强调眼前教育发展是未来教育发展的基础,强调眼前教育发展要为未来教育发展作准备,进而强调教育发展的计划性和预测性,促进教育持续健康发展。

(2) 协调性原则。可持续发展讲求社会整体的发展,要求社会发展的各个方面(人口、经济、资源、环境、社会)以及各个层面共同协调发展,这就意味着终身教育发展在依托社会发展现实突出教育发展重点的同时,应当积极发展与社会进步和人们生活需要相对应的教育形式和教育内容,促进它们之间的协调发展,进而建立健全终身教育体系,为可持续发展提供有效的各级各类的教育服务。

(3) 公平性原则。可持续发展是一种谋求社会公平的发展方式,强调各发展主体(包括代内和代际)都有平等的生存与发展的权利,强调各发展主体间的相互尊重。这就要求终身教育的发展在教育资源的开发和配置上既要讲求效率同时又要兼顾公平,确实保障儿童、妇女、老人和残疾人以及有特殊教育需要的群体的教育权利,反对教育垄断和教育特权。同时对贫困落后地区给予教育扶持,缩小教育的地区差距,进而缩小人们在经济发展和会生活中的差距,促进社会平等,协调社会发展。

总之,终身教育与可持续发展之间密不可分。无论是它们各自本身的变化,还是彼此间关系的演变,都会影响到双方的发展,并给人类社会未来的发展带来影响。促进终身教育和可持续发展既要重视各自领域的相关研究,同时更要重视两者之间关系的探讨和研究。把两者融为一体,便于它们在整体的框架下相互照应,相互促进,共同发展。

第五节　教师专业发展阶段论

教师的专业成熟无疑是一个长期的发展过程,需要经历一系列的发展阶段。西方学者从不同研究角度,对教师发展阶段作了具体的描述与分析,由此产生了异彩纷呈的教师发展阶段论,代表性的阶段论有:傅勒的教师教学关注阶段论,伯顿的教师生涯发展论,费斯勒的动态教师生涯循环论,司德菲的教师生涯阶段模式论,休伯曼教师职业生命周期论等。

一、国外教师专业发展阶段研究

国外教师专业发展阶段研究中,傅勒、卡茨、伯顿、费斯勒等人的研究成果产生了很大的影响。傅勒是教师专业发展阶段理论的最早研究者之一,他采用问卷调查的方式,提出了职前教师专业发展阶段理论,他认为职前教师的专业发展要经历四个阶段,即任教前关注阶段、早期求生存阶段、关注教学情境阶段、关注学生阶段。之后经过研究、修正,使教学关注进一步概念化、模式化,称之为"教师关注模式"。这个模式有三个教学发展阶段,即自我关注、教学工作关注、学习影响关注。卡茨以学前教师为研究对象,采用问卷调查和访谈方法,提出教师专业发展要经历求生存时期、巩固时期、更新时期、成熟时期等四个阶段。伯顿组织俄亥俄州立大学的一批学者采用访谈的方法,对处于不同生涯发展阶段的教师进行研究,把教师专业发展阶段分为生存阶段、调整阶段、成熟阶段等三个阶段。费斯勒通过对教师观察、访谈、调查,提出整体、动态的教师生涯循环理论。把教师专业发展阶段分为职前教育阶段、引导阶段、能力建立阶段、热心和成长阶段、生涯挫折阶段、稳定和停滞阶段、生涯低落阶段、生涯退出阶段。

二、国内教师专业发展阶段研究

王秋绒把教师发展分成三个阶段九个时期,第一阶段为职前师资培育阶段,包括探索适应期、稳定成长期、成熟发展期。第二阶段为实习教师阶段,包括蜜月期、危机期、动荡期。第三阶段为合格教师阶段,包括新生期、平淡期、厌倦期。饶见维也将理想的教师专业发展进程分为三个阶段六个时期,即职前师资培育阶段,包括探索期、奠基期。初任教师导入阶段,包括适应期、发奋期。胜任教师精进阶段,包括创新期、统整期。叶澜、白益民采用思辨的研究方法,以"教师自我专业发展意识"为指标,把教师专业发展过程划分为非关注、虚拟关注、生存关注、任务关注、自我更新关注五个阶段。罗琴等以职业成熟度为标准,把教师专业发展过程划分为适应期、发展期、成熟期和持续发展期四个阶段。傅树京在傅勒和伯顿的研究基础上,把教师专业发展阶段划分为适应期、探索期、建立期、成熟期、平和期等五个阶段。卢真金认为,教师专业发展要经历适应与过渡、分化与定型、突破与退守、成熟与维持、创造与智慧五个时期,其对应的结果是教师分别成为适应型、经验型、知识型、混合型、准学者型、学者型和智慧型七类教师。

裴跃进从教学系统、自我系统和组织系统等角度层面来梳理探究教师发展阶段的基本内涵,并把教师的专业发展阶段分为准备期、初始期、适应期、胜任期、成熟期、创造期、稳定期、退隐期八个阶段。

(一) 教师专业发展阶段划分的依据

1. 教师专业发展的整体性

部分学者在进行教师专业发展阶段划分时,从职后教师教育开始划分,即把教师进入教师职业作为专业发展的起点。职前教师教育阶段是"准教师"阶段,也是预期专业社会化阶段,是教师专业成长和发展的重要时期,教师专业阶段的划分要考虑到教师的整个职业生命周期。傅勒的教学前关注阶段、费斯勒的职前教育阶段、休伯曼的入职期、王秋绒的职前师资培育阶段、裴跃进的准备期等都是从职前教师教育阶段开始划分。

2. 教师专业发展的复杂性

教师专业发展不是一个简单的、线性的递进过程,而是一个螺旋上升、反复的前进过程。不同的教师在专业发展过程中,所经历的发展阶段也不完全相同。所以教师的专业发展具有复杂性的特点,也可以说,每一个教师的专业发展道路是不可复制的。所以,要深入全面把握教师专业发展的总体规律,进行合理的专业发展阶段划分。

3. 教师专业发展的针对性

不同教师的专业发展阶段不同,不同社会背景下教师的专业发展阶段也不一样。在进行教师专业发展阶段划分时,既要借鉴已有研究成果,更要关注当前教育改革的背景及其对教师提出的新要求。

(二) 教师专业发展阶段及内涵

根据上述教师专业发展阶段划分依据,笔者将教师专业发展划分为专业准备期、专业适应成长期、专业成熟期、专业高原期、专业创造期、专业退出期等六个阶段。

1. 专业准备期

此阶段指教师职前教育阶段。"准教师"在师范院校或综合性大学教育学院等机构接受职前培养,这个阶段的教育是为特定的教师角色做准备的。这一阶段的时间视培养模式不同而定,一般为专科 3 年、本科 4 年,2001 年开始,我国主要师范大学先尝试了"4＋2"或"4＋1＋2"的研究生层次的教师人才培养模式的改革。"准教师"通过专业准备期的学习和积累,获得教师所必须的基本知识和基本技能，为成为一名优秀教师奠定基础。但从目前的教师培养情况来看，师范专业学生普遍反映出专业情意淡薄、教育知识不足、实践能力缺乏等问题。最近几年，国家先后颁布了《关于进一步加强高校实践育人工作的若干意见》《关于大力推进教师教育课程改革的意见》《教师教育课程标准》等文件，承担职前教师教育的高校应该思考如何构建多层次的实践课程体系、加强教育课程改革等问题，着力提升师范专业学生的专业实践能力，缩短他们从"准教师"到教师的适应期。

2. 专业适应成长期

大致时间在教师入职的1～5年。教师刚进入教师行业，他们对自己大学几年的知识积累充满信心，普遍表现出对教育的热情，不过他们很快就发现，实际的教育工作并非如此简单。虽然他们所学的专业知识完全能够满足教学的需要，但如何把握教学的重点难点、如何进行有效教学、如何研究教学、如何管理课堂等这些问题常常让他们感觉到有些无所适从。教师在这一阶段，很难成为优秀教师，但这一段时间的态度和信念，对他们为师从教有着重要的影响，决定了他们未来能不能成为一名优秀的教师。所以，对他们给予充分的理解和关怀，为他们提供适时的支持和帮助，特别是专业发展引导和教学现场指导，显得非常重要。

3. 专业成熟期

教师经过5年左右的教学实践和对教学的理性思考，进一步认识到教育的重要性，体会到教育教学的欢乐，职业认同感得到加强。在专家或中老年教师的指导下，结合自身特点和教育发展要求，树立起正确的教育观念，形成了适合自身的教学设计方法、教学方法和学习指导策略，部分教学成果显著的佼佼者成为当地小有名气的经验型或技能型教师。教师在这一阶段，虽然能熟练地把握课堂与教学，但教学更多地源于自身积累的经验或对学科教育专家的模仿。

4. 专业高原期

处于专业成熟期的教师，对教学过程、教学方法已经了熟于心，能够比较轻松地应对教育教学中的各种情形。但随之而来的问题是，他们感觉到无论是在教学岗位上，还是在管理岗位上，已经没有更大的发展空间和前景，原有的激情逐渐丧失，加上年龄的不断增大，一些教师产生了职业倦怠感、挫折感甚至无力感，处于消极状态中，我们把处于这一阶段的教师称为教师的"高原期"。这一阶段的教师存在着"做一天和尚撞一天钟"的心态，只愿意完成自己分内的工作，不会主动追求教学专业的卓越与成长。

"高原现象"在不同教师身上出现的频率、时间持续的长短是不一致的，这类教师因为已经适应和熟悉自己的教学工作,所以其表现出来的影响是隐性的、潜在的,也是更加危险的,教育管理部门务必采取措施加以调控。下述"高原期"教师的四种行为表现尤其值得我们思考。

(1) 不愿上公开课。某校举行课堂教学开放月活动,教导处安排教师上公开课,教师们纷纷借故推脱:年龄大的教师主动"退位让贤",说自己"年纪大了,还上公开课吗?"中年教师"明哲保身",称"自己经验不足,不敢担此重任"。无奈之下,教导主任硬摊给青年教师,青年教师只好"不得已而为之"。这些现象表明,很多教师尤其是具有一定教龄和教学经验的教师将公开课视为一种负担,采取敬而远之的态度。

(2) 漠视学习。一般来说,刚参加工作的教师进取心强,爱学习,而教龄满十年以上的部分教师对学习不感兴趣。问其理由,很简单:"忙"。大部分教师忙于学校的各种检查,忙于备课、上课、批改作业、辅导,忙于班级管理,忙于照顾孩子和家庭等。但也有些教师忙于上网聊天,忙于打电子游戏,忙于看电视剧,忙于打牌娱乐等。因为忙,教师们无暇顾及学习,更有个别教师认为自己拿了大专文凭,有了多年的教学经验,教小学生游刃有余了。

(3) 惰于研究。新课改倡导"学校即研究室,教师即研究者"的理念,各中小学也采取了多种措施强化教师的教育科研意识。但调查发现,刚从教的教师爱学爱问,积极性高,很快接受了新课程理念。一些骨干教师,在学校中开展真研究的居少,凭经验教学的居多,他们抱着已有的经验不放,害怕失败,有些教师不管学校如何倡导,依然是"我行我素",对教学研究漠然视之,认为教学研究是"镜中花,水中月",中看不中用。对科研课题研究、校内公开课、听专家讲座等没有热情和激情。有部分教师,无论是学习、上公开课,还是教学研究,只要是对自己有好处的,就积极争取,反之,则置之不理。利益的驱动代替了事业的追求,代替了自我价值实现的欲望,这很是令人担忧。

(4) 工作没有激情。一些教师长时间提不起精神来,工作没有激情,生活懒懒散散的,做事有气无力,感觉工作乏味,天天就是备课、讲课、改作业,家里、学校、讲台老三点。特别是在新课程背景下,社会及学校对教师提出了更高的要求,教材更新快,家长期望大,学生个性突出,这一切都增加了教师的工作压力。个别教师感觉自己生活在社会的夹缝之中,困惑无法解决,激情难以燃烧,身心疲惫,慢慢变得漠然了、得过且过了。

5. 专业创造期

对每一位教师而言,专业高原期都是必须经历的,只是不同的人经历的时间长短不一。处于专业高原期的教师,一部分从此失去了发展的动力,或把兴趣转向工作之外的其他方面,一直到专业退出期;另一部分教师在教育管理部门的支持、鼓励下参加在职继续教育,或经过自我心理调适,开始思考和检讨已有教育理念与方法,逐步走出上一阶段形成的固定教学程式,能灵活自如地运用各种教学技能并组合成新的教学方式,发展更加实用和自主的教学方法,进入专业创造期阶段。当教师进入这一阶段时,表现出对教育的热爱,从内心深处认同自己的职业,关心爱护学生,能积极反思并研究自己的教学,深入了解学生,并努力让自己成为一个教与学的研究者。

6. 专业退出期

未能走出"高原期"的教师,慢慢适应了消极的工作状态,不会主动追求专业上的卓越与成长,不求有功,但求无过,进取心缺乏,志向水平逐渐下降,工作也变得较为保守,有敷衍塞责的情况,一直到退出教师专业。经历"高原期"并进入专业创造期的教师,通过对教师职业以及教育教学的不断反思、研究,在思想上,更加执着于教育事业,热心教学研究,有较为强烈的专业愿景,处于一种积极的、向上的、执着的追求事业的状态;在专业水平上,通过不断探索,逐渐形成自己的教育理念和教学风格。专业退出阶段是必然存在的,但也有研究者认为,这一阶段可以不纳入教师专业发展阶段来讨论,因为从"教师专业发展"的角度看,教师专业发展阶段的目标和最终归宿是教师达到专业的成熟和稳定。

三、教师专业发展的阶段论

我国学者在研究与借鉴国外相关研究成果基础上,对教师专业发展阶段问题形成如下几种观点:

1. 两阶段论

吴康宁提出教师专业发展可分为预期专业社会化与继续专业社会化两阶段,前者指个体为适应将要承担的专业角色而进行的准备性个体社会化,是师范教育阶段,后者指个体在承担某种专业角色后为了更好地扮演角色而进行的社会化,包括教师工作实践及各种在职学习。教师专业化发展是教师与各种社会化动因不断互动的过程。朱玉东认为,教师专业发展包括职前专业发展和在职教师专业发展两阶段,职前教师教育为教师专业发展奠定初步基础,在职教师教育是教师从新手教师走向专家型教师、从经验型教师走向研究型教师的必由之路。

2. 三阶段论

王秋绒认为教师专业发展是专业社会化的历程,可分为师范生的专业社会化、实习教师的专业社会化、合格教师的社会化三个阶段。刘捷指出教师专业发展必须经历由低到高的三个持续的一体化发展阶段：从师范到入门教师，从入门教师到合格教师，从合格教师到优秀教师，各阶段面临不同成长问题和需求。唐玉光认为教师专业发展可分为职前专业准备、入职专业辅导和在职专业提高一体化的三个阶段。

3. 四阶段论

申继亮提出职后教师专业成长可分为学徒期或熟悉教学阶段、成长期或个体经验积累阶段、反思期和学者期等四个阶段，各阶段有其典型特征，职业能力是职业专长的核心因素，教师职业专长发展并非呈直线态势上升，其间可能会出现停滞阶段，能否走出低潮是教师职业专长能否继续发展达到顶峰的关键。

4. 五阶段论

傅树京认为与教师职后培训相联系的专业发展阶段可分为适应期、探索期、建立期、成熟期、平和期五个前后相继阶段，构成循序渐进、连绵不绝的直线动态发展历程。叶澜、白益民以"自我更新"取向提出教师专业化发展包括非关注阶段(进入正式教师教育之前)、虚拟关注阶段(职前师范学习)、生存关注阶段(初任教师)、任务关注阶段(专业稳定发展)、自我更新关注阶段(直接以专业发展为指向)五个阶段。陈永明采用"生命周期"研究方法，以教龄为参数，提出职业生涯周期可分为五个连续阶段：适应和发现期、稳定期、适应期或重新评价期、平静期和保守期、退出教职期，这是个体不断社会化的动态发展的终身历程。

第六节　高职教师专业发展概述

一、高职教师的专业发展

高职教育是一种以就业为导向、以培养高素质的技能型人才为定位的高等教育。高职教育的立足点、培养目标、教育性质和发展规律决定了高职教师专业发展具有特殊性。高职教师不仅要具备普通教育教师的教学能力，还应该具备将职业、能力、技术、教育有机整合的专业知识与能力。具体说来，高职教师应具备深厚的理论基础和科学的研究能力，同时，还必须具有与行业发展相关的技术知识；不仅要传授专业知识，还要具备将这些知识融入专业课教学的能力；不仅要有发现问题的能力，而且还要能够制定解决问题的方案；不仅要熟悉相关工作过程知识，而且要有能力将其融入课程开发之中，并利用任务驱动、项目导向的教学实现职业能力培养的目标。

高职教师的专业发展是其利用已有的教育教学基础，借助外部环境进行专业训练，不断学习和提高，促进自身专业知识、专业技能、专业素质提高，完成自我知识体系不断创新、不断完善，最终成为一名合格的教育工作者的过程。在这个过程中，高职教师完成了自我的不断增值，同时，向社会提供了更为高质量的教育服务。高职教师的专业发展中，"专业"的特点既包括所授专业学科的专业性，又包括教育的专业性。所谓学科的专业性，是高职教师要掌握自己所授专业岗位群必需的专业理论知识和专业技能，具备"技师"的专业素质；教育的专业性，是指教师既要通过国家规定的学历标准并取得相应的职业资格，又要具有一定的教育知识、教育技术、教育能力以及教师职业道德，具备"教师"的专业素质。在工业化国家中，大约三分之二的劳动力是中级技术工人，而高职教师必不可少的在支持劳动力技能的发展。他们既是专业发展的主体，又是专业发展的对象。

由此，高职教师的专业发展既包括职业专业工作的理论、模式和内容，又包括职业实践与科学理论的具体情境，即高职教师是立足于专业理论和专业工作的基础上，在企业实践和学校实践之间展开的。因此，在高职教师的专业发展中，培养目标必须定位准确、内容选取要恰当、实施过程要合理、结果评价要科学。

二、高职教师专业发展历程

我国的高职教育作为高等教育的一部分，面临着起步晚、发展迅速的现状，高职教师的专业发展也伴随着高职教育的推进而呈现一系列的发展变化。我国的高等教育出现较早，早在汉朝时期就设有"太学"，地位相当于今天的大学。但是教师的作用及地位还没有得到明确的确立。唐代大教育家韩愈就曾提出"师者，所以传道授业解惑也。"这充分强调了教师在教育活动中的重要作用。自20世纪中叶，我国确立了高职教师的独立职业的地位，强调其专业性。黄炎培老先生作为我国职业教育的先驱，在此时期曾提出："使无业者有业，使有业者乐业"。

我国职业教育的教师群体开始对自身的专业发展有所领悟。当时高职教师作为一个新兴职业，没有完善的职业标准，教师的专业发展缺乏参照系和规范的制度支撑，高职教师的专业发展工作难以推进。

20世纪80年代，我国迎来了改革开放的春天，高职教育事业也随之发展起来，高职师资建设和培养也获得了良好的发展基础。这一时期，我国完善了高职教育的相应法律制度的建立，各院校也出台了一些教师专业发展规范。国家、院校、高职教师已经开始萌生专业发展的意识，但是严格的制度建设并不意味着教师的专业发展工作的顺利开展。此时的高职教育大多由本科院校承办，教育的内容和理念都比照本科，类似于本科的"压缩饼干"，高职教育没有体现自己的特色和优势，高职的师资队伍建设速度缓慢。高职教师不能正确完整地解读高职教师的专业发展，对于教师个体，任何的培养都是被动地接受，缺乏主动参与的机会。

20 世纪 90 年代以来，国内外的学者大量地投入到高职教师的专业发展研究工作中，在研究的拉动下，院校和高职教师对专业发展的理解更加全面。

时任教育部部长的周济曾在 2004 年 6 月召开的全国职业教育工作会议上的讲话中指出：高等职业教育要把技能型人才特别是高技能人才纳入全党人才工作的视野之中，把培养技能型人才作为实施人才强国战略的重要内容，把职业教育的发展摆在更加突出的重要位置；要以服务为宗旨，促进职业教育为现代化建设做出贡献；以就业为导向，加快推进职业教育的改革创新。

高职院校也逐渐为教师的专业发展提供了更为广阔的空间。院校选择了更加灵活多样的专业发展方式，安排了更加贴近实际企业工作的教师培养项目；高职教师也开始有意识地完善自身的专业发展。

三、高职教师专业发展趋势

改革开放 30 多年来，国家不断加强高职教师的师资队伍建设，而树立终身教育、终身学习的观念也成为当今及未来高职教师发展的主流方向。社会飞速发展，各行各业对于专业人才的要求越来越高，这也给今天的高职教师带来了巨大的机遇与挑战。他们的教育对象观念越来越新，教育的内容受科技进步的影响越来越大，因此，未来对于高职教师的要求也会越来越高，而高职教师的发展也将出现新的趋势和变化。

1. 从静态的培养目标到动态的培养过程

普通教育的岗位师资大多源于师范类大学的毕业生，而职业院校的师资不同，他们往往是来自各个大学某特定专业领域的毕业生，他们具有一定的专业知识，但是缺乏系统的教育理论。因此，高职院校对于师资的培养主要是通过职前和职后培训来获得的。以往，高职教师入职前，需要取得国家的教师资格认证，这就需要职前的集中培训和考核来实现，而培训的内容以师范类的教育理论课程为主。

入职后,高职教师主要通过两种途径完成专业发展：一方面通过进修完成学历的晋升,另一方面通过接受所在学院组织的各类培训,尽管存在校企合作,但缺乏实际意义。不难看出,高职教师的职前和职后培养,途径都显得单一,而培养模式也沿袭了普通教育,把高职教师当做一个静态的培养目标,而忽视了其不断成长的过程。

直到 20 世纪 90 年代,我国才开始进行教师的专业发展研究,伴随这一进程,高职教师的专业发展得到了巨大的推动力量。院校不仅注重培养教师的专业素质,又能兼顾教师个体内在素质的提升,特别是高职教师"职业生涯规划"的提出,使得高职教师主动地提高自身的认知水平,追求不断成长。

由此可见,高职教师师资队伍正在从"教师培训"向"教师专业发展"转变,是一个专业人员不断成熟的历程。这不仅是高职教师个体的长期发展,更是促进高职教师全体发展的有效途径。教师个体通过对自己职业发展设定目标,并通过不断学习来提升自己的教育教学能力,最大限度地实现自己的人生价值,从而带动更多的教师共同发展,而形成一种集体的专业力量。

2. 从传统的理论培养到工作岗位技能训练

高考扩招以来,我国的高等教育面临着从精英教育向大众教育的转变,高职教育的发展也将更加注重内涵质量的提升。这就要求高职教师既能讲课,又懂技术,既能将知识有效传递给学生,又能做到理论联系实际。一直以来,我国在高职教师在职培训方面没有具体的制度,而高职院校引进的教师大多是高学历的青年教师,他们具有一定的专业知识,但是却不能掌握行业企业技术,缺乏实际工作岗位的实践经验。

传统的高职教师职后培训中,主要是培训者或者是专家来进行课程目标和教学体系的确定,没有充分调动参与培训教师的积极性,教师仅是培训活动的被动接受者。教学方法上,惯用"满堂灌",力求整齐划一、整体推进,忽略了教师的个性化发展需求,时效性不强。因此,各高校更加注重"双师型"教师的培养,要求教师不仅要有扎实的理论基础,还要有较强的专业实践能力,同时还要具有专业课题研究能力、技术应用能力和技术开发能力。这就对高职教师的职后培训提出了更高的要求。教师不仅要进行本专业的理论研究,更要深入企业实际,对相关行业现状、产品性能、市场需求及相关岗位需求等有所了解。

3. 高职教师的专业发展方式呈现多样化

基于"双师型"教师的要求,高职教师的专业发展方式呈现了多样化。教师通过市场调研,了解相关行业对人才的需求,从而针对职业岗位群进行分析,制定新的人才培养方案,调整课程设置及内容安排,更好地完成教学、实训、毕业课题的指导,提升教学能力;通过参与相关行业领域的讲座、会议等获得专业领域相关设备的操作及维护能力,提升专业技术能力;通过参与企业的科研项目,进行试验,进行开发性科研活动,提升研究开发能力;通过校本培训、外出学习,获得新知识、新观念,不断更新信息及自身的知识体系,在此基础上进行思考总结,指导学生开展活动,提升创新能力;通过加强日常的教学管理,深入企业了解企业管理的程序及方法,提升管理能力;通过指导学生开展社会实践,指导学生的社会活动及实习,提升交往与组织协调能力。

四、高职教师专业发展研究的逻辑起点和定位

任何研究都必须有一个逻辑起点和前提假设。高职教师专业发展研究的逻辑起点是"专业"。我国通过立法的形式确定了高职教师的专业性地位,高职教师作为社会的一种职业,享受其职业权利并承担相应的职业义务。

1966 年,联合国教科文组织在发表的《关于教师地位的建议》中,确立了教师职业的专业性。自 20 世纪 80 年代起,从教育学取向研究到教师自主发展的内发性研究,再到教师的社会地位、培训和职业准入研究,其研究的逻辑起点都定位在"专业"上。高职教师比普通教师更具有更强的专业性,更具有其他职业无法替代的复杂深奥的专业知识和技能标准,这更是构成了高职教师专业发展的标准和核心。

高职教师专业发展研究的定位应该在从事高等职业教育类型下的专科层次的教师专业发展上。高职教师专业发展的定位与高职教育的定位密切相关,这将影响到高职教师专业发展标准、过程即评价机制的研究。我国的高职教育从"专升本"的政策制定来看,定位仍然在专科层次上。国外发达国家的高等职业教育与普通高等教育之间是相互独立,又在一定的领域内相互竞争、相互替代的关系。而我国的高等职业教育发展的时间较短,高职教师学历层次也较低,缺乏实践经验,专业技术能力水平低,缺乏必要的教育理论知识和教育技术训练。这些都决定了我国高职教师专业发展研究的定位应该在专科层次上。定位准确有助于加强研究的针对性和有效性。

第二章
高职教师专业发展现状：困惑与冲突

　　问题在于这种或那种形式因落后于自己的内容，始终不能完全适应这内容，于是新的内容"不得不"暂时包藏在旧的形式中，因而引起它们之间的冲突。

——斯大林

第一节　高职教育发展现状

　　从 1980 年初建立职业大学到现在，我国高职教育已经走过了 30 多年的发展历程。1996 年，全国人大通过并颁布了《中华人民共和国职业教育法》，从法律上确定了高职教育在我国教育体系中的地位，由此也拉开了高职教育发展的序幕，1999 年全国教育工作会议召开，中央提出"大力发展高等职业教育"的工作要求，我国高职教育进入了蓬勃发展的历史新阶段，1996 年，我国高等教育的毛入学率仅为 6％，2002 年达到高等教育精英化阶段和大众化阶段的临界点 15％，到 2005 年上升至 21％，10 年间年均递增 1.5 个百分点。这其中，高职教育的快速发展起到了基础性与决定性作用。

一、我国高职教育概况

1. 高职教育规模快速发展

从招生情况看，2005 年全国高职专科招生人数达 268.1

万人,是 1998 年的 5.6 倍,而同期全国普通本科招生增长 6 倍。高职专科学生招生占全国普通高校本专科招生数的比例由 1998 年的 39.8% 提高到 2005 年 53.1%,年均递增 1.9 个百分点。从在校生规模看,2005 年全国高职专科在校生人数为 713 万人,占本、专科在校生总数的 45.7%,比 1998 年提高 11.3 个百分点。从院校数量看,2005 年全国独立设置高职专科院校 1 091 所,是 1998 年的 2.5 倍,占普通高等学校总数的 60.9%。在学校数量和招生人数不断壮大的同时,高职专科院校的校均规模也相应扩大,2002 年校均规模为 2 523 人,至 2005 年增加到 3 909 人。

2. **初步形成与经济社会发展要求相适应的高职教育专业结构**

从分专业的招生数看,2005 年普通高职专科工科类专业招生人数为 107 万人,比上一年增长 34.3%。工科类招生人数是高职专科招生总人数的 40%,比上一年提高 6.4 个百分点,比 1998 年的 26% 提高近 14 个百分点。

从院校情况看,2005 年全国独立设置的高职专科院校达 460 所,占总数的 42.2%,成为高职专科院校的主要力量。

3. **高职教育的区域分布趋于合理**

目前,全国大部分地市已至少有一所高职院校。从招生情况看,区域间招生录取率较平衡,2004 年全国平均招生录取率为 10% 左右,近七成地区的招生录取率在 8%～12%。

从在校生情况看,高职专科每万人口在校生数的地区间差异要小于普通高中、中等职业教育和义务教育。以全国各省、自治区和直辖市为样本进行统计分析,对近年各级各类教育的每万人口在校生数的方差值进行比较,结果表明,高职专科的方差值为 3.26,普通高中为 3.67,中职为 4.94,义务教育为 4.18,在各类教育中,高职专科院校的方差值最小。可见,高职教育机会的区域配置水平比较平等,区域分布比较协调,有利于推进区域经济社会的统筹发展。

4. **基本具备了高职教育发展前期的教学设施条件**

2005 年,全国独立设置高职专科院校具有产权的占地总面积达 59.4 万亩,校均占地面积已经超过 500 亩,具有产权的校舍建筑面积达 13.762 万平方米,生均校舍建筑面积为 33.3 平方米,比普通本科院校生均校舍建筑面积还要多 3.6 平方米,一批新建院校还有较大拓展空间。

5. **初步形成了一支理论与实践相结合、专职与兼职相结合的师资队伍**

至 2005 年,全国独立设置高职专科院校拥有教职员工近 44 万人,其中专任教师 26.8 万人,生师比为 15 比 1。专任教师中,具有"双师"素质的教师 5.7 万人,占 21.3%,其中天津、山东、湖南和青海等省区的"双师"素质教师比例已超过 25％。2005 年,全国独立设置高职(专科)院校拥有外聘教师 6.8 万人,其数量占专任教师数的 25.3％,一些大城市高职院校的外聘教师人数甚至超过了专任教师人数。在外聘教师中,有 1.6 万人具有"双师"素质,占外聘教师总数的 23.4％。

6. 逐步形成了公办与民办院校相互促进、共同发展的局面

目前在独立设置的高职专科院校中,民办高职院校数已占近五分之一,招生人数和在校生人数的比例也分别达到了 16％和 14％。民办高职院校的兴起进一步拓宽了高职教育的功能,丰富了多种办学模式,为探索我国高职教育的发展道路提供了有益的经验,并成为我国高职教育不可缺少的重要力量。

7. 高职院校的办学模式趋于多元化

首先校企合作、产学研结合的办学取得成效。高职专科院校充分利用当地条件并结合自身实际,积极探索产学研一体化的办学新模式。如广东顺德职业技术学院充分发挥政府在产学研结合中的统筹与服务作用,形成了官产学合作办学模式,使政府、学院和企业三者之间产生互动联合,强化了学校与企业之间的联系与互动使培养目标更加明确,办学特色更加鲜明。

二、高职教育政策和内容设置存在的问题

1. 高职教育政策出台存在的问题

首先,我国高职教育政策开发和制订的参与部门相对单一。我国高职教育的培养目标是高等技术应用性专门人才,与该目标相对应的人才培养过程需要多个政府部门的配合。然而,我国高职教育主要由各级教育部门管理,相关政策的开发和制订也主要由各级教育部门完成,由此导致了高职教育政策开发和制订参与部门的单一化现象,进而导致高职教育政策的约束力局限于教育部门,难以调动其他政府部门的参与,严重影响了高职教育的健康发展。

其次,我国高职院校在政策开发和制订中的作用相对薄弱。高职院校是高职教育政策的直接作用对象之一,高职教育政策的开发和制订与高职院校的发展息息相关。然而,我国高职院校在政策开发和制订过程中发挥的作用十分有限,政策开发和制订部门针对高职院校开展的广泛征求意见活动相对较少,高职院校的发展诉求难以通过有效的上升渠道在政策层面得到准确反映。

2. 高职教育政策的实施效果不佳

目前,我国高职教育政策的实施效果不佳,这集中体现在我国高职教育政策与外部环境的关联度较低上。究其原因,我国高职教育政策的开发和制订过程

带有显著的"计划型"痕迹。"计划型"的政策开发和制订思路缺乏灵活性和变通性，对外部环境变化与系统自身协调性的考虑较少，忽视政策问题的复杂多变，容易造成相应的规范和举措带有一定程度的行政命令色彩，并导致政策方案的刻板生硬和人性化缺失。另一方面，囿于"计划型"的政策开发和制订框架，政策开发和制订过程中的越位或失位现象时有发生，难以形成与外部环境变化相呼应的政策引导与释放机制，并阻碍预期政策目标的顺利实现。上述两方面的弊端最终导致我国高职教育政策与外部环境的关联度较低，难以满足不断变化的外部环境对高职教育发展的要求。

　　3. 非认知技能类高职教育内容设置缺失

　　目前，我国高职教育在内容设置上普遍重视专业技能培养，而忽视非认知技能教育。高职院校普遍把学生专业技能的培养置于高职教育内容的核心地位，而非认知技能教育则逐渐边缘化，仅仅通过开设公共基础课程和选修课程等的方式得以体现，缺乏必要的通识技能类课程。此外，在我国高职教育的理论课程设置领域，长期存在"够用适度"的理念。然而，许多高职院校对该理念的基本前提、内涵外延和评价方式的理解存在偏差，在高职教育理论课程的取舍和增减方面多凭主观臆断、缺乏实践验证，这进一步降低了学生接受非认知技能教育的质量。对非认知技能教育的忽视一方面阻碍了学生养成良好的工作态度和职业道德，进而限制了学生的工作准入素质和延伸发展能力的养成，最终导致学生由学校到职场的转换与衔接不畅。另一方面，对非认知技能教育的忽视还导致学生的全面发展受到限制，高职院校的人才培养目标也由"完人"异化为"匠人"。

　　4. 可持续发展类高职教育内容设置被忽视

　　目前，我国高职教育内容的设置普遍重视短期利益诉求，而忽视可持续发展教育。只有部分高职院校开设了资源环境与城市管理、环境监测与治理技术等与可持续发展相关的专业。此外，还有为数不多的高职院校通过开设专业选修课和渗透式教学的方式开展可持续发展教育。但是，我国高职院校的可持续发展教育目标并不明确，适合可持续发展教育的教材和师资十分匮乏，相关教学内容呈现出零散无序和杂乱无章的特点，教学模式和教学方法也有待进一步丰富和完善。总体而言，我国高职院校的可持续发展教育情况不容乐观，学生获得的与可持续发展相关的知识结构缺乏系统性，学生的可持续发展相关素质较弱。我国的社会与经济发展多重视眼前利益，普遍缺乏可持续发展的意识和观念，这种趋势也蔓延至高职教育领域，直接导致高职院校对可持续发展教育的重要性认识不足，严重影响了可持续发展教育的推广和实施。

三、高职教育的现实问题

中国将成为世界上最大的制造业中心，人才紧缺是不争的事实，培养人才靠教育，培养制造业应用型人才主要靠高职教育。

不容置疑，近几年我国高职教育发展迅猛，形势喜人，但繁荣表象的背后，当前高职教育面临诸多困难，不少问题与矛盾有愈演愈烈之势，不仅直接困扰到高职教育的健康有序发展，而且对国民经济发展也将产生不小的影响，所以必须引起各方高度的关注。对于时下高职教育存在的问题，业内业外说法很多，建议也不少，可谓仁者见仁，智者见智。笔者以为当前高职教育核心问题可归纳为"五少"，即社会少认同、法律少明细、政府少作为、办学少特色和就业少出路。

1. 社会少认同

对高职的认同度不高，是当今社会的主流思想。种种现象似乎表明，就国家社会而言，高职是次等教育；就家长学生而言，高职是无奈的选择；就用人单位而言，高职毕业生是锅"夹生饭"。总而言之，就是高职在现实中遭遇到了认可却不认同的命运。

2. 法律少明细

我国没有高等职业教育的专门法律，现行的高等职业教育的相关法律多为目标性和原则性的规定，具体操作性的规定，致使很多涉及高职发展的实质问题都因缺乏法律依据而无从落实。

3. 政府少作为

很多地方政府无论是在高职教育的宏观外部环境优化上，还是在高职教育的统筹规划和政策制定实施上，抑或是在协调高职与各相关行业、企业的互动联系上都显得认识不到位、力度不够、投入不足。简而言之，政府在高职教育发展中没有扮演好管理者、协调者、监督者的角色。

4. 办学少特色

当前我国大多数高职院校自身定位不准，有的办成了本科的"压缩饼干"，有的又成了中专的"发面馒头"。定位尚且不准，特色又如何形成？高职应向何处去？高职应如何办学？越来越多的人已认识到，这既是个理论问题，更是个实践问题。

5. 就业少出路

就业是民生之本。从2003年的情况看，全国高职毕业生就业率是55%，而全国的总体就业率是70%，本科生的就业率是80%以上，所以教育部提出来毕业生就业难点在高职，重点也是在高职。

很显然，以上"五少"不解决，高职就难以健康发展。为求形成共识，以便上下努力，在改革创新中实现高职教育的新发展，这里有必要对由这"五少"引发的高职教育的种种矛盾作进一步剖析。

四、高职教育的地位

1. 高职的竞争地位不利

一方面在现行升学考试制度下，高职在高招中的录取批次及分数划段，主客观上都必然造成"低分学生进高职"的现状。另一方面，许多规定人为制造高职生与普通大学生的区别，如助学贷款、公费医疗、生活补助等，这些都强化了传统的教育偏见和教育类型歧视。

2. 社会舆论将高职教育视作"次等教育"

部分学者和领导认为，发展职业教育的目的就是要使普通教育的"落榜生"有学可上，以便延缓就业、支持社会稳定，同时也为社会培养高素质的劳动者。按照这样的逻辑得出的结论，职业教育自然只能是次等教育。加之传统的等级制度和身份观念使大众对高职低眼相看。学而优则仕，传统的"读书做官""劳心者治人，劳力者治于人"的思想在人们头脑中根深蒂固，进机关当"白领"待遇稳当，到车间当"蓝领"低人一等，这种心理定势短时间内难以改变。

3. 家长和学生对高职望而却步

高职教育还没有得到社会的普遍认可，尽管有些企业提出高薪聘用"高级技工"，但综合来看，技术工人的身份地位还是偏低，收入也还是偏少，这更加重了人们对高职的漠视。

一句话：重学术、轻应用，重普教、轻职教的思想在社会中占主流地位，这固然与中国传统文化影响有关，也与我国现行的教育制度有关联。

第二节　高职教育发展趋势

一、未来方向

近年来，我国高等职业教育呈现出前所未有的发展势头，办学思想日益明确,办学规模不断扩大,办学形式日趋多样化。健康、和谐、快速发展是当前高职教育的主流。

在经过了初创、发展、创新、保持乃至又一次创新等诸阶段,高职教育的发展积累了丰富的办学经验,有许多可借鉴与推广之处。

1. 以人为本

随着社会的发展,人们的主体地位和作用日益突出,"以人为本"的发展理念,受到越来越多的领导者、管理者的重视。在2003年召开的十六届三中全会上,党中央根据新世纪新形势新任务,明确提出了"以人为本"的重要指导思想。国内高职院校根据中央精神,积极贯彻"以人为本"的发展理念,坚持科学发展观,努力提高思想政治教育的针对性、实效性和吸引力、感染力。

2. 素质教育

放眼世界,近半个世纪以来教育观念的更新引人注目:阶段性教育为终身教育所取代;教师中心让位于学生中心;学科本位发展为能力本位,再进一步上升为素质教育,已成为世界性潮流。我国高职院校都在全方位强化素质教育,一方面为了构筑新世纪高职院校人才培养的蓝图,提高大学生的文化素养,营造校园文化氛围;另一方面,科学技术的迅猛发展对从业人员的知识、能力、素质提出了更新更高的要求。

3. 突出能力

国际流行的能力本位教育思想为高职教学改革提供了打破学科本位课程模式的理论依据。因此,高职教育正在根据培养目标要求来建立新的理论教学体系和实践教学体系以及学生相关能力培养体系,开发职业能力实训模块,加强学生的基本实践能力与操作技能、专业技术应用能力与专业技能、综合实践能力与综合技能的培养。

4. 产学合作

教育部在2004年教育工作会议上要求,各高职院校要深化产学合作,鼓励"前厂后店"、连锁办学等新模式,提高职业学校的专业化水平,促进职业教育资源向优势学校集中。当前,绝大部分高职院校初步实现了"产学合作、校企共赢"这一目标。如何建立健全多渠道、多层次、立体化产学合作的伙伴关系,构筑双赢机制,是高职院校成功运营的决定性因素之一。

5. 订单培养

"订单式"人才培养模式就是学院与企业人力资源部门共同研究用人规划和培养计划,通过签订委培协议书或以企业正式文件的形式予以落实,实现人才培养目标。近年来,不少高职院校注重研究和不断解决毕业生就业工作中的新问题,逐步探索"订单式"职业教育的体制和机制,打造灵活开放的"订单式"人才培养模式,毕业生就业工作取得了令人满意的成绩。

6. 精品课程

我国高职院校的精品课建设目前已经全部启动。通过对精品课的建设,可以提高学校总体教学水平,逐步形成一支结构合理,人员稳定、教学水平高、教学手段先进、教学效果好的教师梯队。由于精品课的内容力求具有前瞻性,因而能及时反映本学科领域的最新成果,同时也广泛吸收先进的教学经验,积极整合优秀的教改成果,体现了新时期的发展对人才培养提出的新要求。

7. 监控评估

高职教育的核心是人才培养质量,保证人才培养质量的众多因素中,建立起行之有效的教学质量监控与评估体系是关键。从宏观层面分析,作为政府监督的重要举措,国家教育部已启动了包括：以信息技术为手段,深化教学和人才培养模式改革;建设精品课程;改革大学公共英语教学等 12 个方面的"质量工程",以及 5 年 1 次的本科教育质量评估和高职高专人才培养水平评估工作。从微观角度看,全国高职院校也纷纷建立了教学质量监控和评估体系。

8. 资源共享

21 世纪,人类进入了信息时代,信息产业飞速发展着,推动着各行各业的进步。在此基础上,网络多媒体教学成为教育领域新兴的一个重要教育模式,它是网络和多媒体教学的结合产物,是多媒体教学充分利用网络进行传播的一种方式。一些条件成熟的高职院校正在加速校园网建设、优化教学资源配置,使优秀教学资源充分共享,以此促进教学和提高教学质量,推动教学改革的深入开展。

9. 创新模式

创新是一个民族进步的灵魂,是国家兴旺发达的不竭动力。当前,各高职院校正在大刀阔斧地改革原来的不适合高职教学的教学模式和课程体系,并在此基础上进行创新。例如借鉴德国"双元制"的教学模式,加大学生实训的力度,收到了较好的教学效果。再如武汉铁路职业技术学院采取灵活多样的办学方式,先后与加拿大荷兰学院合办戴尔特学院、与武汉军事经济学院合办函授学院、与西南交通大学合办网络学院,收到了较好的办学效益与社会效益。

10. 优化队伍

眼下,各高职院校为了提升教师的整体水平,采取多种形式对教师进行素质教育与专业培训,如高学历教育、"双师型"师资队伍建设、计算机网络技术培训等。通过继续教育培训,在优化教师结构、更新教师教育观念、提高教师素质等方面取得了可喜成绩,培养和造就出一批适应 21 世纪科技进步与社会发展的教师群体。

20 世纪 80 年代初，伴随着中国经济的发展和改革开放步伐的加快，一批以面向地方、服务经济、培养技术应用型人才为目标的职业学院应运而生。总体而言，高职教育在如下两个方面继续增长：

1. 我国高职教育的总量规模继续扩大

一方面，职业教育的招生总数将进一步增加。我国正处于全面建设小康社会、加快推进现代化建设的关键时期，经济和社会发展面临许多重大而艰巨的任务。走新型工业化道路、推进产业结构优化升级、转变经济增长方式以及建设创新型国家，都需要培养一大批能够解决生产技术难题的高技能人才，对人力资源结构和素质提出了更高的要求，因此高职院校的招生数量还会持续增加。

另一方面，各地高职院校将注重把握学校适度规模，提高竞争力，强化高职教育理念与特色，注重提高教育教学质量。在国家"十一五"发展规划中，把"提高高等教育质量"作为我国教育发展的一个重要战略任务。由于高职教育发展迅速，提高质量的任务更加艰巨。今后一段时间，高职教育必须转变传统的人才培养观念，主动适应社会需求，加强与行业、企业的结合，深化改革，加快发展，增强培养面向先进制造业、现代农业和现代服务业高技能人才的能力。为此，高职教育必将着力内涵建设，调整专业结构，注重提高质量，提高办学效益，通过建设一批高水平示范性高职院校等重大工程，抓住机遇，充分发挥社会各方面的积极性，推动我国高职教育持续健康的发展。

2. 高职院校的基础能力继续增强

由于国家实施高水平示范性院校建设项目、职业教育实训基地建设项目、"双师型"教师培训项目等重大工程，高职院校的生均土地资源、生均校园建筑面积等指标水平还会进一步提高教师综合素质与实践经验，实习实训设施条件，"双师型"教师队伍建设、公共实训基地建设也将取得明显进展。由单一的职前学历教育逐步转向终身教育学历与非学历培训结合，教育、培训以及为社会服务的功能强化学生生源出现多元化特色，重新界定"学生"概念，超龄学生的数量将明显增多学制趋于灵活化，长短学制结合，学分制趋于完善，适应职业多变的需要，整体上呈现高职教育终身化的特征。

二、发展趋势

高职教育在近十几年的不断改革和创新下已经初见成效，未来中国高职发展趋势，主要表现在以下几个方面：

1. 以市场为导向和教育体制多元化

在金融危机的影响下，高等职业教育要具有很强的抵御风险的能力，必须深化改革，推陈出新，增强活力。学校系统模型主要有以下三种模式：一是建立由高等职业学校、劳动和工业部门直接领导，相关管理部门和机构参与的高等职业学院委员会；二是改革高等职业教育的公立学校系统，通过深化体制改革，以"合作""公办民助""项目融资"和其他形式引入私人运行机制；三是深化公立高职院校人事分配制度改革，建立科学的内部机构设置，实行灵活的管理方式，教师的聘任制度全面实施。

2. 专业设置更加实用化

20世纪末以来，我国高等职业教育得到了快速发展，基本形成了具有中国特色的职业教育办学模式，政府教育职能部门也逐渐提高管理水平。对于学校专业进行合理设置对于促进高等职业教育持续健康发展来说已经是迫在眉睫。专业设置的基本原则是：需要(需方)，市场(供方)，环境(现状)，条件(可能)，力求专业设置从超市量贩走向精品专卖，以专业为代表的二级学院。这些充分体现了专业设置的实用化和灵活化。

3. 高等教育质量提速趋势明显

目前形势下学校致力于积极鼓励学生的多项技能发展，全面提高适应能力，提高学生的综合素质，使学生的知识水平多元化，目的是提高学生的就业率，为毕业生寻找出路；为了更好地培养高职学生成为外向型、技能型、应用型以及创业同步发展的复合人才，学校要不断加强实验实训基地建设，深化教学改革，适应和满足不同的社会需求的能力。专业人才培养定位及规格是：首岗适应、多岗迁移、可持续发展。教学改革的方向和思路是重构课堂、联通岗位、双师共育、校企联动。

4. 教师队伍来自企业一线的趋势明显

加强和重视教师队伍建设也是提高高职学生素质非常重要的一步。以笔者所在学校为例，学校与中核华兴集团、中冶、中国兵器集团进行校企合作，让集团总裁担任理事长(企业方占理事会成员多数)，集团派任副院长，派遣11位企业技术人员常驻学校全程参与教学。另外还通过校企合作建立了中核华兴扬工学院、中冶崇建学院等。

5. 高等教育国际化程度提高

加强高职教育国际化的基本要求是抵御金融危机的负面影响，经济全球化要求人们应该了解其他国家的文化特色、历史背景、社会现实，只有这样才能加强沟通，与国外同行进行谈判，与他们建立经济关系，有效地占领他们的经济市场。还需要借鉴成功的设置标准、操作标准等国际经验，可灵活适应职业岗位的变化和科学技术的含量所带来的经济全球化和满足劳动力市场的需求。

6. 高职教育职业化程度提高

职业性是职业教育的本质属性，也是高等职业教育培养目标的基本内涵。职业教育是一种专门化教育"类型"，需告别"压缩饼干"，走"类型"道路。高职教育在办学实践中应充分体现专业性、针对性、实践性和适应性，既要培养学生职业技能，还要注重学生职业素养的教育，如此才能保证学生培养的质量，进而实现人才培养的"不可替代性"。杭州职院对"职业性"的理解是从四个方面展开的：第一，专业性，即满足社会专业分工的需要，适应社会产业的发展，培养某一领域专业人士；第二，针对性，即根据特定职业岗位的需要，一切活动针对特定的职业岗位或岗位群而进行；第三，实践性，即注重实践能力的培养，课程设置以实际运作技艺、技能性岗位为主；第四，适应性，即适应职业岗位的不断变化，适应市场的瞬息万变。

7. 高职教育终身化理念得到加强

高等职业教育，分为学历教育和非学历教育。学历教育是人的教育，未能体现终身教育理念。非学历教育在高职教育中起着重要的作用，在金融危机的情况下，人们认识到具有先进的职业技能是生活的一种需要，可以为许多白领抵御金融危机的风险。职业教育、终身教育已成为一种必然，它是提高国民教育体系的组成部分，也是构建和谐社会的一部分，创建终身教育的完整统一已成为一个世界性的趋势。

8. 高职教育模式转型

高职教育模式将由传统的学院教育模式向就业导向模式转变。在培养目标上，将从"偏重文化技术和理论知识"转向"重视就业技能和发展能力"。在学习制度上，将从"学校是核心，全日制教学是主体"转向"学校与企业合作，实施弹性学制，职前与职后相结合"。在教学内容上，将从"校内课程为主，重视学科性"转向"重视专业领域建设，注重校内学习与工作经验的一致性，就业导向重于书本知识"。在证书制度上，将从单一的"学历证书"转向学历与职业资格的"双证书"制度。在教学评估上，将从"重知识考试，重学科标准"转向"重就业能力，重社会评价"，注重校内评价与社会评价的一致性。在学习方法上，将从"教室、图书馆和实验室是主要学习地点，书本学习是基础"转向"教室与实习地点的一体化设计，注重工学结合"。在学习过程上，将从"系统地学习经过组织的主题材料，为进一步学习打基础"转向"满足经济界和学生生涯发展的双重需要，为提高就业技能打基础，重视能力培养"。在对专业教师的要求上，将从单一的"知识理论型"转向强调"双师型"教师队伍建设，重视聘请行业企业专家担任兼职教师并占有一定的比例。在学历层次上，近期会基本稳定在专科层次，中期将先在东部沿海地区试行本科层次高职教育，远期高职教育的学历层次将呈多样化趋势。

第三节　高职教师职业发展现状

一、职业发展概述

关于职业生涯的涵义，不同的学者从不同的角度对它进行了界定。美国学者雷蒙德伊诺认为职业生涯是指一个人一生经历的与工作相关的经验方式，工作经历包括职位、职务经验和工作任务。罗斯威尔和思莱德将职业生涯界定为人的一生中与工作相关的活动、行为、态度、价值观、愿望的有机整体。

（一）帕金森的职业人匹配理论

这是用于职业选择、职业指导的经典性理论。最早由美国波士顿大学教授帕金森提出。1909 年帕金森在其《选择一个职业》著述中，明确阐明职业选择的三大要素或条件：应清楚地了解自己的态度、能力、兴趣、智谋、局限和其他特征；应清楚了解职业选择成功的条件，所需知识，在不同职业工作岗位上所占有的优势、不利和补偿、机会和前途；上述两个条件的平衡。帕金森的理论内涵即是在清楚认识、了解个人的主观条件和社会职业岗位需求条件基础上，将主客观条件与对自己有一定可能性的社会职业岗位相对照、相匹配，最后选择一个职业与个人匹配相当的职业。

职业人匹配理论，分为两种类型：①因素匹配，例如所需专门技术和专业知识的职业与掌握该种特殊技能和专业知识的择业者相匹配，或者脏、累、苦劳动条件很差的职业，需要吃苦耐劳、体格健壮的劳动者与之匹配；②特性匹配，例如，具有敏感、易动感情、不守常规、个性强、理想主义等人格特性的人，宜于从事审美性、自我情感表达的艺术创作类型的职业。

职业人匹配理论，其基本思想是，个体差异是普遍存在的，每一个个体都有自己的个性特征，而每一种职业由于其工作性质、环境、条件、方式的不同，对工作者的能力、知识、技能、性格、气质、心理素质等有不同的要求。进行职业决策（如选拔、安置、职业指导）时，就要根据一个人的个性特征来选择与之相对应的职业种类，即进行人职匹配。

（二）施恩的职业锚理论

职业锚理论产生于在职业生涯规划领域具有"教父"级地位的美国麻省理工学院斯隆商学院、美国著名的职业指导专家埃德加·施恩教授领导的专门研究小组，是该学院毕业生的职业生涯研究的成果。学院的 44 名 MBA 毕业生，自愿形成一个小组，接受施恩教授长达 12 年的职业生涯研究，包括面谈、跟踪调查、公司调查、人才测评、问卷等多种方式，最终分析总结出了职业锚（又称职业定位）理论。

施恩提出的职业锚理论在美国社会心理学界和组织行为学界有着广泛而深入的影响。他认为职业锚是个人的长期职业定位，由三部分构成：第一部分是自己认识到的自己的才干和能力（以实际成功经历为基础）；第二部分是自己认识到的自我动机和需要（以自我感知和他人反馈为基础）；第三部分是自己认识到的自己的态度和价值观。职业锚要通过个人的职业经验逐步稳定、内化，当个人面临多种职业选择时，职业锚是其最不可能放弃的职业意向。施恩通过研究总结出了五种职业锚：①技术职能型职业锚；②管理能力型职业锚；③创造型职业锚；④安全型职业锚；⑤自主型职业锚。职业锚作为一个人职业选择的价值观判断模式，在个人的职业生涯与工作生命周期中，在组织的职业生涯管理事业发展中，具有重要的意义和作用。

锚，是使船只停泊定位用的铁制器具。职业锚，是指当一个人不得不做出选择的时候，他无论如何都不会放弃的职业中那种至关重要的东西或价值观。实际就是人们选择和发展自己的职业时所围绕的中心。

职业锚，也是自我意向的一个习得部分。个人进入早期工作情境后，由习得的实际工作经验所决定，与在经验中自省的动机、价值观、才干相符合，达到自我满足和补偿的一种稳定的职业定位。职业锚强调个人能力、动机和价值观三方面的相互作用与整合。职业锚是个人同工作环境互动作用的产物，在实际工作中是不断调整的。

1. 职业锚问卷

职业锚问卷是国外职业测评运用最广泛、最有效的工具之一。职业锚问卷是一种职业生涯规划咨询、自我了解的工具，能够协助组织或个人进行更理想的职业生涯发展规划。

2. 了解方式

了解职业锚的概念，要注意几个方面：

(1) 职业锚以员工习得的工作经验为基础。职业锚发生于早期职业阶段，新员工已经工作若干年，习得工作经验后，方能够选定自己稳定的长期贡献区。

(2) 职业锚不是员工根据各种测试出来的能力、才干或者作业动机、价值观，而是在工作实践中，依据自身和已被证明的才干、动机、需要和价值观，现实地选择和准确地进行职业定位。

(3) 职业锚是员工自我发展过程中的动机、需要、价值观、能力相互作用和逐步整合的结果。

(4) 员工个人及其职业不是固定不变的。职业锚，是个人稳定的职业贡献区和成长区。但是，这并不是意味着个人将停止变化和发展。员工以职业锚为其稳定源，可以获得该职业工作的进一步发展，以及个人生物社会生命周期和家庭生命周期的成长、变化。此外，职业锚本身也可能变化，员工在职业生涯的中后期可能会根据变化了的情况，重新选定自己的职业锚。

3. 发展内容

职业锚以员工习得的工作经验为基础，产生于早期职业生涯。员工的工作经验进一步丰富发展了职业锚。施恩教授提出的职业锚理论包括五种类型：自主型职业锚、创业型职业锚、管理能力型职业锚、技术职能型职业锚和安全型职业锚。

职业锚的研究价值被发现后，越来越多的人加入了研究的行列。在20世纪90年代，又发现了三种类型的职业锚如下：挑战型、生活型和服务型职业锚。施恩先生将职业锚增加到八种类型，并推出了职业锚测试量表。

(1) 技术职能型：技术职能型的人，追求在技术职能领域的成长和技能的不断提高，以及应用这种技术职能的机会。他们对自己的认可来自他们的专业水平，他们喜欢面对来自专业领域的挑战。他们一般不喜欢从事一般的管理工作，因为这将意味着他们放弃在技术职能领域的成就。

(2) 管理能力型：管理型的人追求并致力于工作晋升，倾心于全面管理，独自负责一个部分，可以跨部门整合其他人的努力成果，他们想去承担整个部分的责任，并将公司的成功与否看成自己的工作。具体的技术功能工作仅仅被看作是通向更高、更全面管理层的必经之路。

(3) 自主型：自主型的人希望随心所欲安排自己的工作方式、工作习惯和生活方式。追求能施展个人能力的工作环境，最大限度地摆脱组织的限制和制约。他们意愿放弃提升或工作扩展机会，也不愿意放弃自由与独立。

(4) 安全型：安全型的人追求工作中的安全与稳定感。他们可以预测将来的成功从而感到放松。他们关心财务安全,例如：退休金和退休计划。稳定感包括诚信、忠诚以及完成老板交待的工作。尽管有时他们可以达到一个高的职位,但他们并不关心具体的职位和具体的工作内容。

(5) 创业型：创业型的人希望使用自己能力去创建属于自己的公司或创建完全属于自己的产品(或服务),而且愿意去冒风险,并克服面临的障碍。他们想向世界证明公司是他们靠自己的努力创建的。他们可能正在别人的公司工作,但同时他们在学习并评估将来的机会。一旦他们感觉时机到了,他们便会自己走出去创建自己的事业。

(6) 服务型：服务型的人指那些一直追求他们认可的核心价值,例如：帮助他人,改善人们的安全,通过新的产品消除疾病。他们一直追寻这种机会,即使这意味着即使变换公司,他们也不会接受不允许他们实现这种价值的工作变换或工作提升。

(7) 挑战型：挑战型的人喜欢解决看上去无法解决的问题,战胜强硬的对手,克服无法克服的困难障碍等。对他们而言,参加工作或职业的原因是工作允许他们去战胜各种不可能。新奇、变化和困难是他们的终极目标。如果事情非常容易,它马上变得非常令人厌烦。

(8) 生活型：生活型的人是喜欢允许他们平衡并结合个人的需要、家庭的需要和职业的需要的工作环境。他们希望将生活的各个主要方面整合为一个整体。正因为如此,他们需要一个能够提供足够的弹性让他们实现这一目标的职业环境。甚至可以牺牲他们职业的一些方面,如：提升带来的职业转换,他们将成功定义得比职业成功更广泛。他们认为自己在如何去生活,在那里居住,以及如何处理家庭事情,及在组织中的发展道路是与众不同的。

职业锚在员工的工作生命周期中,在组织的事业发展过程中,发挥着重要的功能作用。

(1) 使组织获得正确的反馈。职业锚是员工经过搜索,所确定的长期职业贡献区或职业定位。这一搜索定位过程,依循着员工的需要、动机和价值观进行。所以,职业锚清楚反映出员工职业追求与抱负。

(2) 为员工设置可行有效的职业渠道。职业锚准确地反映员工职业需要及其所追求的职业工作环境。反映员工的价值观和抱负。透过职业锚,组织获得员工正确信息的反馈,这样,组织才可能有针对性地对员工职业发展设置可行的、有效的、顺畅的职业渠道。

(3) 增长员工工作经验。职业锚是员工职业工作的定位,不但能使员工在长期从事某项职业中增长工作经验,同时,员工职业技能也能不断增强,直接产生提高工作效率或劳动生产率的明显效益。

(4) 为员工做好奠定中后期工作的基础。之所以说职业锚是中后期职业工作的基础。是因为职业锚是员工在通过工作经验的积累后产生的，它反映了该员工价值观和被发现的才干。当员工抛锚于某一种职业工作过程，就是自我认知过程。就是把职业工作与自我观相结合的过程，开始决定成年期的主要生活和职业选择。

职业锚是个人早期职业发展过程中逐步确立的职业定位。在职业锚的选定或开发中，雇员个人起着决定性作用。

(1) 提高职业适应性。一般而言，新雇员经过认识、塑造、充实规划自我等诸多职前准备，经过一定的科学的职业选择，进入企业组织，这本身即代表了该雇员个人对所选择职业有一定的适合性。但是这种适合性，仅是初步的，是主观的认识、分析、判断和体验，尚未经过职业工作实践的验证。

职业适应性是职业活动实践中验证和发展了的适合性。每个人从事职业活动，总是处于一定的物质环境和心理环境之中，个人从事职业的态度，受到诸多主客观因素的影响，例如个人对工作的兴趣、价值观、技能、能力、客观的工作条件、福利情况，他人和组织对自己工作的认可及奖励情况，人际关系情况，以及家庭成员对本人职业工作的态度等等。个人的职业适应性就是能尽快习惯、调适、认可这些因素，也就是雇员在组织的具体职业活动中，职业工作性质、类型和工作条件，与个人需要和价值目标融合，使自身在职业工作生活中获得最大的满足。职业适应的结果能保证雇员个人在较长一段时间内从事某种职业活动，而且能保证雇员在职业活动中有较高的效率，有利于雇员个性的全面协调发展。雇员由初入组织的主观职业适合，通过职业活动实践，转变为职业适应的过程，即是雇员搜寻职业锚或开发职业锚的过程。职业适应性是职业锚的准备或前提基础。

(2) 借助组织的职业计划表，选定职业目标，发展职业角色形象。职业计划表是一张工作类别结构表，是将组织所设计的各项工作分门别类进行排列，形成一个较系统反映企业人力资源配给情况的图表。雇员应当借助职业计划表所列职工工作类别、职务升迁与变化途径，结合个人的需要与价值观，实事求是地选定自己的职业目标。一旦瞄准目标，就要根据目标工作职能及其对人员素质的要求有目的地进行自我培养和训练，使自己具备从事该项职业的充分条件，从而在组织内树立良好的职业角色形象。

职业角色形象，是雇员个人向组织及其工作群体的自我职业素质的全面展现，是组织或工作群体对个人关于职业素质的一种根本认识。职业角色形象构成主要有两大要素：一是职业道德思想素质，通过敬业精神、对本职工作热爱与否、事业心、责任心、工作态度、职业纪律、道德等等来体现；二是职业工作能力素质，主要看雇员所具有的智力、知识、技能是否胜任本职工作。雇员个人应当从上述两个主要的基本构成要素入手，很好地塑造自己的职业角色，为自己确定职业锚位创造条件，打好基础。

（3）培养和提高自我职业决策能力和决策技术。自我职业决策能力，是一种重要的职业能力。决策能力大小、决策正确与否，往往影响整个职业生涯发展乃至一生。个人在选择、开发职业锚之时，必须着力培养和提高职业决策能力。

所谓自我职业决策能力，意指个人习得的用以顺利完成职业选择活动所需要的知识、技能及个性心理品质。具体而言，要培养和提高个人如下几方面的职业决策能力：①善于搜集相关的职业资料和个人资料，并对这些资料进行正确的分析与评价；②制定职业决策计划与目标，独立承担和完成个人职业决策任务；③在实际决策过程中，不是犹豫不决、不知所措、优柔寡断，而是有主见性，能适时地、果断地做出正确决策；④能有效地实施职业决策，能够克服计划实施过程中的种种困难。

职业决策能力运用于实际的职业决策之时，需要讲求决策技术，掌握住决策过程。首先，搜集、分析与评价各项相关职业资料及个人资料，这一工作即是几种职业选择途径的后果与可能性的分析和预测。其次，对个人预期职业目标及价值观进行探讨。个人究竟是怎样的职业价值倾向？由此决定的职业目标是什么？类似的问题并非每个人都十分清楚。现实当中，经常会发现价值观念不清、不确定的情况。所以，澄清、明确和肯定个人主观价值倾向与偏好当为首要，否则无法做出职业决策。最后，在上述两项工作的基础上，将主观愿望、需要、动机和条件，与客观职业需要进行匹配和综合平衡，经过权衡利弊得失，确定最适合、最有利、最佳的职业岗位。这个过程，是归并个人的自我意向，找到自己爱好的和擅长的东西，发展一种将带来满足和报偿的职业角色的过程。

（三）霍兰德的职业性向理论

美国约翰·霍普金斯大学心理学教授约翰·霍兰德在1952年提出了具有广泛影响的职业性向理论。他认为职业性向（包括价值观、动机和需要等）是决定一个人选择何种职业的重要因素。霍兰德基于自己对职业性向测试的研究，一共发现了六种基本的职业性向。然后，他根据劳动者的心理素质和择业倾向，将劳动者划分为六种类型。相应地他把社会职业也划分为上述六种类型：现实型、调研型、艺术型、社会型、企业型、常规型。霍兰德的职业性向理论，实质在于劳动者的职业性向与职业类型相互适应。霍兰德认为，同一类型的劳动者与同一类型的职业相互结合，便达到了适应状态，这样劳动者找到了适合自己的职业岗位，其才能与积极性才能得以发挥。依照霍兰德的理论，劳动者职业性向类型与职业类型相关系数越大，两者适应程度越高两者相关系数越小，相互适应程度越低。

霍兰德的理论认为人的人格类型、兴趣与职业密切相关，每个人都有自己独特的能力模式和人格特征，每个人格特征的人都可以找到适合自己的职业，当个人的人格特征兴趣与职业相符时，可以调动员工的工作热情和激发其潜力，并能提高员工的工作满意度。

如果匹配得好，则个人的特征与职业环境协调一致，工作效率和职业成功的可能性就大为提高。反之则工作效率和职业成功的可能性就很低。因此，对于组织和个体来说，进行恰当的人职匹配具有非常重要的意义。而进行人职匹配的前提之一是必须对人的个体的特性有充分的了解和掌握，而人才测评是了解个体特征的最有效方法。所以人职匹配理论是现代人才测评的理论基础。其中最有影响的是"特性因素论"和"人格类型论"。

美国职业心理学家霍兰德创立的人格类型理论对人才测评的发展产生了重要的影响。

在人格和职业的关系方面，霍兰德提出了一系列假设：①在现实的文化中，可以将人的人格分为六种类型：实际型、研究型、艺术型、社会型、企业型与传统型。每一特定类型人格的人，便会对相应职业类型中的工作或学习感兴趣；②环境也可区分为上述六种类型；③人们寻求能充分施展其能力与价值观的职业环境；④个人的行为取决于个体的人格和所处的环境特征之间的相互作用。在上述理论假设的基础上，霍兰德提出了人格类型与职业类型模式。不同类型人格的人需要不同的生活或工作环境，例如"实际型"的人需要实际型的环境或职业，因为这种环境或职业才能给予其所需要的机会与奖励，这种情况即称为"和谐"。类型与环境不和谐，则该环境或职业无法提供个人的能力与兴趣所需的机会与奖励。霍兰德在其所著的《职业决策》一书中描述了 6 种人格类型的相应职业(见图 2-1)。

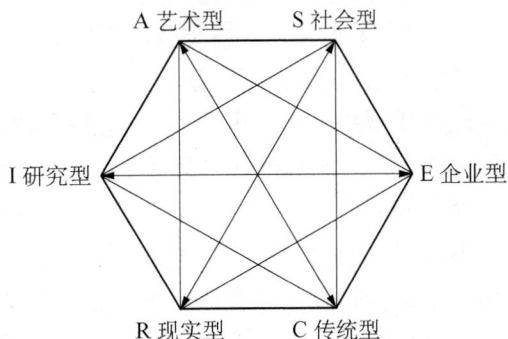

图 2-1　人格-职业匹配六角图

实际型：基本的人格倾向是，喜欢有规则的具体劳动和需要基本操作技能的工作，缺乏社交能力，不适应社会性质的职业。具有这种类型人格的人，其典型的职业包括技能性职业(如一般劳工、技工、修理工、农民等)和技术性职业(如制图员、机械装配工等)。

研究型：具有聪明、理性、好奇、精确、批评等人格特征，喜欢智力的、抽象的、分析的、独立的定向任务这类研究性质的职业，但缺乏领导才能。典型的职业包括科学研究人员、教师、工程师等。

艺术型：其本的人格倾向是，具有想象、冲动、直觉、无秩序、情绪化、理想化、有创意、不重实际等人格特征。喜欢艺术性质的职业和环境，不善于事务工作。典型的职业包括艺术方面的(如演员、导演、艺术设计师、雕刻家等)、音乐方面的(如歌唱家、作曲家、乐队指挥等)与文学方面的(如诗人、小说家、剧作家等)。

社会型：具有合作、友善、助人、负责、圆滑、善社交、善言谈、洞察力强等人格特征。喜欢社会交往、关心社会问题、有教导别人的能力。典型的职业包括教育工作者(如教师、教育行政工作人员)与社会工作者(如咨询人员、公关人员等)。

企业型：具有冒险、野心人格特征。喜欢从事领导及企业性质的职业、独断、自信、精力充沛、善社交等。典型的职业包括政府官员、企业领导、销售人员等。

传统型：具有顺从、谨慎、保守、实际、稳重、有效率等人格特征。喜欢有系统有条理的工作任务。典型的职业包括秘书、办公室人员、计事员、会计、行政助理、图书馆员、出纳员、打字员、税务员、统计员、交通管理员等。

然而上述的人格类型与职业关系也并非绝对地一一对应。霍兰德在研究中发现，尽管大多数人的人格类型可以主要地划分为某一类型，但个人又有着广泛的适应能力，其人格类型在某种程度上相近于另外两种人格类型，则也能适应另两种职业类型的工作。也就是说，某些类型之间存在着较多的相关性，同时每一类型又有种极为相斥的职业环境类型。霍兰德有一个六边形简明地描述了六种类型之间的关系。

根据霍兰德的人格类型理论，在职业决策中最理想的是个体能够找到与其人格类型重合的职业环境。一个人在与其人格类型相一致的环境中工作，容易得到乐趣和内在满足。因此在职业选拔与职业指导中，首先就要通过一定的测评手段与方法来确定个体的人格类型，然后寻找到与之相匹配的职业种类。为了确定个体的人格类型，就需要大量运用人才测评的手段与方法，霍兰德本人也编制了一套职业适应性测验来配合其理论的应用。

（四）职业决策模型理论

从 20 世纪 60 年代开始，人们对如何做出职业决策的过程和行为进行研究，希望在各种不同的因素作用下，能够进行理性的选择和决策。由此产生的理论主要由三种模型组成：描述型模型、诊断型模型、描述诊断混合型模型。

描述型模型：由泰特曼和奥哈拉分别提出，基本内容是，职业生涯决策是一个完整的过程，有一系列不断递进阶段组成，第一阶段是参与阶段，完成探索、定型、抉择、正式等工作，即了解和收集信息，确定几种可选择方案，并选择其中一种，再进一步给予检验；第二阶段是履行和调整阶段，完成定向、变动、调整等几项工作，即初步接受并履行所作的选择，努力完成工作任务并希望得到发展，然后在这一过程，取得个人选择和环境要求之间的平衡。

诊断型模型：奇兰特等人认为，应该运用科学方法进行职业生涯决策。在强调主体价值观、期望值和客观可能的重要性的同时，以理性的方式进行决策，经过循环往复，以一定的标准计算出收益和投入成本之比，最大值者即是最优方案。

描述诊断混合型模型：综合以上两种模型的特征，提出谨慎的决策者具有的 7 个方面的特征：对各种选择方案进行广泛而全面的考虑；审查各种方案的价值和目标；认真权衡各种选择方案的正反两方面结果；获得相关信息；吸收所有得到的新信息；决策之前对选择方案进行反复审视；为实施方案准备条件。

（五）特性因素论

"特性因素论"为职业指导中历史渊源最深的理论，它源于官能心理学研究。它在职业指导方面的应用，则是建立在帕森斯关于职业指导三要素思想的基础上，由美国职业指导专家威廉逊发展而形成。

其后由于差异心理学的研究发现，心理测量技术的发展，以及职业资料系统的建立，逐渐充实其内涵，形成具体的框架，而成为职业指导实际工作中重要的理论依据。特性因素论认为个别差异现象普遍的存在于个人心理与行为中。每个人都具有自己独特的能力模式和人格特性即特质，而某种能力模式及人格模式又与某些特定职业相关。每种人格模式的个人都有其适应的职业，人人都有选择职业的机会，人的特性又是可客观测量的。职业指导就是解决个人的兴趣、能力与工作机会相匹配的问题，帮助个人寻找与其特性相一致的职业。帕森斯提出职业指导由三步组成：

第一步是评价求职者的生理和心理特点。通过心理测量及其他测评手段，获得有关求职者的身体状况、能力倾向、兴趣爱好、气质与性格等方面的个人资料，并通过会谈、调查等方法获得有关求职者的家庭背景、学业成绩、工作经历等情况，并对这些资料进行评价。

第二步是分析各种职业对人的要求，并向求职者提供有关的职业信息包括：①职业的性质、工资待遇、工作条件以及晋升的可能性；②求职的最低条件，诸如学历要求、所需的专业训练、身体要求、年龄、各种能力以及其他心理特点的要求；③为准备就业而设置的教育课程计划，以及提供这种训练的教育机构、学习年限、入学资格和费用等；④就业机会。

第三步是人职匹配。指导人员在了解求职者的特性和职业的各项指标的基础上，帮助求职者进行比较分析，以便选择一种适合其个人特点，又有可能得到并能在职业上取得成功的职业。

1908年，帕森斯在美国波士顿设立职业局，在职业指导过程中，他提出了职业设计的三要素模式：其一，清楚地了解自己，包括性向、能力、兴趣、自身局限和其他特质等资料；其二，了解各种职业必备的条件及所需的知识，在不同工作岗位上所占有的优势、不足和补偿、机会、前途；其三，上述两者的平衡。特性与因素理论的核心是人与职业的匹配，其理论前提是：每个人都有一系列独特的特性，并且可以客观而有效进行测量；为了取得成功，不同职业需要配备不同特性的人员；选择一种职业是一个相当易行的过程，而且人职匹配是可能的；个人特性与工作要求之间配合得愈紧密，职业成功的可能性愈大。

总体上看，特性因素理论为人们的职业设计提供了最基本的原则，各种心理测量工具和美国出版的大量的职业信息书刊业为之提供了良好的支持。这样，由于该理论较强的可操作性，被人们广为采用。但也应该看到理论中的静态观点和现代社会的职业变动规律不相吻合，它也忽视了社会因素对职业设计的影响和制约作用。

（六）职业变动模式理论

1971年，美国心理学家施恩提出个人在特定组织内的三种流动方式，以实现组织对个人职业生涯的帮助和管理。三种不同的流动方式：横向流动模式、向核心地位流动模式和纵向流动模式。

1. 横向流动模式

这种流动方式是组织内部个人的工作或职务沿着职能部门或技术部门的同一等级进行发展变动。比如，包括生产、市场、财务、技术、人事部门等，横向流动则是在这些部门之进行同一等级地位的变动。实行这种变动的原因可能是：培养掌管全局的管理人员，为以后的纵向发展做准备；工作丰富化的需要，部门之间人员的平衡和调剂。

2. 向核心地位流动模式

这种流动方式是由组织外围逐步向组织内圈方向变动。当发生这类变动时，成员对组织情况了解得更多，承担的责任也更为重大，并且经常会参加重大问题的讨论和决策。采取这种的原因可能有二：一是由于个人的能力和努力取得组织的认可，但却是不适合于提升到组织的更高等级；二是准备让个人沿纵向上行，但暂时无法提供相应的职位。

3. 纵向流动模式

这种流动方式是指组织内部的个人工作等级职位的升降。在一般的观念中，只有纵向的上行流动，才是得到发展和肯定。正常的向上流动，在提升的同时向组织的核心靠拢。如果某个人得到职位等级的提高，但仍然没有列入组织重要的核心活动或决策之列，则意味着"明升暗降"或是一种待遇而已。

在这个三维模式中，纵向的变动是一种上下升降的圆锥体；横向变动是围绕圆锥体周围，从一个职能或技术部门向另一种职能或技术部门变动；朝核心方向变动则是从圆锥体的外围向圆锥体的中心变动。事实中的流动安排是三种之间的有机结合。

二、高职教师发展的能力观

能力，是完成一项目标或者任务所体现出来的素质。人们在完成活动中表现出来的能力有所不同。能力是指顺利完成某一活动所必需的主观条件。能力是直接影响活动效率，并使活动顺利完成的个性心理特征。

能力总是和人完成一定的实践相联系在一起的。离开了具体实践既不能表现人的能力，也不能发展人的能力。能力是指达成一个目的所具备的条件和水平。

能力是生命物体对自然探索、认知、改造水平的度量。如人解决问题的能力，动物、植物的繁殖能力等。

能力分类，以能力所表现的活动领域的不同可以划分为：

1. 一般能力

是指在进行各种活动中必须具备的基本能力。它保证人们有效地认识世界，也称智力。智力包括个体在认识活动中所必须具备的各种能力，如感知能力

（观察力）、记忆力、想象力、思维能力、注意力等，其中抽象思维能力是核心，因为抽象思维能力支配着智力的诸多因素，并制约着能力发展的水平。

2. 特殊能力

又称专门能力，是顺利完成某种专门活动所必备的能力，如音乐能力、绘画能力、数学能力、运动能力等。各种特殊能力都有自己的独特结构。如音乐能力就是由四种基本要素构成：音乐的感知能力、音乐的记忆和想象能力、音乐的情感能力、音乐的动作能力。这些要素的不同结合，就构成不同音乐家的独特的音乐能力。

一般能力和特殊能力相互关联。一方面，一般能力在某种特殊活动领域得到特别发展时，就可能成为特殊能力的重要组成部分。例如人的一般听觉能力既存在于音乐能力之中，也存在于言语能力中。没有听觉的一般能力的发展，就不可能发展言语和音乐的听觉能力；另一方面，在特殊能力发展的同时，也发展了一般能力。观察力属一般能力，但在画家的身上，由于绘画能力的特殊发展，对事物一般的观察力也相应增强起来。人在完成某种活动时，常需要一般能力和特殊能力的共同参与。总之，一般能力的发展为特殊能力的发展提供了更好的内部条件，特殊能力的发展也会积极地促进一般能力的发展。

3. 再造能力

指在活动中顺利地掌握前人所积累的知识、技能，并按现成的模式进行活动的能力。这种能力有利于学习活动的要求。人们在学习活动中的认知、记忆、操作与熟练能力多属于再造能力。

4. 创造能力

指在活动中创造出独特的、新颖的、有社会价值的产品的能力。它具有独特性、变通性、流畅性等特点。

再造能力和创造能力是互相联系的。再造能力是创造能力的基础，任何创造活动都不可能凭空产生的。因此，为了发展创造能力，首先就应虚心地学习、模仿、再造。在实际活动中，这两种能力是相互渗透的。

5. 认知能力

是指个体接受信息、加工信息和运用信息的能力，它表现在人对客观世界的认识活动之中。活动对象是认知信息。

6. 元认知能力

是指个体对自己的认识过程进行的认知和控制能力，它表现为人对内心正在发生的认知活动的认识、体验和监控。活动对象是认知活动本身，它包括个人怎样评价自己的认知活动，怎样从已知的可能性中选择解决问题的确切方法，怎样集中注意力,怎样及时决定停止做一件困难的工作,怎样判断目标是否与自己的能力一致等。

7. 超能力

超能力,意同异能、特异功能,指心灵感应、透视、预知、念力、超自然能力,被归类于超心理学的范畴内。最早源自阴阳学名词,古人认为一个人的能力就像宫殿里的不同房间,当需要发挥什么能力时,其中的一个门就会打开。这和利玛窦的记忆宫殿很像。所不同的是能力除了记忆,还包括很多其他的能力。古人认为不同时间出生的人阳气不同,人的五行就会出现偏倚,每个人可以打开的能力门就不同,因此古人注重生辰八字。有的人阳气旺盛,打开的能力门多,就显得天资聪慧,有的人生意经营才能超群,打开的门就是财运亨通。18 世纪以后,随着科学的进步,对于科学所无法说明的神秘作用,都称为迷信。ESP 是英文 Extra Sensory Perception 的略称,意指"超感觉",通常用做心灵感应、透视力、触知力、预知力等的总称。能力也就式微了。美国现今有一门专门用来训练经理人的 ESP 课程,这个课程主要是用来培养透视力、预知力等心灵感应的心灵力量。ESP 能力等于是"右脑的五感"。正如左脑有五感一样,右脑也有五感。有人认为只是少数特异人士才拥有的神奇力量,其实这是每一个人都具备的能力,只不过人类因为压抑潜在意识的大脑新皮质过于发达,使得 ESP 的能力被封存起来,相反地动物的大脑组织几乎都是由旧皮质组成,因此能够发挥这样的能力。

能力是个性心理特征之一,不同的人在能力方面是存在差异的,其差异一般表现在以下几个方面:

(1) 能力类型差异。每个人所具有的能力都不仅仅是一种,而是多方面的。对于一个人来说,在他所具有的多种能力中,总有相对来说较强的能力,也有一般的能力和较差的能力,即每个人的能力都是多种能力以特定的结构结合在一起的。由于不同人的能力结构不同,因而能力在类型上便形成差异。如果进一步分析,每一种能力也有类型的差别。如记忆能力,有的人属于视觉型,即视觉识记效果较好;有的人属于听觉型,即听觉识记效果较好;有的人则属于运动型,即有动作参加时识记效果较好等等。

由于能力类型的差异,因而人们在实践活动中处理和解决问题的方式方法常常各不相同,虽然是完成相同的任务,但往往是通过不同能力的综合来实现的。例如,两个管理者都很好地完成了管理工作,都表现出了良好的组织能力,但甲可能是通过综合个人的技术能力、人际交往能力和演说能力从而较好地实施了管理;乙可能是通过综合调查的能力、分析的能力和正确决策的能力,从而圆满地完成了管理任务。

(2) 能力水平差异。能力水平的差异,是指人与人之间各种能力的发展程度不同,所具有的水平不同。例如,正常的人均具有记忆能力,但人与人之间的记忆力强度不同;正常的人也都有思维能力,但思维的广度和深度也不同。

(3) 能力表现差异。人们的能力表现在时间上是存在差异的。有些人在童年时期就表现出某些方面的优异能力,即所谓的"早熟"。例如,我国唐初的王勃,10 岁能赋,少年时写了著名的《滕王阁序》。但也有些人的才能一直到很晚才表现出来,这就是所谓的"大器晚成"。例如,我国画家齐白石 40 岁才表现出他的绘画才能;达尔文在 50 多岁时才开始有研究成果,写出《物种起源》一书。造成这种现象的原因是多方面的,可能是由于这些人在早期没有学习或表现自己能力的机会;也可能是早期智力平常,但经过长期的勤奋努力,能力有了明显的提高。

另外,人们能力表现的方式也存在着差异。有些人所具有的某方面能力很容易表现出来,很容易为别人所了解;相反,有些人虽然具有某方面能力,但在他们从事这类活动之前,人们较难发现。造成这种情况的原因主要是人的气质和性格不同,一般来说,外向型的人所具有的能力较易被人发现;内向型的人所具有的能力则较难被人发现。

三、高职教师发展的属性

教师教育是一种培养教师的活动,这种活动实施在哪类机构,如何通过课程的分配来进行培养教师的活动,都在不同的角度影响到了教师发展的属性问题。从参与培养活动的机构看,独立的师范院校由于定位在师范,就会偏向于师范性教师特征的目标,综合大学的学科优势往往导致偏重学术性目标,发展技术职业类教师的教育学院,其提高职业性的优势非常明显。从课程看,学术性体现在一些以知识为逻辑起点的学科体系中,师范性课程包括一些心理学、教学方法、道德教育之类的课程,职业性课程是与职业过程相关的职业分析、职业历史、过程等的科目。上述对学术性、师范性和职业性的理解是统计学意义上的解释,以机构的分类、以课程的分类来划分学术性、师范性和职业性人为地割裂了教师的整体性,作为一个教师也不可能明确划分出三者的不同,但是高职教师又必须体现出三者的特性,因此"学术性、师范性、职业性"应该是"三性合一"的属性。

高职教师的学术性是师范的、职业的学术性。学术性一般会理解为学术活动、科研能力方面，这是一种精英化高等教育的学术性观点，"时至今日，随着科学存在形态的多元化和科学研究的分层化，随着对人类创造能力理解的多样化，随着高等教育功能的复杂化，人们已开始重新审视学术水平这个概念"。

美国卡内基促进教学基金会前主席欧内斯特发表的《学术水平反思》报告指出，"我们现在对学术水平的看法有很大的局限性，把它局限在某种功能的等级上。基础研究成为首要的和最基本的学术活动，其他功能则从中派生出来"，在他看来，"知识并不都是以这种线性方式发展的。因果关系的箭头可能和常常是指向两个方向的。理论确实可以指导实践，但实践也会产生理论。最好的教学可以改造研究和实践工作者。"波依尔拓展了对学术水平的理解范围，学术水平在波依尔的框架内就是"发现的学术水平、综合的学术水平、运用的学术水平，教学的学术水平"。

高职教师的职业性活动最大特点就是实践性。这种实践性是高职教师学术性的根基高职教师的学术性并非只是一种结果，更重要的是一个过程，它可能是一种教学理念、一种教学方式、一种思维模式、一种角色转换、一种新的考试方式的应用，这些都可以转化为理论的建构。

1. 从知识的构成来看

职业教育的教师应该具有三性知识，即学术性知识、师范性知识和职业性知识。

学术性的知识是一种由专业学科构成的、以结构逻辑为中心的学科体系内容，以传授实际存在的显性知识为主，它的多少常常是推动学科知识发展、创造能力和研究水平的一个基础性衡量指标。这类显性知识一般指理论性知识，主要解决"是什么"事实、概念等和"为什么"原理、规律等的问题。学科性知识的学习是培养科学家、专家的主要途径，学科知识也同时由于其学术性影响着社会成员的地位，尤其是在以学术衡量学问高低的社会，增加学术性因此成为提高专业人员地位的一种可选途径。

职业性知识是以实际情景构成的以过程逻辑为中心的行动体系，以强调获取自我建构的隐性知识为主，它直接影响着实践水平的掌握程度。波兰尼在他的《人的研究》一书中将隐性知识定义为"那些无法言传或表达不清楚的一类知识"，野中郁次郎认为"隐性知识在认知过程中占有重要的地位。隐性知识包括个体的思维模式、信仰和观点，这些模式、信仰和观点是如此得根深蒂固，以至于我们习以为常，不自觉地接受他们的存在，并在观察世界的时候受到他们的巨大影响"。

隐性知识通常和经验有密切关系，由经验可进一步发展为策略，隐性知识主要解决"怎样做"经验和"怎样做更好"策略的问题。职业性知识是培养职业人才的主要内容，1994年，弗里茨漠勒在其著作《研究领域职业》中就指出过"与职业相关的学科的总框架"，并系统地指出，职业研究的基本范畴应包括职业哲学、职业历史学、职业分类学、职业术语学、职业心理学、劳动医学与职业医学、职业社会学、职业法律（包括职业教育和培训的法律及职业从业的法律），还有职业教育学和职业教学论。在我国对工程技术知识的认同使人们认为技术知识只意味着工程技术知识，职业性的技术知识被忽视，重要的是职教教师的知识领域恰恰在职业技术知识范畴内。职教师资面对的技术主要包括主观能动性较强的经验性知识、经济社会利益的体现方式以及由于工业文化导致的实现手段等，它与人的行为过程有着密切的联系。

师范性知识存在于上述两种知识间，是为了使"是什么、为什么"的知识转化为"怎么样做、怎样做更好"的知识，它解决的是如何实现两种知识间的转化问题，这种转化的好坏决定着是否成为一个内行的教育者和职教教师质量高低的程度，"教什么"固然重要，"如何教"对职教教师也同样重要。

2. 从知识的传递过程看

"行动体系"的教学途径实现了"三性合一"。

"行动体系"的教学途径是一种经典的直接经验获取的通道，传统行会的师徒间的知识传授就是起源于从隐性到隐性知识的传授模式，它包含了3个连续且不断提升的过程：从隐性到隐性，是隐性知识通过在不同群体间潜移默化的交换而实现的一个共享过程，由于经验的共享，对隐性知识的理解有所升华，这一过程类似物理过程从隐性到显性知识，是隐性知识显性化的过程，依附在个体而存在的个性化知识向知识的传播迈进并得到升华，再从显性知识到隐性，强调的是个体对共享知识加工的过程，是一种建构、创新的过程，此过程更多地体现一种化学意义上的变化，它是酝酿新知识的摇篮和起点。

显性知识、隐性知识及二者知识间形成的行动体系教学途径，实现了高职教师的"三性"发展为"合一"。学术性以显性知识表现为主，职业性以隐性知识表现为主，师范性以显性和隐性知识的聚合为主。显性知识的积累会发展成理论型人才，隐性知识的积累最终形成经验型人才，显性知识和隐性知识在各自的功利功能下保留着自身体系的深入。师范性本身并不独立存在，只有当显性知识或隐性知识被包含在教育功能之中时，师范的教育性功能才会体现。师范性与职业性的结合构成了职业教育教师存在的基础，师范性、职业性和学术性的三性融合构成了高职教师存在的基础。

四、职业发展问题

1. 晋升难

职级提升是职业生涯中纵向层次发展的重要内容。高职教师的职级提升主要是提升职称高职院校教师的专业技术职务评审，目前仍沿用普通大学的标准，重点考核教师的科研能力，而科研恰恰成为高职院校教师职称提升的瓶颈。

一方面，高职院校"双师型"教师的能力重点不是科研上，而是专业教学、实践和科研成果的推广与应用。另一方面，高职院校教师在自身科研素质、科研课题申报机会、科研工作条件等方面和普通本科院校存在着较大距离，因而在开展科研工作、取得科研业绩、发表科研论文方面存在着相当大的难度。高职院校要求教师每年发表一定数量和刊物级别的论文作为科研考核，科研考核不合格者给予程度不同的处罚措施。由于晋升职称的名额有限，再加上评定职称过程中的一些不正之风，如论资排辈严重、论文作假多、工作业绩水分多等，给高职教师晋升职称造成很大难度。《南方周末》上曾报道过这样的一个例子，某高职院校教师说："中央空调安装我最拿手，可多年来我还是一个助教，因为没有课题和论文。"这一事件的出现一定程度上反映了高职院校教师评价制度的滞后性。

2. 专业化发展受阻

高职院校针对人才市场需求办学，而人才市场对高职生专业需求也处在不断的变化中，与此相对应，高职院校的专业必须根据市场需求不断进行调整，新的专业层出不穷。专业调整和创办新专业的结果是原有老师要么去学习新的专业知识，要么转换工作岗位去担任行政或者学生管理工作，甚至跳槽。无论哪一种结果，对于一个具有多年专业学习的高职院校教师来说，都是不大情愿接受的。专业调整意味着教师要重新学习一个新的领域，这加大了教师职业适应的难度，从专业学习的角度来说，教师对某一专业要达到一定的造诣，既需要投入大量的精力，也需要不断学习研究相当长的时间，而不断调整的专业降低了教师在专业上能达到的高度，对职业生涯发展形成了不利影响。

3. 工作量大

工作量体现了工作任务在数量和质量上的共同要求。研究表明，工作量与职业倦怠存在高度相关，尤其与情绪衰竭相关度最高。一般来说，人员和资源不足直接导致工作过载，即超负荷的工作量，而长期工作过载必然导致情绪衰竭。近几年来，由于连续扩招，高职院校教师配备普遍不足，加上各种任职、晋升职称条件等硬性指标的压力，大部分教师都在教学和科研两条战线疲于奔命，工作负荷普遍增大。这一切在内涵和外延上都大幅度地增大了教师的工作量。

另外，大多数高职教师还担任繁重的学生管理任务。教师在教学和学生管理工作上两头抓，不少高职学生高考成绩较差，自我管理能力相对欠缺，甚至学生抱有自暴自弃的想法，自认低人一等，所以教师还担任着学生心理工作的重任。工作的重压，使许多教师精神压力大、身心疲惫、热情耗竭，这是职业倦怠产生的主要原因和典型特征。

4. 薪酬低

高职教师的工作职责与现实回报存在严重落差。社会对高职教师的期望是多重的。高职教师既要有渊博的专业知识、高尚的道德情操、高超的教学艺术，更要有较高的教学质量。近年来，伴随高校的扩招，在校生人数不断增加，导致教师工作量加重，有 45.6% 高职教师平均周课时量达到 40 节以上，这无疑是对精力与体力严峻挑战。众所周知，当前高职学校招生的录取分数线较低，致使生源质量得不到保证。这不仅增加了高职教师教育教学的难度，更加大了学生管理的难度。与高职教师工作负担较重，非教学任务过多形成鲜明落差的是，高职教师在付出努力后获得的回报少，特别是无法从教学中获得成就感。社会期望教师教好每个学生，但是学生作为具有主动性和差异性的发展中的个体，其学业成绩相对较易衡量，但行为、兴趣、态度和价值观等方面的变化不仅缓慢，而且难以评价。

以江苏一所高职学校为例，每年都会流失很多教师，尤其是骨干教师的流失。许多这样的教师本身来自企业，具备一技之长，如果在教学上得不到承认，很容易产生负面情绪，会对现在的工作产生怀疑。与以前的工作相比，一旦发现以前的工作更能有满足感，成就感，就可能会放弃教育工作，转而再投入本来的行业。所以，高职应该能够提供有竞争性的报酬，实现教师的自我价值。从教师的收入和行政人员收入上可以看出，学校对教师的重视程度不够，总体上，行政人员的收入甚至超过了教师，而教师的责任重大，除了完成课时之外，还要承担班主任工作，评职称，写论文科研要求，接受学生满意度评价，所以教师似乎处于劣势地位，甚至有的老师认为学校把自己当成了上课的"机器"，而没有得到相应的报酬。这些不满情绪严重影响了教学热情，上课变成了完成任务。

5. 教学能力低

主要表现在由于教师队伍来源多样，各教师的执教能力存在很大差异。大多数教师只会理论教学，没有实践能力，也有部分教师只有实践，没有理论。只会理论，没有实践的教师主要是从高校新毕业的教师，他们经过在高校的几年学习，取得了本科、甚至研究生的学历，掌握了比较扎实的理论知识，并不缺乏对学生进行理论教学的能力,但由于没有所学专业实际操作岗位的工作经历,所掌握的一点实践知识可能只是自己在学校学习时所了解的,比较肤浅,从事教师时间又较短,工作后没有机会去接触本专业的实际操作工作,基本不具备实践教学能力。还有一部分缺乏实践教学能力的教师是直接来自高校的教师,从事本岗位教学工作后,只注重理论研究和教学工作,忽视实践教学能力的提高,对本专业的实践知识掌握的深度不够,导致实践教学能力缺乏。只有实践,没有理论的教师则是从企业中来,他们大多没有受过师范类的教育,不是科班出身,没有进行教育学、心理学等系统学习。很多教师只是参加了教师资格考试,但是对心理学,职业道德还是不甚理解,所以他可能有很高超的专业技能,但是缺乏理论基础,刚上讲台时往往会手足无措,表达不出来,没有任何教学手段和技巧,自己会的东西不一定能教会学生。所以高职教师存在教学能力低下的问题,从而学生对教师的评价度也随之降低。

第四节　高职教师面临的挑战

一、多元文化的影响

(一) 传统文化是影响高职生价值观形成的文化基础

传统文化是一个国家或民族传承或延续下来的文化,是一个国家或民族的精神内核。一个国家的传统文化是经过长期的历史积淀而形成的,它一旦形成,就在一定范围内对人们具有普遍的内在约束力,从而对社会成员的思想、心理倾向和行为方式发挥引导作用,以建立社会成员所共同遵循的文化标准。中国的传统文化,则是指以儒家思想为主要部分,兼取道法墨佛等各家,相互影响、相互作用、相互融合而形成的文化。基本精神表现为"性善好德"的人性文化,"天人合一"的道法自然,"自强不息"的奋斗精神,需要继承与弘扬,对高职生价值观的形成起到基础性作用。

所谓"自强不息",对个人它要求人应自立自强,艰苦奋斗,积极进取,为个人、为国家做出贡献;对于一个国家或民族,要求应自力更生,革新图强。

墨子强调"为强必富,不强必贫,强必饱,不强必饥",正是这种自强不息的精神造就了中华民族的向心力和凝聚力,从而使中华民族不断前进,不断进步,在当下中国社会更应发扬光大。高职生作为祖国未来生产、建设、管理、服务第一线的高等技术应用性专门人才,在学校的学习阶段,需要其具有自强不息的精神,夯实自己的专业基础;在将来的工作岗位上,更需要自强不息的精神,克服一切困难,为自己创造一片天地,才能为国家做出自己应有的贡献。

中国作为一个传统的农业大国,长期以农业为主的生产方式使人们形成了重农轻商的思想,同时也形成了小农意识,这种小农意识经过长期的沉淀,形成了自私狭隘、因循守旧、固步自封、抱守残缺、害怕竞争、听天由命、不图进取以及崇尚迷信的一种文化心理。当前,这种小农意识依然存在于人们的潜意识中,无形中产生负面影响。中国社会几千年来的封建尊卑有序的等级观念在当今社会上还有它的生存空间。在封建尊卑有序的等级观念的影响下,个体的个性受到压抑甚至是忽视个体的正当利益,对于个人自由的发展,对于自信、自尊等精神品质的形成,特别是对于独立的个性的形成,起了消极作用。有些高职生受到等级观念的影响,一心要做干部,出发点不是为了服务学生,而是能高人一等,甚至出现了为竞选学生会干部或评奖评优拉选票等不正当的现象,这些都会对正处于世界观、人生观、价值观尚未成熟的高职生产生不良的影响,使其难于接受正确的价值观的教育,严重阻碍了正确价值观的形成。

(二) 西方文化给高职生提供了更多价值参照系

自魏源睁眼看世界,历经洋务运动、新文化运动,到新民主主义革命胜利,神州大地西学之风日盛,既开阔了国人的视野,带来了实实在在促进中国社会发展变革的积极因素,又为某些社会贤达送来了装点门面的时尚标签。随着信息技术的发展,全球一体化进程的加快,多元文化不仅在我国而且在全世界形成了势不可挡之势,我国社会将被更多地卷入多元文化的漩涡。作为新时代的高职生,追求新奇,感受敏感,不管是无法抗拒"西学东渐"潮流的影响,还是自愿接受西方文化元素,都给价值观尚未定型的高职生带来重重困惑,在积极与消极两个方面深刻影响着高职生价值观的形成。

当代高职生面临的不再是一元主导的价值观选择,外来优秀文化开阔了高职生的视野,提供了更多价值参照。首先,西方文化中主张个性的张扬,主张人格的独立以及个人不可被侵犯的权利,包括个人发挥出人的禀赋与能力,不断地为求新而求新、为求异而求异、为创造而创造、为发展而发展的开拓精神。其次是西方的民主与自由价值观。西方人更看重一个人的实际的能力,忽略其家庭背景,做事独立、求新、求异、自助、自由、公私分明。西方文化中这些内核一经传入我国,对于当前高职生的价值观产生巨大的影响,尤其是西方文化中的公平、公正、独立、竞争、求新、求异等价值观深受高职生的欢迎。但也要注意防范西方文化负面因素的影响。首先是西方文化的渗透冲击社会主义核心价值观。某些国家为了达到在政治上、经济上、文化上的霸权地位，利用文化的传播以期达到他们的目的。其次是由于外来不良文化影响本国传统文化、民族精神、意识形态。

（三）大众文化是影响高职生价值观形成的文化场

大众文化具有商品性、通俗性、流行性、娱乐性、依赖性、大众媒介性、日常性、类型性等特征。当前，随着经济条件的改善，闲暇时间的增多，人们对文化精神需求和享受的普遍要求开始增长，大众文化成为当下重要的文化潮流，是个人无法摆脱的，构成了当代高职生的价值观形成的文化场域，不管当代高职生能否意识到都会影响到其价值观的形成。

大众文化在带来丰富多彩的人生选择机会和快乐的同时，也促使个人思考人生的价值。当前中国大众文化主题上做到了思想性和艺术性的统一，陶冶了人们的情操，如《唐山大地震》《建党伟业》等一批优秀电影的推出，电视连续剧《五星红旗迎风飘扬》《辛亥革命》等的播出。近年来也有很多深受青年人喜爱的电视剧的播出，如《奋斗》《裸婚时代》《蚁族的奋斗》等，它们注重人的现实生活意义，强调按照人的自然本性生活，重视人的感性体验，揭示当下在生活压力大、竞争激烈的环境中年轻人的酸甜苦辣，推崇人的个性与自由，肯定人的价值，主张享受世俗的欢乐，这些对于当下的高职生的影响是巨大的，只有学有所成，学有所精，才能在竞争激烈的现实中立于不败之地，只有通过自己的不懈努力，才能撑起自己的一片蓝天。同时，也促使他们思考自己想要一种什么样的生活，怎样才能活得更好。但是高职生在价值观形成过程中需要注意防范大众文化的负面影响。大众文化的主要目的是商业利润的最大化，决定了它的主要功能是娱乐消遣性，它的取材虽然是人们的日常大众生活，但大多是感性、热闹、怪异、刺激、轻松、调笑的日常大众生活，为了抓住受众的眼球，追求形式上的技巧（而现代高科技的发展也使其做到了这一点）。因此过度消费极易导致娱乐消费的盲目扩张和人文精神、文化理性精神性的丧失，他们消解了崇高和理想的精神意义，削弱了大众文化在社会转型期的积极作用。沉醉感官刺激的享乐主义、排斥精神追求的虚无主义盛行，直接影响和关系到整个社会文化的健康发展和精神文明的进步，大众文化作为当下文化重要的潮流，身处这种文化场域之中，其对高职生价值观的影响是无法估量的。笔者在一项关于高职生生活方式的问卷调查中发现，对于闲暇活动的目的，70.82％的高职生认为休闲活动的主要目的是打发时间，50.76％的高职生认为是放松自己，娱乐享受。在闲暇时间中，高职生上网多关注的是明星们的娱乐八卦,不关注国家大事,只关注时尚流行,不关注政策导向。

（四）主流文化是影响高职生价值观形成的中流砥柱

"主流文化又称主导文化或主旋律文化,是指在文化系统中起主导作用的文化,也是建立在国家权力基础上,表达国家正统意识形态的文化。"主流文化主导着时代的文化发展方向,在文化的发展中占统治地位,比如我国封建社会的儒家文化一直主导着文化方向,占统领地位。主流文化为高职生确立正确的价值观起到引领和主导的作用。主流文化通过国家权力、正统意识形态等引领推动文化发展,并渗透到社会的政治、经济、法律、教育、宗教等任何一个角落,充分发挥影响力,左右着国家、社会的核心价值观。

当前我国的主流文化的社会主义文化,社会主义文化以中华五千年民族优秀传统文化为基础,以马克思主义为指导,内容包括了共同理想、爱国主义、时代精神和社会主义荣辱观等,体现了其作为主流文化的科学性、先进性、时代性、创新性和整合性。主流文化通过舆论宣传、文化作品等形式,在当前多元文化相交融的局势中起到主导的作用。主流文化是一个社会、一个时代受到倡导的、起着主要影响的文化,必然代表执政党的政治诉求、价值取向,也必然代表了大多数人的利益。在当前多元文化背景下,坚持主流文化的主导地位,发挥引领作用,对于当代高职生确立正确的价值观同样也起到中流砥柱的作用。坚持以社会主义主流文化引领高职生正确价值观的形成,必须旗帜鲜明地坚持马克思主义一元化的指导思想,以多元化的形式引导高职生正确处理价值观念上的传统与现代、外来与本土、主导性与多样性的关系,以社会主义核心价值观为基本内核,促进高职生树立正确的世界观、人生观。

（五）网络文化是影响高职生价值观形成的新型平台

互联网的迅猛发展,改变了人们的思维方式、生活方式、价值取向,同时对传统文化造成巨大冲击。随着互联网的极速普及,网络文化可谓异军突起,其对高职生价值观的影响是巨大的。网络文化改变了高职生的知识观、学习观,影响到价值观。网络文化凭借互联网的技术优势,即网上信息传递的快捷性,交往者建立关系的迅速性,容量的无限性、虚拟性、自由性、全球性的特点,成为网民的最爱。在校高职生几乎个个都是网民,网络拓宽了他们的视野,对其价值观产生很大影响。网上大量信息的获取,使高职生认识到知识的多样性,学习的终身性,认识到不断学习才能精益求精,如果想在将来的工作中取得成绩,必须要不断开拓自己的知识面,树立终身学习的观念,否则将会被社会所淘汰。网络也改变了高职生的择业观。网上大量的求职信息,以及网上求职的便捷性、快捷性、互动性增加了高职生择业的自主性和选择性。同时,在网上择业的过程中,让高职生了解到本专业的最新动态、需求,从而促进了高职生的择业更贴近商品经济市场的需求,也使高职生的价值观向务实性发展。但是,也需要筑好防火墙,防范网络文化对高职生价值观的负面影响。网络的隐蔽性、虚拟性和自由性容易使一部分高职生忽视现实世界的约束力量,随心所欲地进行信息的传播活动,一旦受到诱惑就容易价值行为失范,甚至走向犯罪。同时网络文化淡化了高职生的民族意识,"民族认同感减弱,民族身份逐步消解"。因此,筑好防火墙,防范网络文化的负面影响对高职生正确价值观的形成具有重要作用。

二、多元文化对课堂教学的影响

(一) 正面影响

1. 课堂教学活跃化

当代大学生在多元共生文化的影响下思维活跃,易于接受各种新事物,新观念,喜欢探讨新问题。认同党和政府推出的各项改革措施,积极参与改革,并走在各项改革的前列。从医疗体制改革到教育体制改革,再到乡镇村级干部选举制度改革,都得到广大大学生的认同和拥护。他们尽可能使自己摆脱旧思维定势的束缚,使自己拥有一个自由的头脑。这样的学生在课堂上渴望教师多教授新鲜知识,紧跟前沿。但在传统的课堂教学中,有一种文化表达和阐释的控制定势,教师不讲不放心,只有讲了才放心,多讲了乐才舒心,虽然也会给学生一些发言的机会,但是对于那些不符合"标准答案"却经过自己思考的有创造性、有个性的不同答案,不是忽视就是否定。学生的整个学习过程就是一个背诵标准答案的过程,而这种学生无需思考的学习必然是一种被动的学习,很多时候甚至是"被迫的学习"。采用对话教学一改文化专断、背离、单调的现象,实现了多元文化在课堂中的聚合,教师文化、学生文化、课程文化、年龄文化等各种文化在课堂中交汇,它们之间交叉与独立共存,冲突与认同共举。

2. 课堂教学民主化

当代大学生民主意识显著增强,大学生自主选择自己喜欢的专业,做自己喜欢做的事情。在学校他们可以选择自己想学的课程进行学习,同时学生和老师是平等的。受传统教育观念的影响,我国不少教师为树立自己的教学权威而着意掩饰自己的错误或缺点,把自己装扮成完美无缺、无所不知的人。孰不知,这种刻意、居高临下的态度，不仅使师生难以沟通，反而让学生对老师更加敬而远之。反之，教师把自己的内心世界向学生敞开，将自己的喜怒哀乐、经验感受向学生表露，学生就会感到老师平易坦诚、容易接近，把老师看作朋友和知己，看作与他们一样的平凡的人。这就需要我们创设民主化的课堂教学。首先，要让学生积极参与教学活动，成为课堂教学的主角。其次，要求教师摒弃教学霸权，建立互动机制。再次，自由是课堂教学民主的最佳境界。主要表现在学生对教学内容的自主掌握，师生在交往中处于平等地位，学生能够在教师面前随意表达并有与教师进行沟通的权利。没有自由的学生，在教学中就谈不上主体参与。但是自由不等于自流，不是没有任务、目的，学生的自由是相对的，因为主体参与活动的目的就是对教学任务的有效完成。教学既是为了将来，同时也为了满足学生现在的各种需要，对于学生来说，课堂民主化就是要从学生现实生活的角度去设计现实的教学，这样教学才会充满生活的情趣和生命的活力。

3. 课堂教学法制化

当代大学生的法律意识比以往任何时候都强，他们重视自身利益的维护和自身权利的享有，并主动拿起法律的武器维护自身的合法权益。如某高校两个班的学生在上体育课的时候，一位练习铁饼的男生一不小心，铁饼脱手横空飞出，砸烂窗玻璃，破玻璃屑飞溅到一女生身上，并把她的耳朵割伤，在场师生马上送女生到医院就诊。后该女生以在校期间学校应保护她的安全为由向学校索赔，学校出于人道主义赔偿她现金三千元。类似的索赔事件在全国各高校大学生中不时发生，这反映了大学生的法律意识在不断增强。这样，课堂教学也应维护法律的权威，教师首先要知法、守法、护法，使课堂教学有序地进行。

（二）负面影响

1. 课堂师生沟通难

在多元共生文化的影响下导致当代大学生政治意识淡化、责任意识淡漠、诚信意识缺乏、道德行为失范、功利意识增强、审美情趣错位等相关问题出现，致使在课堂教学中师生沟通很难。经常发生的学生不守纪律、缺少爱心、语言粗鲁、行为粗野等事情使得教师不知如何与学生沟通，不知当代的大学生心理状态究竟怎样。

2. 课堂教学功利化

在西方腐朽思想的影响下，高校大学生的生活方式受到极大冲击：个人主义、拜金主义、享乐主义深入大学生头脑；暴力、吸毒、色情等西方发达国家的社会毒瘤严重侵蚀着大学生的思想；艰苦奋斗精神和勤俭节约的传统美德逐渐消褪,代之以高消费和相互攀比之风蔓延。这样使得课堂越来越走向功利化。学生穿名牌服装,平时不努力学习,考试作弊,把利益放在突出地位,如对当前的任课老师毕恭毕敬,对以前的任课老师视而不见;当学生干部是为了入党,捞取政治资本,毕业时找到一份好工作;和他(她)谈恋爱是因为他(她)家里有钱。这些情况导致课堂散漫,学习气氛不浓,教师教学严重受到影响。

第三章
教师专业发展的比较：借鉴与启示

如果说我看得比别人更远些，那是因为我站在巨人的肩膀上。

——牛顿

第一节　英国大学教师的专业发展

世界顶尖大学关注教师的发展，注重教师质量的提升，这是英国大学走在世界前列的基本经验，也是大学教师发展对大学质量重要性的本质反映。

一、英国高校教师校本发展组织机构

20世纪60年代开始，英国各高校纷纷建立校本的教师发展委员会或中心，为方便描述，统一称为中心。20世纪70年代早期，"教师发展"术语逐渐取代"教师培训"，标志着教师发展逐渐走向成熟。英国高校教师发展经历了精英阶段的无组织形式到大众化时期国家层面的高等教育学术协会、"教学卓越中心"计划和高校层面建立起来的校本教师发展中心发展的过程。1980年7月高校教师培训国家合作委员会对除伦敦以外的51所高校进行了问卷调查(见表3-1)，根据表中描述，各高校都建立起专门负责教师培训和发展的机构，虽然名称表述不一，但都意识到教师发展与教育教学的密切关系，

并把提升教师发展作为高校战略目标。

表 3-1 教师培训和发展委员会：1979—1980 年

大学	组织机构	建立时间
阿伯丁大学	教职员工培训委员会（Committee on the training of university Teachers）	1969
阿斯顿大学	在职教职员工校务分会（Senate sub-committee for academic staff probation and teaching）	1979
巴斯大学	教育中心校务委员会（Senate Committee on Educational services）	1975
贝尔法斯特大学	教职员工培训委员会（Committee on training of university teachers）	1975
伯明翰大学	教育发展委员会 Committee on Educational Development	1975
布里斯托尔大学	入职培训委员会 Committee of Senate on Induction Courses	1970
杜伦大学	教师培训委员会 committee on training in University	1970
爱丁堡大学	教与学评估委员会 Teaching, Learning and Assessment Committee	1972
格拉斯哥大学	教师培训委员会 Committee on the training of University Teachers	1969
利兹大学	教学方法指导委员会 Sub-committee on University teaching Methods	1965
纽卡斯尔大学	教师培训委员会 Committee on the training of university Teachers	1971
谢菲尔德大学	教学方法指导委员会 Panel on Teaching and learning Techniques	1966
约克大学	教学工作坊委员会 Teaching Workshops Committee	1971

各高校的教师发展中心或由人力资源部牵头，或由教育研究所等牵头，整合相关部门的资源进行运作。如杜伦大学1970年成立教师培训委员会，现已调整为教务处下属的独立运行机构——学术研究发展中心，主要为杜伦大学3 000多名教职员工和科研人员的专业发展提供服务，促使其符合《英国高校教师专业标准框架》和国际化教学与科研实践的要求。2006年英国高等教育协会颁布教师专业标准。教师专业标准，是指教师要达到合格、胜任或优秀水平所具备专业素质要求，旨在规范和引领教师的可持续发展，标志英国高校教师发展进入完善的体制保障阶段，体现了高校教师终身发展的价值取向。

二、英国高校教师发展校本实施

校本大学教师发展中心，开设培训课程、发行出版物、举办国内外会议、开展咨询服务等是大学教师发展项目最普遍的实施方式。明晰主要职能、内容和途径及评价保障体系,将有助于了解该机构的校本运作模式。

1. 英国高校教师发展中心的主要职能

英国各高校教师发展中心主要职能有鼓励教学创新、实施教学策略、提升教育质量、促进教师教学发展、促进教育技术应等功能与职责,但各高校可根据实际情况略有不同。1972年英国政府把高校非教学人员也被纳入高等教育教师发展体系之中,教师发展扩大到全体教职员工的范围。杜伦大学的学术研究发展中心职能有6项(见表3-2),分为教学研究型、研究型教师、教学型教师,只开展教学工作、行政技术员工。杜伦大学为新入职教职员工和在职教职员工安排了大量的培训课程,同时实现了跨部门的交叉和合作,以完成杜伦大学2010—2020年学术和教育达到卓越的发展战略和目标。

表3-2 英国杜伦大学学术研究发展中心主要职能一览表

A 提升科研为主导的教育质量	① 为新入职的专兼职人员和研究型教师开展入职专业培训和研究发展服务 ② 为新入职教研究型教师和在职教职员工开展继续教育培训,帮助其符合英国教师专业标准中讲师的要求。 ③ 配合招生处,为大学招生录取老师提供入职和在职培训服务 ④ 为在职人员提供教学、评估等继续教育服务 ⑤ 配合教务处,为研究型人员提供服务,如开展项目设计和申报培训等 ⑥ 为在职人员提供学术与研究方面的服务,帮助其符合英国教师专业标准中副教授和教授的要求。 ⑦ 配合技术部,为研究型教师提供网络技术服务,提高学生学习水平 ⑧ 为新晋研究型教师提供服务,提升辅导水平 ⑨ 倡导教、学革新,奖励卓越
B 提升科研水平	① 为新入职的研究型教师提供指导,帮助其高效完成研究项目 ② 为研究型教师提供指导,帮助其成功申报项目资助 ③ 为研究型教师提供指导,帮助其成功发表学术文章
C 提高指导学生水平	① 配合人力资源部,为教师培训服务,提升教与学的水平 ② 为新入职研究型教师开展暑期或远程教学服务,提升个人学习效率 ③ 为学院和咨询处提供服务,提升教师反思水平和能力
D 提高就职能力	① 为新入职员工提供服务,提升其职业能力 ② 为教职员工提供技能和方法,促其帮助学生提升就业能力
E 为外国留学生提供服务	① 配合人事处和国际交流处,为外国研究学者提供导入介绍 ② 为外国留学生提供服务,提升研究和写作水平 ③ 为新入职外国毕业生从事教辅工作提供服务,帮助其熟悉英国教育环境
F 提高企业精神和创业教育	配合就业处和创新中心,为入职教职员工和毕业生提供课程指导,帮助其创业

资料来源：https://www.dur.ac.uk/academic.office/card/activities/

杜伦大学教师学术研究发展中心除开展教职员工的培训外,还为个人和组织提供咨询服务;提供资金资助和奖励。杜伦大学学术研究发展中心目前是英国高等教育协会授权组织,培训并授予国家承认的英国《高校教师专业标准框架》的四个等级证书,即副研究员、研究员、高级研究员、首席研究员。这个项目被称为"梦想"基金项目,2013—2014年已有150名教师包括博士生获得该项目的认证和基金资助。杜伦学术研究中心还负责杜伦大学教学奖的评审工作,教学奖旨在促进所有新入职的教师和兼职教员提高教学质量,凡有30小时以上或两学期从教经验者包括博士生均可申报,对于每年教学奖获得者的事迹都会在《杜伦质量提升》简报上刊发,并给予物质奖励,用基金保证高校教师参与培训等,用奖金满足高校教师精神与物质上的需求,用基金与奖励的制度促进高校教师的专业发展。

2. 英国高校教师发展中心培训内容和途径

英国高校教师发展中心主要培训内容包括：教与学、教学方法和技术手段、教研服务、在职培训、职业发展、新员工的入职导入培训等,通过讲授、研讨、工作坊、演示、模仿、参观、自主学习、一对一咨询、小组讨论、影片、微课教学等途径开展,培训时间从2小时到一周不等,通常开学前的介绍周(Induction week)会安排新入职人员集中一周培训,各高校根据实际自行安排。以杜伦大学2013—2014年教师发展培训项目为例(见表3-3),从教学发展、专业发展、组织发展、个人发展等四个层次展开,共有350场的培训,300名专、兼职教职员工参与了培训。每年培训的内容根据教职员工的反馈信息进行调整,促进教师通过自我反思、自我评估,提高教师自主发展的能力。

表3-3 英国杜伦大学教师发展中心培训项目一览表

培训层次	培训人员及内容
① 教学发展——改进课程的设计,改进教学技能和对学生学习的评价	新入职人员教育(课程设计、小班化教学、大班化教学、评价与评估、授课技巧、学生学习技巧)
	在职教职员工继续教育(评价与评估、研究生指导、质量保证、研究指导)
② 专业发展——提高专门技能和学科研究	通常由三个教学部(人文艺术部、科学部和社会科学与健康部)负责新入职员工和在职教师的专业发展的培训,邀请和组织各类学术相关的工作研讨和学术会议,以提高教职员工的专业技能
③ 组织发展——提高管理职能方面的绩效	主要针对各级各类行政管理人员,比如通过改变引领组织、化解冲突和矛盾、使用情感策略增强沟通技巧、录用和选择策略

（续表）

培训层次	培训人员及内容
④ 个人发展——改变大学教师对自身的理解和认识，改善他们的社会和组织环境，改变他们对自己工作的态度。	新入职人员教育（撰写学术文章发表、快速阅读和信息管理、时间管理、校史介绍、理财常识、图书馆信息技术检索、年度报告）
	在职教职员工继续教育（公平与多元化、压力管理、健康咨询、社交媒体的使用、企业精神与创新精神的培养）

资料来源：CARD Annual Report

杜伦大学学术研究中心构建了多样化的资源平台，建立庞大的学习资源库，国家层面的高等教育协会的在线学习资源；校际间合作，如牛津、剑桥学习中心、诺丁汉教师专业化发展课程等；开展区域结盟，杜伦大学、纽卡斯尔大学、桑德兰大学、诺桑比亚大学、提塞德大学结成东北五校联盟，开展资源共享、教师发展项目共建、相互交流共同成长的模式。每年举行一次年会，2014 年会议主题是跨越界线——全球化就业，共同商讨教学和教师发展中的问题。

3. 英国高校教师发展中心评估保障体系

19 世纪 80 年代起，英国实行发展性教师评估，以促进教师的专业发展为目的。教师发展评估从内容上可分为入职评估、年度评估、晋升评估、绩效评估、申请终身职务等；从形式上可以分为外部评估和机构内评估。英国国家教育质量监察机构英国高等教育拨款委员会和就业学习部，从教师发展方法是否得当、教师发展策略是否完备、教师的发展而对学生学业成绩是否产生影响的多方面进行考量。内部评估主要是英国各大学教师发展中心对教师参与培训过程中进行个人和部门引导和监督，通过质量评估和经费审计，以此来保证高校教师专业发展的质量。杜伦大学学术研究发展中心主要采用内外结合的评估方式，通过个人自我年度评估、学生评价同行评估、专家指导估评等方式进行。通常在评估过程中，也会收集来自学生和部门等反馈意见。为确保评估过程的公平、公正和公开，杜伦大学还邀请了校外评估专家开展匿名问卷调查，对教师发展中心的工作和教师培训需求进行调查摸底，形成年度工作报告后反馈给教师发展中心和学术评议委员会，以改进教师发展工作。

第二节　美国大学教师的专业发展

一、美国大学教师专业发展的概况

美国大学教师专业发展历经了将近半个世纪的历程，今天其教师发展实践突破了目标和内容单一的局限,显现出多主体、多保障、资源丰富、积极发挥教师的主动作用等特点。

(1) 联邦政府、州政府及民间多种基金支持,大学教师发展的资金保障多样化。布什基金会、福特基金会、礼来基金会、皮尔慈善信托基金、改进中等后教育基金等投入专门的资金用于大学教师发展项目,支持大学教师个人进修和研究,发展教学技能,为新课程作准备等,从改进教学、促进课程发展和组织变革等方面入手,影响教师实践。

(2) 大学积极开展教师发展项目,建立专门的教师发展组织并为教师个体发展提供时间支持和技术援助等。几乎每所大学都建立了自己的教师发展组织,如堪萨斯州立大学的教师发展和评价中心、华盛顿大学的教学发展和研究中心、西南密歇根大学的学术服务和教师发展服务中心等。多校园、合作方案也以多种方式提供了满足教师发展需要的资源。美国大学校际教师发展组织、大学校内发展组织、院系教师发展机构、各种专业定向发展机构,共同努力为大学教师发展提供一个全面系统的组织网络,让各级各类、各发展阶段的教师都能获得适合自身的教师发展途径。

(3) 多种以大学教师发展为主题的学术出版物,为繁荣教师发展理论提供了讨论的平台。这些学术出版物如:《大学教学》《变革杂志》《大学教与学问题探究》《合作学习与大学教学》《国家教与学论坛》等,一般由大学教学发展中心承办,为美国大学教师专业发展和学术进步提供了丰富的资源。美国大学教师发展总体上体现了以上特征,同时大学也有充分的自主权来决定本校的教师发展实践。

二、耶鲁大学和康奈尔大学教师发展案例

美国耶鲁大学和康奈尔大学都有悠久的历史,都是四年制综合性大学。到2001年,康奈尔大学各种教师总人数超过1 500人,包括全职、兼职教师:教授,副教授,助理教授。大学对本科教学非常重视,1975年耶鲁大学的凡·伍德沃德教授在言论自由会议报告上说:"大学的首要职能就是通过教学和研究来探索和传播知识……"重视本科教学质量、重视大学教师发展成为这两所学校的显著特点。我们将以耶鲁大学和康奈尔大学为例探讨美国大学教师发展的实践。

(一) 大学教师发展的路径与形式

大学教师发展的路径既包括学术休假、学术访问、教师研习会等传统的教师

发展形式,也包含各种教师培训课程;教师发展的对象既包括在职教师又包括新入职教师、助教;发展内容既包括教师教学、研究等教师专业能力,也包括教师管理能力培训等个人发展内容。

1. 学术交流访问

学术交流访问可以促进大学教师与校外机构的教学、研究人员进行思想和实践的交流,是美国教师专业发展的传统形式。耶鲁大学和康奈尔大学也充分地利用这一形式促进学术交流和本校教师的学术发展,如耶鲁大学设有"学术访问教师"计划,学术访问教师分为教学访问教师和研究访问教师。该计划的形式包括聘请校外机构的教师来耶鲁任教,也通过国际交流计划输送教师到外部机构进行学术访问。

2. 学术休假制度

学校为教师提供形式多样的休假,其宗旨都是给教师提供自我专业发展的时间和机遇。休假的具体形式,如短期休假、学术休假、研究休假等。耶鲁大学积极促进教师的研究兴趣和教师职业发展还体现在提供多样的短期休假机会。耶鲁大学休假政策的目的是希望教师能通过短期离岗,以获得自由的专业发展机会。学校董事会为教师提供带薪休假和无薪休假,耶鲁大学付全部和部分工资的休假叫做带薪休假,如果休假期间教师的工资由其他外部机构担负(如教师外出访问任教),则成为无薪休假。在耶鲁大学执教四年并且无带薪休假经历的教授或副教授,或者执教于耶鲁六年并且无带薪休假经历的教师,一般可以享受学术休假。但是在医学院,于耶鲁大学执教两年的教授或副教授就可以首先获得该休假,休假长度为全薪一学期或半薪一年。康奈尔大学教师想获得学术休假的资格,除暑假之外,必须连续受聘至少12学期,而且至少有教授或副教授职称、获得任期,并得到院长的准许,时间也是半薪全年或者全薪一学年。想获得学术休假的教师应当先向学院院长呈交申请,申请内容包括自己的学术情况和学术计划。获得一学期全薪休假机会的教师在休假期间不能享受福利。那些获得全年半薪休假的教师有资格获得医疗保险、意外保险、教师子女助学金等。康奈尔大学的教师要获得研究休假机会,必须首先征得系主任的同意。研究休假时间为一学期,发放全薪。正常情况下,两年内不能同时获得其他休假机会。教授必须完成至少连续六学期繁重的教学任务,并且取得学术上的发展。教师提交的休假申请必须包括具体的研究或学习方案休假时间,且休假必须用于学习或者个人研究,不能用于其他校外咨询以及与大学无关的活动。

3. 内容丰富的教师培训

两所大学都制定了丰富多彩的教师培训计划,从教师入职培训到教学技能技巧、甚至教师个人发展培训等名目繁多。例如：新教师适应计划、教师教学研习会、不同内容的培训课程等。学校为教师提供学习的机会,鼓励教师根据自己的需要自发参加,十分重视教师的主动性和参与性。

（1）新教师适应计划。耶鲁大学新教师适应计划分为有短期和长期两种。短期的计划为期一天,有具体的时间安排,包括参观校园,了解大学历史、组织结构和发展概况,以及和其他新教师员工见面。长期的计划会持续一学期,从多方面入手,试图使教师尽快地适应大学的教学和生活。

（2）教师教学研习会。大学针对学生存在的问题开办不同主题的研习会来帮助教师发展教学能力。如,耶鲁大学的贝斯写作项目,就是通过举办一系列教师研习会,由教授写作的教师在研习会上讲读关于写作教学的文献,讨论如何帮助学生写好论文之类的实践性问题。教学研讨班在每学期始的前五周的周一下午进行。教师把学习的相关材料存档,以便传递给未来参加研习会的教师。耶鲁所有的教师都可以自由地浏览这些存档材料,其中许多内容会公布于网上或编成目录以供查阅。康奈尔大学的"助教发展项目"为想提高自身教学技能的助教提供参加研习会的机会。为了提高新教师的教学能力,康奈尔大学还设立"研究生教学发展研习会",用来培养研究生教学能力。是由教学中心和研究生院共同组织,每学期的第二个周六举行,每个将在学校任教的研究生都必须参加。康奈尔大学每年举行四次个人培训项目的研习会和研讨班,给学校教师提供参加培训的机会,培养其管理、人际关系、技术和交流方面的技巧。

（3）种类繁多、内容各异的教师培训课程。大学为教师提供的培训课程,在耶鲁大学有职业发展课程和职业生涯项目、计算机培训、管理培训,以及教师教学技术发展培训;在康奈尔大学,有个人培训项目、校外方案、国际助教发展方案等。耶鲁大学的"职业发展课程和职业生涯项目",旨在帮助教师、员工进行职业计划和职业发展,所设课程包括专业技能培训和职业训练。该项目根据教师职业生涯中所遇到的问题而组织研讨班,对教师进行相关方面的培训,通过改善教师的生活状态并为教师解决职业发展中所遇到的困难,来促进教师的教学和研究。耶鲁大学还面向教师和员工开展计算机能力培训,培训内容涉及办公软件及其他应用软件的操作技能。耶鲁大学和纽黑文市共同组织管理培训协会,加强教师参与城市和大学的管理。管理协会共开办五个研讨班,每周五上课,由领导专家讲授管理领域的知识和组织化领导的内容。参与者对影响耶鲁大学和城市发展的问题进行探讨。耶鲁大学教学技术小组为了促进教师更有效地掌握数字多媒体和技术应用,制定了教学技术发展计划,对教师进行耶鲁课堂系统应用的培训,以及在相关的教师媒体实验室进行的多媒体发展设施应用训练等。康奈尔大学为教师提供校外课程，帮助教师提高工作能力，促进他们的职业发展和个人发展。国际助教发展方案就是康奈尔大学为了试图提高自身交流和教学技能的国际助理教师提供的学术项目和培训课程，该方案以小组指导和个体咨询的方式进行。该方案目的是为国际助教营造一个独特的学习环境，使他们能够改进交流技能，有效地交流专业知识，加强彼此间的合作，形成自己的知识领域并与学生分享学习经验。该计划通过课程和实践活动进行，集中关注英语口语和跨文化教学，是康奈尔教学中心教师发展方案的重要组成部分。

4. 其他教师发展服务

耶鲁大学为教师教学发展提供技术支持的课程包服务。该服务要求教师从编写的文章或者书籍的章节中摘录出来具体的材料作为教师阅读和教学的材料。相关组织会取得版权许可，并印刷成小册子，分发给教师学习了解。为了保障课程包服务的提前性，教师最少在课程开始前两周呈交材料。为了帮助教师改进他们的教学水平，耶鲁大学的教学和学习委员会也希望学生能够参加学院范围内的教学与课程评估，鼓励学生提出意见和建议，从而促进教师教学能力的提高。康奈尔大学为那些想改进教学的教师个体提供一系列教师教学支持服务。教学支持服务的内容有期中教学评价、教师咨询、视频录像服务、提供教学材料和教学技巧。期中教学评价是康奈尔大学教学中心提供的非公开的期中学生评价。与期末评价相比，这种对教学质量和教学效度的学生反馈可以使教师有机会调整教学实践。关于评价结果的咨询可以帮助教师更有效地应对学生的反馈。康奈尔大学教学中心的教师为康奈尔大学的新老教师提供咨询服务，以促进教学水平的改进和提高。教师无论个体还是小组，都可以就课堂陈述技巧、如何与学生交流、课程的设计、个性化课堂等其他有关教学的问题进行讨论和交流。教学技巧是在学校网站上为教师提供的教学方面的建议和指导。教师在学术著作中摘录的有意义的内容、教授的教学经验总结和老教师对新教师的教学建议等。康奈尔大学在学校网站上收集教师关于教学的经验，如，如何关注学生的反馈，良好教学的九个关键特征，如何准备档案袋资源等。大学将这些资源公布于学校网上，方便教师的参考和学习。

(二) 大学为教师发展提供的环境保障

耶鲁大学和康奈尔大学为教师发展提供的环境保障包括建立相关的教师发展组织，为教师参与专业发展活动提供时间和资金支持，为教师学习提供技术支持和奖励措施等方面。

1. 大学为教师发展提供组织支持

大学内部设立教师发展相关的"办公室""中心"，为教师发展提供组织保障。这些机构组织相关的学习活动，促进本校教师的专业发展。如耶鲁大学的"学术实践和研究支持办公室"、组织性发展和学习中心、康奈尔大学的教学中心等。耶鲁大学为了支持教师学术研究与教学实践的发展，设置了一系列支持办公室。这些办公室有责任为教师提出的教学或科研项目提供外部支持，协助教师提出研究、教学提案和教师培训计划。这些学术和研究支持办公室也为教师的学术研究和实践提供外部资金保障和政策保证，引导这些研究计划符合联邦政府、国家、本土法律和耶鲁大学的政策规定。其中合同资金管理办公室，公司和基层关系办公室就是负责教师科研经费的支持与管理，协调个体与大学、研究机构与支持单位之间关系的组织资源。耶鲁大学的组织发展和学习中心是专门为大学教师提供培训和专业发展的场所。该中心目的是通过加强教师员工的组织化行动和专业培训，丰富耶鲁大学的文化，为耶鲁大学的教学、学习和工作创造一个民主、高效、创新的环境。把教师培养成为开创者、冲突解决者、创造性思考者、优秀管理者，忠诚于耶鲁大学的组织管理。其培训主要体现在领导、团队建设、人际交往、行动和发展、IT能力、专业发展与组织发展、生活和工作的平衡。康奈尔大学的教学中心为促进学生学习和改进教师的教学提供了一系列发展计划和资源。教学中心的服务项目包括：学习策略中心、残疾学生服、国际教师助理方案、教师助理服务、教师服务。教学中心定期举行学术活动，如2007年1月18日举行的加强研究生与博士后和教师之间交流和联系的座谈会。康奈尔大学教学中心的使命是"建立一种促进学生个体学习的良好学习文化，鼓励教师实现教学专业发展，并培养康奈尔大学多种学习共同体之间的交流和联系"。

2. 资金支持和时间保障

大学为教师的学习和发展提供各种补偿金、补助金，以及各种教师福利，从资金、物质上保障教师发展方案的顺利进行。耶鲁大学为教师学习、发展提供补偿金，在教师工资方面也考虑教师在教学、研究方面的学术成就。康奈尔大学为雇员提供的学费补助金是针对那些在大学中没有选举权、非教授的教师，或者那些研究生教师，受聘满一年就有资格获得工作相关课程学习的学费补助。康奈尔大学图书馆为了支持教师利用数字馆藏，促进人文社会科学领域学术信息网络利用的数量和广度，设置了教师数字图书馆藏补助金，希望能促进教师的合作和对数字资源的创新利用、提高康奈尔教师共同体的作用、提高教师的电子学术水平。耶鲁大学的工资相当于对教职员在大学教学、研究、服务方面所做贡献的补偿金。工资在年薪的基础上上调，工资的调整受教学、研究实践的水平和个人的工作表现等一些因素的影响。可见,大学教师的工资制度也是促进教师发展的有力手段。一般情况下,耶鲁大学会通过耶鲁基金,为休假期间的教师提供全部的工资或者附加福利。附加福利一般是随着大学政策而经常变更,随机性比较强。详细内容要由教师福利办公室决定。所有获得两个或更多学期任期的教师(访问教师除外),都有资格享受医疗计划、牙科健康保险计划、退休计划、购房计划、子女学术计划、学费减免福利,以及旁听大学课程计划。

耶鲁大学还设有保罗摩尔纪念基金。该基金为了改进耶鲁大学的必修课教学质量,支持开发新的教学方法和新教学材料,为基础课程的重新组织和新课程的设计提供基金支持。该基金由耶鲁学院程序委员会提供,金额从 1 000 美元到3 000美元不等。大学同时也积极为教师发展实践提供时间保障,为教师参加学术会议、研习会、学术访问、学术休假等活动提供必要的时间保证。康奈尔大学教师手册关于教师和教授请假制度中规定,凡是参加专业会议、研讨会,或者参加康奈尔校外学术计划,无须向学院请假。

3. 激励措施

两所大学对教师的激励措施包括物质奖励和荣誉奖励,两种奖励方式经常同时进行,用来激励教师的教学、研究行为或对教学有突出贡献的教师进行表彰。如,耶鲁大学的本科杰出教学奖、奖励退休教师和优秀在职教师的威廉·克莱德·狄凡奖牌、各种教师成就奖金;康奈尔大学有各学院杰出教学奖等。每年耶鲁学院奖励委员会主席会为本科教学杰出的教师颁发本科杰出教学奖。为了纪念 1938—1963 年在任的院长威廉·克莱德·狄凡,设立了以其名命名的奖牌。该奖的评奖标准涉及教师品格、学术水平和杰出的本科教学。该奖项每年颁发两枚奖牌,其中一枚颁发给有卓越贡献的退休教师,另一枚颁发给优秀的在职教师,标准是要求具有任期,并至少在耶鲁大学执教 5 年。耶鲁学院、耶鲁图书馆等机构都为教师的教学专业发展提供了奖金支持。大学通过物质奖励来促进新教师、初级教师的教学、研究热情,提高他们的教学专业能力、应用数字技术于教学和研究的能力,从而提高耶鲁大学的整体教学水平。为了促进耶鲁大学本科跨学科教学,耶鲁学院制定了跨学科计划,并设置了家庭基金,专门颁发给在本科跨学科教学中有出色表现的非任期教师。基金金额为 5 000 美元,通过给这些初级的教师的基金支持,促进他们作为学者和教师的专业发展。

耶鲁大学教学中心为有效地利用信息技术的教师颁发伊冯娜和约翰麦克克雷蒂奖金,获奖教师由耶鲁学院的教师和学生提名,提名信中必须明确教师如何利用技术促进现有教学材料和教学方法。奖金金额为 5 000 美元,奖金专门用于获奖教师的深造和发展,加强耶鲁大学的教学和学术上的技术应用。

康奈尔大学的各学院都为教师提供奖励,表彰那些在学院教学或研究中有出色表现的教师。如,康奈尔大学计算机工程与电力学院设立了杰出教学奖,每年评选一次,颁发给那些在教学和激发学生创新方面有出色成就的教师,同时也有现金奖励。康奈尔大学农业和生命科学学院为学院教师设立了多样的奖项,如:促进文化多样性奖、唐纳德杰出指导教师奖;路易斯和伊迪斯教学生涯奖,该奖颁发给本学院有多年从教历史并在教学和指导学生方面有杰出成就的教师,同时获奖者将得到现金奖励,用于促进、提高教师的教学能力;年轻教师杰出教学奖,颁发给发刚开始教师生涯,并在学院任教五年或少于五年的教师。获奖者必须努力提高教学质量,有创新的教学策略,并对学生有热忱。

4. 丰富的教师发展资源和技术支持

耶鲁大学为广大教师教学和研究发展提供计算机技术支持和网络资源利用。为校园内的广大师生提供许多及计算机方面的技术便利,计算机科学和工程部等组织为教师和学生提供了计算机技术上的保障和支持。耶鲁大学为教师教学和师生交流而设计了信息技术平台——耶鲁课堂系统,其服务包括共享课程资源、网上讨论、教师给全班学生或其他同事发邮件,网络课程展示空间等。康奈尔大学学术技术中心为教师提供视频录像服务,教师可以使用多媒体进行研讨会、学术报告预讲、课堂授课。教师可以利用录音设备进行自我评价、反思和拓展自己的教学风格。教师视频录像服务可以帮助教师发现自己教学中的优缺点,与学生和同事共同讨论以改进和提高教学水平。

第三节　日本大学教师的专业发展

一、日本大学教师专业发展产生的背景

日本的大学教育历经百年发展,经历了精英高等教育、大众高等教育两个阶段后,20 世纪 90 年代后期正在向普及高等教育阶段发展。时至今日,随着经济的全球化,知识的社会化,以及新保守主义的大学政策、情报技术的革新等现象的出现,日本各大学已面临着生存危机,各大学都在加强自主努力和有效运营等方面的革新。例如,由于本国 18 岁大学适龄人口的减少,从 2000 年到 2005 年,高中毕业生人数下降了 10 万,大学总数却增加了 77 所。同时,升学率虽然提高了 5 个百分点,但是由于整个适龄人口的减少,大学入学人数只微增了 4 千余

人。特别是私立大学，随着适龄人口的减少，大学收支情况开始恶化。据统计，1995 年私立大学中收支赤字的有 55 所，占 13.4%。2004 年增加到 151 所，占 28.1%。相当多的私立大学面临着生源不足的困境。在此背景下，为改善大学的生存状况，提高教育实力成为各大学的重要战略。面对社会以及学生对大学的期待，如何完善教程，改善教学方法，进行低成本高质量的教学，成为每个大学的重要课题。日本社会称之为"重视教育的大学建设"时期已到来。这种变革，使得大学不得不转变对教学一向轻视的态度，开始重视教育的实效和质量。这是教师发展制度提出的宏观背景之一。

另一宏观背景是确认教师职业的专业性。推进教师专业化的进程，一直是国际组织和各国政府努力的目标。20 世纪 80 年代以来，美国掀起了两次教育改革浪潮，形成了教师专业化运动。改革的基本主张是：教师专业化是使教师职业成为一个专业岗位，正像律师、医生职业一样，不是任何一个具有一定学历水平的人都可以从事的职业。教师必须经过专门、系统的教师教育的训练才能逐渐走向专业化发展的道路。日本在 20 世纪 80 年代出现了翻译和介绍在教师专业成长领域发展较快的英美国家的文献，各学会和协会也很快认识到这一教育改革的必要性。但并未震撼高等教育系统及组织，对大学也未产生影响。1991 年日本文部省提出大学本科设置基准大纲化后，教养教育和专业教育合并，强调大学自身进行课程安排的自主性和独立性。教师的课程开发能力和教师发展制度相关联的自我评价受到重视，揭开了教师发展制度化的序幕。1998 年的大学审议会对大学的自我评价的暧昧性提出了批评，根据大学审议会的建议，教师发展成为一种大学应该努力的义务，正式被制度化，并在近五六年积极用于实践。以日本有关教师发展文献为例，2000 年以后出版的教师发展文献剧增，约占历年教师发展文献的六成。而在各类文献中，又以大学推出的有关教学改善、教师发展调研等反应大学自身教师发展实践的报告书最多。

日本教师专业发展的微观背景表现为三个方面：

（1）从日本大学教师的选用制度看，大学教师的教育意识和教育力的形成没有得到足够重视。众所周知，近代的日本大学是为了提升国家的整体实力，在模仿以研究为中心的德国模式的基础上发展而来的。大学教师往往专注于研究，很少考虑自身与大学的生存与发展的关系。二战以后，日本的大学教师人数一直呈增长趋势。据相关研究资料表明，在新学制大学建立之前的 1948 年，大学教授约有 16 600 人，2004 年已达到了其 9 倍以上的 156 000 人。而同期学生比率为 1948 年的 7 倍不到，可见大学教师的大众化进程要比学生的大众化更为快速。从教师的来源看，自 1948 年以来，东大、京大、筑波、早大、庆应等大学的毕业生是日本大学教师的主要来源，且一直居高不下。如此选择教师的学术背景，反映出日本历来对教师学术背景和研究能力的重视。日本大学在录用教师时主要以科学研究的能力作为选择标准，一直没有相应的教师资格准入政策和必要的教育力培训。大学对教师的评价也更多地倾向于科研成绩的取得。作为大学教师专业能力的核心——教育力，其形成和发展更多是一种自发行为。据20世纪90年代实施的卡内基国际比较的有关调查表明，日本大学教师对研究的重视要超过对教学的重视。偏重研究的教师，国立研究大学为91.7％，私立研究大学为84.7％，国立一般大学为80.3％，私立一般大学为59.6％。

（2）教师的教育能力不断遭到来自学生和社会的批判。日本教师尽管普遍拥有较为丰富的专业知识并能结合最新的知识传授给学生，但在如何有效地传授知识、进行教学互动等教学方法的运用方面却得不到学生的充分认可。根据贝尼斯教育研究开发中心的"大学满足度与大学教育问题"的调查结果，发现学生对教师教学方法存在着诸多不满。这些状况，反映出了日本大学教学只对教学内容和方法进行小范围的改善已经不能适应社会的发展和学生的要求了。教师的教育力成为提高大学竞争力的重要观测点和指标。

（3）2000年以来，伴随着专业教育的多样化和高度化，加之18岁人口的减少，大学生学习能力的低下问题已经表面化。目前，在青少年中出现了逃学、无固定职业、年轻不就业、推迟就业等社会问题，它反映了在社会病理现象影响下出现的学习动力、学习能力等方面的教育病理现象。为此，提高大学教育质量，大学教师还需要考虑心理成长发育的问题、也要考虑社会学上的生命周期或人生观问题。从终身学习这一视角来摆正大学教育的位置，即便说成站在支援学习者的角度进行教学也不过分。除此之外，教学科目的革新、课程概要的制作和课程开发、多媒体的使用等，也都对大学教师专业发展提出了较高要求。以上背景，使得教师发展制度成为大学发展与改革的重要内容，并通过国家文部省的积极推进正在被义务化。

二、日本教师发展制度的构成与特点

教师发展制度的提出是为了促进大学师资开发。从广泛的意义上讲，它是指提高教师履行其职责的素质，更好地开发教师资质，最大限度地发挥大学各项职能的活动。从狭义来讲，只是指提高教师的教学实践、课程把握和教学技能的活动。最终目标是促进各科的教育内容和教学方法的改善，提高教学质量。从日本目前教师发展制度的推行来看，更多地指向后者，即为提高每位教师的教学能力而采取的一种组织化活动。其主要特点是倡导各项教学的改善和教师教育力的提高不能只依赖教师的努力,大学应该以全校或院系为单位,实施有组织的研究、进修活动。教师发展制度在各大学的运行,主要由以下几方面内容构成。

(1) 教育改革研讨会的举办。为了教育改革,教师必须认识到大学教学的重要性和改革的必要性。为此,大学通过举办高层次的教育改革讲演会和讨论会,不断培养教师思考改革的意识和能力。

(2) 学生的教学评价询问调查。教师对教学的改善,以往主要来自于自己的努力和酌情处理。但在很多情况下,教师通过自我判断来努力改善并未取得较好效果。学生对教师教学的评价询问调查可以从教师教育能力的各个侧面给予教师评价。目前通常采用的评价项目涉及教学的 13 项指标,四大类评价因素。此类调查有助于教师对教学的自我认识和反思,对教学改善非常重要。

(3) 公开授课和研究会的推进。通过教学评价询问调查等浮现出的改善教学的课题,也许不是个人的而是共同面临的问题。因此,教师间的相互交流和研究以及共同促进非常重要。主要形式是通过公开授课和专题研讨,互相合作,推进教学,促进专业发展。

(4) 教师教育进修的实施。促进教师教育力的形成,教育知识的培训非常重要,为此,教师发展提出了以新任教师为首的扩充大学教师教育知识与教育方法等内容的进修建议。

(5) 教育改革中心的设置。教师发展是谋求大学教育质量提高的有组织性的方案,所以在推进该制度的学校设置教育援助中心、教育教养院或教师发展机构,为学校的教师发展实践提供理论支持,并成为教师发展的主要运作机构。承担教师发展培训项目,收集相关信息,组织相关大型活动。从教师发展制度的目标和构成来看,其核心和特点是唤起大学更多地关注教师的教学能力,树立教师专业发展意识。并通过教师发展计划的制度化和义务化,建立促进大学教师专业发展的共同体。即:依靠校本培训有组织地促进大学教师专业发展,依靠教育援助机构有力地促进教师专业发展,依靠第三者评价和有组织的教育知识的专业学习,有保障地促进教师专业发展。其中关注大学教师教育能力的发展,努力促进大学教师专业发展的共同体的建立,是教师发展制度最核心的价值所在。

教师发展制度的实施给日本大学教育力建设带来积极的影响。在 2003 年的调查中,认为应该重视教育和重视研究的教师比例各占一半,显示出对教育力的重视程度正在上升;教师教学业绩的评价也在逐步推进。此外,大学教育力的形成必须将教师的努力和大学有组织地推进相结合等理念也得到确立。但是,由于日本大学在教师管理体制上长期存在偏重研究力、采用终身制、没有明确的教师评价制度等问题,因此,旨在促进教师教育力发展的教师发展计划在推行中困难较大。虽说实施的学校超过了60％(2003年),但还没有深入开展工作。据统计,新任教师的进修会,1995年为9％,2002年增加到24％。教师之间的相互课堂观摩,1995年为2％,2002年为20％。设立教育援助中心,1995年为4％,2002年为12％。有学者就日本名古屋大学的实施情况进行研究,发现教师发展项目的效果并不十分理想,对教学技能的提高,达到的效果也十分有限。从教师发展项目的内容看,多数仅限于教学方法和技术的改善,过于单一,还没有形成一个能根据不同教师、不同需求而设计的具有多种内容和形式并且又相互衔接的教师发展实践体系。另外,部分院系管理者和教师对教师发展的认识还不足够、相应的制度也不尽完善。因此,该制度在日本大学的推进还有许多重要的课题有待研究。

教师教学能力的提高应是教师自己的事情,研究能力应该更重要。教学能力是自身在教学反思实践中形成的,具有个人层次取向。因此,日本教师发展制度在实施的进程中,将面临着固有的大学教师文化与新的大学教师文化建设的冲突。再者,分析教师发展制度的构成,发现其本身也有不断丰富和发展其内涵的问题。尤其是对提升教育力的理解更应加以拓展。从世界教育领域对此的研究表明,教育力应由简单的课程开发和教学设计能力转向对教育智慧和教学审美与伦理的追求。也许通过以上问题的关注,教师发展计划的实施更能吸引具有较高学术研究水准和追求内省文化的日本大学教师的目光。

第四节　德国大学教师的专业发展

随着欧洲高等教育区的建构,德国高校教师培训和继续教育也进入变革进程。这种变革一方面将盎格鲁-萨克逊体系的先进元素学习过来,另一方面又通过这种学习拓展了变革的空间,因为随着自治高校内教师角色的转变,研究者关注的主题已经不再局限于高校教学法。简单地说,在教学方案与教学形式之外,还有高校管理和质量管理两个方面的选题。与高校教师发展及继续教育紧密联系的是认可并促进其质量保障。在这里高校教师进修具有双重功能:一方面是将高等教育领域的最低标准与认证制度结合起来,另一方面教师进修本身也是质量发展的表现,是认证过程中的一项质量标准。汉堡大学高等教育和继续教育中心的硕士项目在此方面提供了可参考的案例。

一、高校教师培训与继续教育的发展动态

随着博洛尼亚进程的推进，学术性的继续教育已经在欧洲展开，这也包括高校教师培训和继续教育。

首先，随着大学学习新的"双周期结构(本科硕士)"的建立，终身学习理念得到推广和重视——学习以及进修不再以一段固定的、基本的大学学业为终结，而成为一项终身事业。联合国教科文组织早就已经将终身学习列入议程，然而在大学里，这一理念直到博洛尼亚改革才开始产生影响。终身学习包括所有年龄段的学习，涵盖正式和非正式学习。联合国教科文组织关于终身学习的两份重要报告，富尔报告和德洛尔报告阐述了终身学习的基本原则。像博洛尼亚学制结构设计的那样，在 3～4 年的大学学习之后离开校园，经历一段职业生涯或者家庭生活之后再开始硕士阶段的学习，这种方式模糊了大学第一阶段的学习和继续教育之间的现实界限。对德国大学而言学术性继续教育具有重要意义，因为它向一个新的群体打开了步入高校的大门，因为它能够更快地向需要的地方提供新的知识，因为它为与实践相关的科学理论创造了新的形式。所有这些都提升了高校教师继续教育的意义，也使其变得比以往任何时候都更加必要，因为它向高校教师和学生提出了新的要求。

其次博洛尼亚框架协议设定了学业项目的设置标准，这对高校教师培训和继续教育同样有影响。所以德国高校教学法的学术性组织(原"高校教学工作组"，现已改名为"德国高校教学研究会")在 2005 年通过并公布了关于高校教学法项目标准化的指导方针——《关于高校教学法继续教育标准化和认证的指导方针》。这其中包括教学法培训项目的模块建设、与国际上情况普遍相同的最低个课时、教师和学生的能力发展、从教学向学习的转换以及将非正式学习作为一种学习形式纳入考量。从主题上来看，《指导方针》还没有走出传统的框架，因为教与学、考试、咨询、评估以及创新发展还只是就教学与学习而言，与高校管理无关。然而高校教学法继续教育的基础通过研究得到确立和巩固，这也让《指导方针》自身的发展具有前景。基于对国际高校教学法的关注，布伦德尔指出，在对高校教学法进一步的理解中，学术管理、教师发展和学制改革等课题也应属于高校教学继续教育的范畴。这意味着，高校教学法进修不仅关乎"教师个人能力的提升"，而且关乎"教与学的结构性条件"，《国际学术发展杂志》中的讨论已经清楚地指出这一点。

在全球化的今天，让高校教学法走向国际化，这在德国高等教学法学界还没

有得到贯彻,有待进一步深化。正如布伦德尔提醒过的那样:"为了利用当前国际化进程中的机遇来改善教学,让尽可能多的高校教学研究者加入到国际讨论中变得比以前任何时候都有必要。"

二、高校教学法培训与继续教育的发展质量

1999 年以来,如果没有博洛尼亚进程在欧洲的推进,高校质量保障是不可想象的。随着时间的推移(为推进博洛尼亚进程,欧洲各国教育部长每两三年就开一次会),关于如何保证欧洲范围内教学质量的高水平分化出不同的看法。随着博洛尼亚进程的推进,质量保障变得越来越重要。

2005 年在卑尔根签订的《欧洲高等教育区质量保障标准与指导方针》开始生效,这意味着签署该协议的各国部长将在各自国家开始制定相应的国家标准。德国的质量保障议题也应考虑这项欧洲标准和指导方针。该标准的核心是要以同行评议的模式构建一个内部和外部质量保障体系。外部质量体系应当考虑内部质量保障的结果,并通过改善性措施促进整个系统的持续发展。然后还应同样参照同行评议原则,对负责质量保障的机构本身进行质量保障。

德国质量发展体系也是在这样一种基础上发展的。它有两个支柱,内部的质量保障是评估,外部的质量保障则是认证。第三个支柱是质量保障机构自身的质量保障,在德国这一机构是指认证审议会。已有一项欧洲范围内的各国高校质量保障机构的登记制度为质量保障机构设定了标准,并且将来能够颁发在欧洲范围内广受承认的品质认证标识。接下来探讨质量保障的两大支柱——评估与认证的关系。

在德国高校评估有着悠久的传统。它有着明确的自我评估机制,因此在很大程度上能进行自我检视:"我该如何改善我的教学?""学生在多大程度上对我的教学满意?""参加教学活动之后,这些学生学到了什么?"

早在博洛尼亚进程之前,也就是 20 世纪 80 年代末 90 年代初,德国对高校进行了一系列改革,主要包括建立新的管理模式和改革工资及人事结构。随着国家对高等教育微观层面的管理进行放权,质量保障与质量发展作为一项涉及面广的方案变得日益重要,并越来越多地受到外部利益相关者的推动。

博洛尼亚进程为国家调控减少带来的问题提供了解决方案并且对各高校的内部评估进行了补充。但博洛尼亚改革所规定的新的学制结构不应只被看作一种高校内部质量保障的措施,也应该被用于建立外部的、受到普遍认可的品质保障措施认证。外部认证制度正随着博洛尼亚改革而引进德国的,因为博洛尼亚

进程推行的是一种输出调控或者说结果调控，从而赋予高校更大的自主权，同时这也使得用于评估输出或者结果的指标越来越重要。也就是说，人们关注的核心在于高等教育的成果是什么毕业生的数量、毕业生获得了怎样的技能以及他们在劳动力市场上的机会。

像所有新的系统一样认证体系的引进也伴随着摩擦，可能引来各方面的不满和耐心的丧失。这一方面要求高校必须不断适应外部控制标准，另一方面也必须考虑学术的要求并为教学活动留有余地，这一过程还在持续。

所以，对于构建高校的质量管理体系来说，关键是将评估与认证的关系建设成为内部自觉性的质量发展，同外部评价性、调控性的最低标准控制之间的桥梁。即使在评估体系内部也存在外部（他人）评估与内部（自我）评估之间的差别。科学审议会——德国一个非常有影响的"缓冲机构"，曾经建议将同行评议作为将外部评估和内部评估进行结合的黄金法则（见表3-4）。

表3-4 同行评议法各阶段的评估形式

同行评议法的阶段评估形式	评估形式
① 教师会议拟定教学报告	自我评估
② 专家根据教学报告以及与教师的会面，对教师教学进行评估并提出意见指明弱项、强项以及相应的改进和强化意见	外界评价
③ 教师会议就评估发表意见	综合考虑
④ 协议改进质量的具体措施（跟进）	

认证的程序对德国高校来说并不新颖，但对于在此理解为高校教学法培训和进修的学术性继续教育而言，为保障其质量而进行特别的思考和构想却很有必要。尽管学术性继续教育的意义越来越重要，但仅有一小部分是通过认证来实施的也就是作为本科或硕士课程来设计的继续教育项目。一些由单个工作坊构成的非常灵活的教学模式越来越多地与认证课程相结合并建立起一种遵循高校教学法工作组指导方针的模块化结构——基础模块、进阶模块、深化模块以及专业模块。

针对这些特殊的培训形式，不断发展出新的评价方法，其中也包括针对模块的外部评估以及对现有内部评估机制——高校教学中心一般都有这样一套复杂程序的扩展。这有助于解决以下问题：

对于非课程化的继续教育（例如保障研究和应用相结合的知识交流；生产实践直接相关的专业知识的传授）如何进行质量评估，与僵化的课程结构相比如何才能够更好地应对未来学术性继续教育可能面临的挑战。

为解决这个问题,高校教学法工作组通过其成员大会所任命的认证委员会将认证的概念应用到评价"单个教学活动、系列活动或模块乃至整个高校教学培训与继续教育项目"之中。这种评价机制依照同行评议原则建立,采用最低标准以及理想特征,更多地追求内在一致性而不是形式上的标准,并且服务于讨论和自我反思。这就扩展了对前面所讨论的培训活动进行的评估。这一方面将评估与认证结合在一起,另一方面又实现了过程标准与内容标准的结合。对这种形式认证的需求本可以更大些,但因为缺乏义务性的约束和可能的处罚机制,这种认证变得难以实现。尽管如此,这些努力使那些在大多数高校教学法机构中采用的评估标准显示出高度一致性,而高校教学法工作组在继续教育项目结构上也达成了共识。

参与导向、实践及行动导向、反思性、多元性、多样性以及积极的学习这些教学法原则在质量保障过程中通常被视为标准。这些原则的价值不在于机械地应用它们而是在于激发对话和讨论。就内部评估和认证而言,这一认识已通过认证委员会成为高校教学法培训和继续教育领域内广泛接受的观点。但仍需提及的是,认证委员会提出的理想特征包含一项标准,这一标准建立在高校教学法项目的研究基础之上但尚未广泛传播开来,即教学学术是以一种实验性和研究性心态,将自身教学作为目标;这一目标是参与者应当争取并在教学活动中力求实现的。

三、质量保障管理的案例：汉堡大学高等教育硕士项目

汉堡大学的这一硕士课程之所以被作为案例,是因为它通过了符合德国关于项目认证的一般性规定的认证程序。这些规定是由认证审议会在大学校长联席会议委托之下开发和管理的。在高校教学法培训和继续教育领域,此项目从众多继续教育项目中脱颖而出,排在前列。

在高校教学法领域,汉堡大学的项目是一个混合型的、职业导向的继续教育项目。其目标群体是德国高校教师。这一能力导向的课程计划要求教师获得四个领域的教学能力,包括教学项目的设计、学生小组的指导与学生咨询、条理化地组织教学活动以及利用数字媒体构建教学场景。

此外,同样需要强调的是该项目与科研的密切关系。在汉堡大学高等教育与继续教育中心这个项目的一个关键特征是研究与课程实践之间系统性的契合。在研究项目或者咨询项目,诸如数字媒体(例如技术)支持下的教学发展或学习改革项目等中获得的成果和知识,被参与项目的教师融入他们的教学实践。

在通过第一次认证之后，该硕士项目设计了一套详细的内部质量保障方案，因为无论是项目认证还是系统认证都要求内部质量发展，以经由外部专家鉴定的自评报告为基础。然而在实践中有时却被批评认证评审对内部评估的结果不够重视。这个问题已经在第二次评估中得到了纠正。由此这样一种认识得到贯彻：基本上，在具有规范性和自决性特征的内部评估之上，能够对教学进行持久的反思和思辨性的巩固。只有这样才能建立起学习改革的基础，并有机会在此基础上将改革贯彻下去，这一改革本身也是所有参与者应担负起的责任。应在组织的层面上考虑这些推动力，并为其提供物力和人力资源保障。

对自身质量发展方案进行改进是高校教学专业化的主要途径，同时这样也能为持续性地改进教学和学习做出贡献。

正如梅尔博格和佐莫尔所阐述的那样，汉堡大学高等教育硕士项目的质量方案定义了好的教学、好的教师、好的指导和课程管理以及好的学生对于项目的意义，如果质量管理被视为要求与支持的相互协调，那么对于实现这些设想将具有重大意义。

高等教育硕士项目的质量方案包括三个关键要素：质量圈的建立，通过所有参与人员之间的沟通对评估结果进行领会和推广，高校教学法的科研基础。前两个要素构成了一个持续性的改进过程，这一过程是对高校教学和学习管理系统进行认证的主要标准。

（1）质量圈的建立。正如在高等教育硕士项目中实施的那样，如果有外部专家参与质量圈就成为内部和外部评估之间的一种特定的结合并遵循同行评议的原则。这一要求通过两个质量圈来实现在较窄的质量圈里人们沟通持续而且频繁课程各方面的参与者（教学系主任、行政部门、在编教师、学生中的参与人员代表以及评估小组）都在这个窄圈内；大一些的质量圈则涉及外部专家这个圈的工作多与特定主题和目的相关，并在需要时开会。

（2）通过所有参与人员之间的沟通对评估结果进行领会和推广。沟通是高等教育硕士项目质量方案的另一个基本要素。所有参与人员（学生、教师、行政人员、模块管理人员和项目管理人员）之间顺畅的沟通是推广评估结果、明确评估结果重要性并将其贯彻到日常教学中的重要工具。这承担了教师专业化的一项重要任务：教师形成这样一种观点，没有学生反馈他们的教学就不能按照既定目标和内容发展；学生也认识到，他们对教学的参与和评价是何等重要。这样他们都对教学的质量发展做出重要贡献，并因此提高了重视程度。由此建立起通过评估促进在该硕士项目中进行行动研究的基础。

（3）科研基础和质量管理。在这一质量发展方案中，高校教学法的科研基础还只是处于从属性的地位——科研基础是好教学的条标准之一与"学术水平"和"创新尝试"两个特征处于相似位置。

只有通过与研究相联系，高校教学法才不再只是具有服务性功能，而获得了一个学术性学科的特征。但这一趋势似乎并没有通过认证得到促进或加强，至少目前并不存在一套如"教学的科研基础"这样的标准。人们依然会根据它是否与既定的进修目标一致以及是否符合特定方针的要求对项目方案进行审视。为了让科研在认证中发挥作用，可以将其与科研的联系作为一项方针特征固定下来。

加强高校教学法科研基础的最佳场所存在于自主评估的过程之中，这种评估应当与认证相结合并被优先考虑。在这种意义上，我们应当为认证制度的改革而努力。如果高校教学法本身以科研为基础，并促使教师去研究自己的教学那么它就能够为促进大学学习的科研取向做出贡献。我们已经有了探究性学习的方案以及教学与科研相统一的原则：探究性学习是学术训练的理想特征，而教学与科研相统一的原则，至少作为高等教育一种可能的形式与教学质量密切相关。与研究相关的高校教学法对于贯彻这样的方案和原则有着促进作用——可以科学地检验贯彻过程中高校教学法干预的效果，并由此激励教师发展创新性的教学和研究方案。

我们仍面临着革新工作要在质量保障中增强科研基础，并将其作为教师的优良品质和项目具有创新性的教学方法和特色，科学地反映和研究教学方案的实践过程，以构成课程改进的基础；还要将其作为教师进修和专业化的一个组成部分。

第五节　新加坡高职院校教师的专业发展

世界各国工业化和现代化的历程，无不伴随着一个职业教育大发展的过程，新加坡也是如此。新加坡是一个资源贫乏的岛国，二战后迅速走上了经济腾飞之路，究其原因，重要一点即是新加坡政府十分重视开发人力资源，大力发展职业教育特别是发展高职教育，提高职工素质。

早在1993年，美国进行全球调查结果就表明：全世界劳动力素质最高的国家是新加坡，超过发达国家瑞士和日本，这正揭示了新加坡经济之所以持续发展，产业结构能够顺利调整的原因所在。由此，探讨新加坡职业教育发展的先进理念，挖掘新加坡高职院校教师专业发展的特色，我们从中可以得到一些带有规律性的启示。

1998 年,时任新加坡总理吴作栋就提出创新思维、资讯科技和国民教育三大教育革新政策。而学校教育能否承担起这个历史重任,主要依靠教师素质的提高。新加坡在努力发展高职教育的同时,也构建了一系列保障高职院校教师专业发展的制度,以南洋理工学院为例,新加坡高职教师专业发展的特色非常鲜明,使新加坡的高职教师专业水平得到了良好的提升与发展。

(一) 为教师专业发展营造良好氛围

正如新加坡教育部长张志贤所指出的:"有效的教师才能培养出有效的学生。通过培养教师,我们确信学生能够接触到最新的知识。"

(1) 为了回应社会发展对教师职业日益增加的需求,新加坡教育部已经认识到教师有必要参加持续的培训,因为"教师培训可以使教师更好地开展工作,这是我们整个教育体系中的关键点。"

(2) 尤其是南洋理工学院针对教师专业发展,建立了无"货架寿命"的组织文化。教职员工无"货架寿命"理念的提出,源于超市商品的货架期或保质期,也就是能放在货架上的寿命。教职员工无"货架寿命"的实质就是终身学习(保鲜)理念。教职员工不分年龄大小、专业类别,在职业教育岗位上必须不断学习、不断进取、不断挑战。每个人职业寿命的长短由自己决定,在工作面前不存在到期、过期和不能干的思想,只存在自己放弃。教师无"货架寿命"期,具体体现在师资队伍建设方面,主要包括两部分:一是系主任有计划、有制度地安排教师专业提升,二是教师有职业意识,自觉提升。例如,基础课教师要到项目部由项目经理带着开发项目,或被安排到企业当实习学生的主管,接触企业文化和技术等。

(二) 为教师专业发展开发专业技能

在新加坡,教师要想在职业上不断进步,除了获得与专业化发展阶段相配套的教育文凭与证书、具备相应的教育资格以外,还要掌握与自身相关的专业技能。专业技能开发体现了南洋理工学院从教师培训到教师专业发展的概念转变。学院领导非常重视教师的培训,坚持"六超越"的培训原则,即超越现有工作经验、超越现有的职位、超越现在所处的部门、超越现有状况、超越理工学院、超越国土。同时,南洋理工学院还确立了终身学习理念,建立了一整套教师专业技能开发系统,通过实施教职员工技能转型计划,派遣教师到国内外知名学府进修学习,参与企业项目研发。学院规定各学系 20% 的教师要进行专职项目开发

1～2 年,并实行轮换制,这样,一方面提高了教师的专业业务水平,另一方面保证企业项目开发的连续性及与企业合作的延续性,使教师能力多元化,以适应新领域及多岗位的工作需求,实现了教师能力的可持续发展。各系提升教职员工专项能力的工作,系主任起主导作用,系主任在工作计划中必须确定:哪些教师要懂新科技,哪些教师要提升教学技能,哪些教师要掌握项目开发的专业技能,以便在专业调整时,教师具有转向、升职的机会。

(三) 为教师专业发展借力校企合作

1998 年,新加坡教育部实施了教师专业化发展脱产计划,使更多的教师能够更好地参加专业化学习与培训。按照计划规定,每工作完 6 年,教师就可以申请参加半年的脱产,学习期间享受半酬待遇,因此,大部分的高职院校教师都有到相关行业企业学习和培训的经历。南洋理工学院招聘的教师不仅要有大学以上学历,而且要具备 3～5 年以上的企业工作经验。这些教师不仅带来了他们的学识,带来了他们的工作经验,而且带来了企业的人事关系,带来了企业项目。正是有了这些既有较高的理论水平,又有企业实际工作经验的教师,才保证了"教学工厂"企业项目教学的实施。

因此,南洋理工学院的教职员一般都是多元化的,既是教师,又是工程师;既是工作人员,又是管理者。与企业合作开展项目研究与开发,是"教学工厂"的又一个重要内容,企业工程师与教师、学生合作研究项目,使教学与项目相融合。通过项目研究,为教师提供与企业沟通的机会,为学生提供参与企业项目开发的机会,这不仅有利于教师及时了解企业的前沿技术,积极超前地进行专业开发准备,在最短时间内迅速进行新专业与新课程的开发,同时使教师的专业能力得以提高,提升了教师自身的教科研能力。

第六节　荷兰大学教师的专业发展

从 20 世纪 60 年代中期开始,荷兰同其他国家一样,对教师从"量"的需求转向"质"的需求。荷兰的教师职业从经验化、随意化到专业化,经历了一个发展过程。20 世纪 80 年代以来,教师专业化要求高质量的教师不仅是有知识、有学问的人,而且是终身学习的人;不仅是学科的专家,而且是教育的专家,具有像医生、律师一样的专业不可替代性。

一、从稚嫩到成熟

二战以来,伴随着教师教育研究的兴起,荷兰的高校教师研究经历了四个发展阶段,即 20 世纪 60 年代前期的起步阶段,1965—1975 年的自觉研究阶段,1975—1985 年的成熟完善阶段以及 1985 年至今的蓬勃发展阶段。

1. 起步阶段(20 世纪 60 年代前期)

1945 年 5 月,荷兰从法西斯德国占领下解放。战后,荷兰大力发展化学工业、电子工业、国际贸易和交通运输业,从而使经济迅速发展起来。在这一时期,荷兰各层次教育也开始发展。人们开始关注为荷兰的教育改革培养合格且高质量的教师。好的教师能带来更好的教育,只有好的教育才能促进社会发展。在这样的背景下,一些教育研究者提出,为改革教育政策、建立更好的教育体系,应该进行教师教育研究,并提出了"我们能改变世界"的口号。何谓学习以及如何教学成为两大研究热点。这一时期,美国著名的哲学家和教育家杜威的一些教育著作和教育理念颇受荷兰研究者的推崇。杜威对旧教育的批判、对教育本质的独特认识以及确立学生在教育中的中心地位等教育思想,对荷兰的教师教育研究有着重要的影响。

2. 自觉研究阶段(1965—1975 年)

这一时期,荷兰的教师教育研究开始寻求其"研究的合理性"。研究者尝试从人类学、文学、文化历史学等视角对教师教育进行多学科的实证研究,并于1972 年建立了荷兰教育研究协会。这一阶段的早期,受行为主义理论影响,荷兰的教师研究的重点主要在教师教学决策方面,人们把教学决策看作是教师思维与行动的纽带。后来研究者发现,决策的概念太过狭窄,不能反映教师全部的内心世界。研究者们发现,外生型的大学教育改革其推动的主体不是教师自身,而是由外界将改革的价值观和目标强加给教师,这就很有可能与大学教师自身的信念和行为取向发生冲突,达不到改革的预期效果。但另一种改革动力源于内部,即教师自身认识到时代发展和自身发展需要的改革可以带来有益且持久的效果。于是,荷兰教师教育的研究范围拓展到教师认知、归因、判断、反思和评价等方面。随后,教师认知研究的重点则集中在教师实践背后的知识和信念上。

3. 成熟完善阶段(1975—1985 年)

进入 20 世纪 70 年代后期,荷兰开始把教师研究与发展放在一个更大的背景下来考虑,认为应把职前培养和职后培训都纳入教师发展的范畴。因此,荷兰提高了对大学教师以及从事大学教师发展的教育和培训工作者的要求,制定了一整套大学教师的专业标准：第一，善于解决学科教学问题；第二，养成专业反思的习惯；第三，善于与学生沟通，并能促进学生之间的沟通；第四，加强整合，特别是理论与实践以及不同学科之间的整合；第五，要尽可能多渠道获取知识。这一时期，关于大学教师的教学评价成为困扰许多大学的内部管理问题。人们发现，大学的职能不仅仅是单纯的知识传授或是科学研究，大学教师的教学活动比中小学教师更难评价。研究者们也开始探讨如何改变原有的奖惩性的教师评价，逐步建立起在提高教学质量同时也关注教师专业、职业和个人发展的发展性教师评价。顺应这一趋势，荷兰有 5 所大学在这一时期建立起了教师研究机构，这些大学是阿姆斯特丹大学、格罗宁根大学、奈梅亨大学、乌特列支大学和特文特大学。

4. **蓬勃发展阶段**（1985 年至今）

在这一时期，教师发展基本被荷兰学术界界定为一个学习问题。这种定位的研究认为，优秀的教师，特别是高校教师应该是专业人员，他们有着渊博的学科知识和教育学知识，能够做出合理的决策，快速地建构课程，知道如何在整个职业生涯中不断地学习。相应地，教师发展项目的目标应该是设计社会的、组织的和智力的情景，使得教师能够在其中习得所需的知识、技能和培养其作为决策者所必需的心理倾向。1999 年，荷兰教师教育工作者协会颁布了教师教育工作者的专业标准。

这一时期，进行教师研究与大学教师发展的机构由先前的 5 所大学增加为 9 所大学。新增加的学校有莱顿大学、阿姆斯特丹自由大学、开放大学、马斯特里赫特大学、瓦赫宁恩大学。参与研究的专业人员达到了 120 人，博士研究生有 96 人。

这些研究机构的职能大体上都分为教师研究与教师发展服务两方面。每个方面又分为中小学教师和大学教师两个层面。随着荷兰大学教师研究的发展壮大，它在国际上的影响力也不断提高，荷兰各大学设立的大学教师发展研究机构开始参与到了国际合作中。例如，特文特大学的高等教育政策研究中心于 1997 年应邀对香港大学的教学质量评估进行独立的评审。

1998 年底，该中心成立了一个在国际高等教育质量保证方面经验丰富的评审小组，专门进行评审工作。2007 年底，厦门大学软件学院中荷信息技术应用能力研发中心建立。该中心是荷兰五所高校与厦门大学软件学院合作共建的能力开发实训基地。荷兰高校会选送荷兰学生和教师来这里和中方师生共同研发项目、协同攻关。该中心的成立成为跨国、跨学科合作学习与研发的新型模式之一。莱顿大学教师教育研究院承担着该中心的教学与跨文化事务的指导与协调等工作。

可以说，20 世纪 60 年代以来，荷兰的大学教师发展研究顺应了其教师教育研究的发展，走过了一条从稚嫩到相对成熟的发展之路，至今仍呈现出国际化水平不断提高的良好发展态势。在大学教师发展研究初期，主要关注教师专业水平的提高，后来逐步关注教师的内在思考和自身教学能力的提高。随着社会发展和高教情况的变化，开始引入职业发展、组织发展和个体发展等内容。专门的教师发展研究机构在各大高校的建立促进了这些大学建立起符合本校情况的教师发展体系。

二、从分散到集中

荷兰是一个小国，虽然从 20 世纪 80 年代起进行大学教师发展研究的大学开始增加，但每所大学里从事专业研究的人员数量还是很少。为整合优质资源，特文特大学和格罗宁根大学为提供博士研究生高级课程开展合作项目，该项合作后来拓展至科研合作与各类大学教师发展研究的交流。

随着加入该项目的大学迅速增加，跨校教育研究中心于 1988 年在荷兰正式成立。该中心以联合设计科研计划、共同申请和实施科研项目为基础，集中不同大学的优秀研究人员进行信息资源共享，联合培养教育学博士生，联合争取国家乃至欧盟的重大科研项目，全面提升了荷兰大学教师发展研究的竞争力和国际水准。中心于 1999 年扩展到 10 个成员机构，涵盖了荷兰教育科学的大部分研究领域。

跨校教育研究中心的基本任务是促进教学与学习理解过程和机制方面的科学理论的发展。这些理论包括：学习过程和影响学习过程的效率和效能的学习环境（包括教师）的特点；与学习和教学过程有关的课程和学校的组织；教育政策在影响学校功能方面的作用；教师专业发展评价以及教学方法研究等。

该中心致力于通过各研究院之间的资源共享与交流，促进荷兰的大学教师发展研究以及教师培训与发展的实践，最终目的是优化学习和教学过程。跨校教育研究中心的一项最主要的任务就是荷兰教育学博士研究生的培养。

该中心每年都开设从理论到方法的相关课程，召集相关大学的知名教授来讲授"大师课程"。这些课程主要分为导论课、专业理论课以及方法课。其中，专业课和方法课又分为必修课和选修课。进入中心学习前，每所大学的博士研究生会与自己的导师结合自己的研究计划，确定自己的选课情况。一般情况下，成员大学里的教育学博士生都必须参加导论课程。该课程会从教师教育研究发展的历史与现状、当代教师教育研究的理论与方法以及如何做文献综述和如何学会投稿等方面给博士研究生们一个总体的认识。

开设导论课的主要目的有两个：一是促进全荷兰教育学博士研究生之间以及博士研究生与专家学者之间的学习与交流，二是促进博士研究生在交流学习中进一步改进和完善自己的研究计划。

三、从理论到实践

成立于 1995 年的莱顿大学教师教育研究院，是一个相对独立又与莱顿大学各院系相联系的教师培训、咨询和研究机构。该研究院现拥有 100 多位教职员工，其目标和任务是按照国家要求，为那些具有硕士学位而准备从事教师职业的人员提供一年的教师职业教育培训以及教师教育研究。每个研究项目都是根据大学教学或中小学教学中的实际需要提出，在此基础上聘请有相关基础的博士研究生参与研究。每个研究项目都形成了以博士研究生为核心、其他专职研究人员和教育咨询人员为支持的研究方式。

目前，该机构有 40％的研究项目面向大学内部，60％的项目与校外合作开展，整体上形成了"在研究中发展"的大学教师发展模式。

（一）大学教师发展研究项目

20 世纪 90 年代以来，随着人们对教学工作复杂性认识的深化、认知领域研究的深入发展以及教学研究范式的转移，莱顿大学教师教育研究院从建院开始就注重对教师思维的研究，重视教师内在认知历程对教学行为的影响，认为教师的教学行为与教师教学前、中、后的思考有关。该研究院的研究项目中包含两个相互联系的主题，在每个研究主题中又有一系列的研究课题。一部分研究项目关注的是中学教学，另一部分研究项目则关注高校和高职的教学。

莱顿大学教师教育研究院的第一个研究主题是"教师知识"。"教师知识有哪些组成要素"是这一研究主题主要关注的问题。例如："中荷高校教师教育信念比较研究""理科教师的信念与实践及其对学生对理科教学看法的影响""课程改革中化学教师的教学观与学习观"等研究。实践理性指导下的教学研究发现，面对复杂多变、充满不确定性的课堂，决定教师行为、影响课堂教学的唯一决定性因素并非来自于先前智力行为的知识，而是来自于他们在行动中获得的知识——教师实践性知识。研究"教师知识"的主要目的是认真考察教师知识所存在的问题，加强教师知识模型的研究，构建合理的教师知识结构，从而能更好地改善教学工作，实现教师角色转变，促进教师专业发展与教学效率提高，推动新课程建设，最终提升教育教学质量。

以"中荷研究型大学教师信念比较研究"为例，研究者通过问卷调查与访谈，了解中荷两国研究型大学教师的教学信念类型与取向，并了解教师们的教学环境观对其教学观的影响。研究发现，"学生中心"取向的多元信念系统是两国研究型大学教师信念的特点。在两国研究型大学教师中主要存在着五种信念类型：知识型、结果型、能力型、兴趣型和价值型。两国教师最强调以能力为导向的信念，能力型、兴趣型以及价值型信念的均分都高于知识型和结果型。这说明两国教师都偏好"学生中心"的教学取向。在此研究基础之上，研究者将研究结果反馈给希望了解研究进展的教师们，并与他们再进行访谈交流，实现了大学教师发展研究中的"研究与发展"。

莱顿大学教师教育研究院的第二个研究主题是"教师专业发展与能力评价研究"，特别是在不同学习环境下的教师专业发展与能力评价的构建研究，如"在合作环境中的教师学习""医学院教师的专业发展及教学改革"等研究。该研究主题主要考察特定学习环境对教师学习的影响。教师专业发展系教师参与有系统设计的专业成长活动，以增进其专业技能、强化其专业态度和改变其专业行为，进而提升教学效能和扩大学生学习效果。此外，对教师能力的评价将对教师的专业发展产生重要的影响，可以说，对教师能力的评价应该是教师专业发展的一个重要影响因素。莱顿大学教师教育研究院侧重研究不同的评价过程和设计特点对教师发展性评价的影响。教师发展性评价是面向教师未来发展的期望性评价。它以教师为中心，信任和尊重教师，强调教师在评价中的主体地位，注重管理者和教师的平等对话，让教师民主参与评价。

以"教学与研究关系研究"为例，众所周知，处理好教学与研究之间的互动关系，促进两者之间形成良性循环是增强大学核心竞争力的关键。但是，在研究型大学中，教学受到忽视的现象在世界各国普遍存在。因此，国内外的研究者们对此进行了很多探讨，其研究结论存在较大的分歧，主要存在着"正相关""零相关"和"负相关"三种观点。

该研究院的学者在此基础上提出了第四种观点：大学教师对教学效果与科研关系的看法是非常复杂的，需要根据教师具体的学科背景及教学层次等因素具体分析。学者们分别研究了文科学院与理科学院的教师对教学与研究关系的看法。范德海斯特指出，不同学科背景的教师对"研究"的内涵定义不同，因而对"教学与研究关系"的看法也不同。维瑟范因进一步指出，在大学教师看来，教学与研究的关系是十分复杂的，有些时候教学和研究看上去是毫无关系的，但实际上还是紧密相连的,而学生和教师的学习在这种联系中起着重要的作用。

　　莱顿大学教师教育研究院根据上述研究结果指出,建立与加强教学与科研之间的联系,所缺的不是教师观念上的认同,而主要是学校教学评价制度或晋升制度的改进和完善。目前,莱顿大学已经请该研究院与各院系教师展开交流,尝试建立新的大学教师发展的激励机制、导向机制和保障机制。

(二) 大学教师发展服务项目

　　莱顿大学教师教育研究院的主旨是"以研究促教学"。在加强大学教师发展研究的同时,他们还与各个院系联系,开展有针对性的服务项目,包括教师培训服务、教育规划与改革、教职员工发展和组织发展等。培训重点在于英语教学、数字化或网络化学习、网络教学管理平台等。

　　莱顿大学教师教育研究院的主要职能与工作关系荷兰是最早开设英语课程的非英语国家之一。目前该国的高等教育机构一共开设了 1 450 多门英语授课的课程,这使得荷兰的高等教育国际化走在了欧洲大陆国家的前列。近年来,高校教师在教学信息来源日益拓展的同时,其教学方式、教学组织过程和教学效果的评价方式等也发生了改变,他们已不再是学生学习的主要信息渠道。这就要求教师重新认识自己在教学中所起的作用和扮演的角色,越来越多的荷兰大学也要求教师进一步提高网络教学能力从而提升学校的国际化水平。

　　莱顿大学教师教育研究院的研究者指出：高校教师应不失时机地实现角色转化,成为网络教学的设计者、开发者和研究者。大学生与中小学生不同,他们更需要的是学会如何学习,提高获取和加工信息的能力。

　　其中,教师的主导作用仍然不能忽视,教师必须具备极强的信息辨识能力和获取能力。教师教育技术的发展是一个多层面的系统工程,但其中最主要的还是教师层面的改进。为此,他们根据教师的教学经验、对新信息技术的态度以及利用新信息技术的能力,从必要的计算机知识与技能、教师的教学改革意识、教师的教育理论素养以及教学方法和教学能力等维度出发,通过教育信息技术培训来提高教师的网络教学能力。该研究院有专门的联络人负责每个院系的教师发展项目。

　　项目实施前,联络人会搜集各院系老师的需求信息,然后根据每个老师的水平设计专门的提高项目。培训结束后,他们还会进行跟踪调查与对比,了解教师教学能力的提高对学生学习动机、学习态度等的影响。

　　此外,莱顿大学教师教育研究院还以互联网为依托,建设适合本校教师发展的网络平台,并通过教育咨询人员定期与各院系老师的交流改进网络平台的建设。莱顿大学的教师拥有一个内容全面而丰富的资源共享平台。以系为单位，每个教师都有自己的教学主页。教师可以定期在网上发表自己的教学日志、教学体会等。此外，莱顿大学的网络教学管理系统以课程为中心，为教师和学生提供了一个交互沟通的教学环境。

教师在系统里发布自己制作的课件、布置的作业和论文以及经常访问的专业学习网站的链接。教师可以通过自我反思来总结问题，提出新的想法。莱顿大学教师教育研究院有专门的研究人员进行大学教师发展的理论研究，也有专业的技术人员为教师发展提供技术支持，还有教学设计师为教师提供教学技能方面的咨询指导服务。这支各司其职、各有所长的专业化的教师发展队伍保障了该校教师发展工作平稳而有效的运行。

第七节　各国教师专业发展研究对我国的启示

一、我国高职院校教师专业发展状况

近年来，我国高职院校教师队伍建设取得了长足的进步，如在年龄结构、学历结构、职称结构、专业结构等方面有了明显的改善，但在教师的专业发展方面仍存在着一些问题，亟待得到关注与解决。

1. 高职教师的来源渠道单一，并缺乏严格的准入制度

目前，我国高职院校教师队伍主要由以下几部分构成：一是来自职业技术师范院校或综合大学的职业教育学院的毕业生，这部分教师在高职教师队伍中所占比例较小，远远不能满足我国高职教育快速发展的需求；二是综合大学的工科毕业生（各学历层次），他们多是按照传统的工程师的模式培养出来的，不仅没有接受过正规的高职教育的学习和培训，在专业技术上也与高职教育的要求相差甚远；三是聘请企业的工程技术人员或行业上的能工巧匠作为高职院校的教师，这部分教师虽然具有较强的动手和操作能力，但缺乏高职教育专业方面的知识与能力，也很难胜任教学工作。从目前我国高职院校教师的来源和构成看，我国的高职教师职业在一定程度上存在着可替代性，且尚缺乏严格的准入标准和制度。

2. 高职教师专业发展上重理论、轻实践，重学历、轻能力

教高〔2006〕16 号文明确指出："高等职业教育作为高等教育发展中的一个

类型,肩负着培养面向生产、建设、服务和管理第一线需要的高技能人才的使命。"可见,高职教育培养的是高素质技能型专门人才,实践性是高职教育培养目标的根本特征之一。培养一流的技能型、实践性人才,需要有一流的技能型、实践型师资队伍。长期以来,由于受传统教育观念的影响,我国高职教育在师资培养上存在重理论、轻实践的倾向,许多教师在理论教学方面的能力较强,但实践教学的能力却一般。另外,许多高职院校对取得硕士学位或博士学位的教师给予一定的经费扶持或其他的激励,对引进的具有硕士或博士学位的教师给予优厚待遇或其他的支持,而对参加专业实践或取得相关专业技术资格的教师则不以为然,没有相应的鼓励或支持,这种政策的导向性,制度的不完善性,更强化了高职院校教师重理论、轻实践的倾向。

3. 高职教师专业发展不均衡,专业技能水平发展不一

有文件提出:人才培养模式改革的重点是教学过程的实践性、开放性和职业性。因此,要求高职院校教师的教学必须注重实践性、实用性、技术性,但由于高职院校教师在教科研能力水平上、校企合作项目上、培训和再教育等方面认识不统一,造成教师在专业发展上的不均衡,在专业技能水平上也参差不齐。

这种不均衡和差异,一是表现在过于强调专业基础理论的发展,忽视了专业技能开发和动手操作能力,这样可能使教师仅仅是一个传授专业基础知识的"授课者",而不是一个技能精湛、业务娴熟、人格健全的全能"技术师傅";二是过分强调自身专业技能、忽视发展教学知识和技能的倾向还很普遍,从而影响高职教育教学水平的提高;三是由于人们对"双师型"教师队伍的过分强调,一定程度上使许多教师忘记了作为一个教育工作者应该具有的"教师"本分,而只记得自己具备"技师"资格,从而影响了自身的专业发展。

二、英国高校教师校本发展对我国的启示

1. 建立体制保障——形成大学校本教师发展的牵引力

19世纪50~60年代,英国高等教育实现了从精英教育模式向大众化教育模式的转变。1963年英国发表了著名的《罗宾斯报告》,标志着英国高等教育从此进入大众化阶段。英国在国家层面开始建立起一套专业标准、过程监督和质量评估的制度保障体系,用制度引领发展。1989年《高等教育白皮书》在三个水平上界定了质量:质量控制、质量核查和质量评价,2006年发布《英国高校教师专业标准框架》,2011年又进行了修订完善。正是这些保障系统的制约下,高校教师发展才能进入良性循环。杜伦大学秉承教师发展机会公平的原则,所有教

职员工,不论种族、性别和职位高低都享有发展的权利,并保证发展机会的公开和公平。我国也应尽快完善教师发展法律法规,各高校建立起校本教师发展机构,专门负责本校教师专业发展,明确职责,从机构设置、人员配置、经费保障等几个方面,确保大学教师发展的实效。

2. 唤醒自主需求——激发大学校本教师发展的驱动力

教师发展的过程是教师专业化的过程,是教师专业素养形成和发展的过程。内在需求是教师发展的原动力,倡导实践—反思的价值取向,促使教师对自己、自己的专业活动直至相关的物、事有更为融入的"理解",发现其中的"意义",以促成反思性实践为追求。教师发展中实践—反思的行为,不是通过(从外面专家)"获得",而主要依赖于教师个人或合作的"发现",因此激发、唤醒教师自主发展需求,通过反思实践,实现自主发展。杜伦大学的培训课程设置均根据教师的实际需求,采取鼓励和奖励的方式,2010—2020 年杜伦大学发展战略始终关注教师发展的需求,并根据这些需求提供相应的发展项目。我国各高校的教师发展要着眼于满足高校组织发展和教师个人发展的双重需求,整合资源、合作设计、实施发展项目。

3. 创设合作平台——彰显大学校本教师发展的生长力

杜伦大学教师发展中心构建了四大平台,即校内跨部门合作平台、校际间合作平台、区域结盟合作平台、国际交流学习平台,形成了资源共享、互助合作、共同提高的学习共同体。从教学发展、专业发展、组织发展、个人发展等四个维度最大限度地发挥校本教师发展中心的功能。校本教师发展,同时也促进了教学、科研的高质量地提升,也实现了个人和组织的同步发展。英国各大学教师发展中心自上 20 世纪 60 年代成立以来,已有半个世纪的历史,现仍处在发展和完善阶段,因此教师发展不是一朝一夕就能完成的,需要长期的政策和资金的投入。我国各高校要成为世界一流大学,高度重视建设一流的师资队伍,积极整合校内资源、校外资源、区域资源,营造良好的教师发展文化环境,实施内容上要本着需求导向,全员参与、全员发展的原则,拓展合作领域,寻求国际合作,紧跟学术前言,才能彰显教师持续的专业生长和发展态势,我国高校教师校本发展研究工作任重道远,还需要更多的研究者和实践者参与其中,实现步入世界一流大学行列的美好愿景。

三、日本大学的教师专业发展引发的启示

从比较的角度看,促进大学教师专业发展成为世界大学教育改革的重要领

域,各国都希望通过教学改革和教师专业发展来保证教学质量。目前是一种英国、美国领先,其他国家紧追不放的格局。例如,美国最早提出教师发展概念,各校采用的方式各有不同。这些方式包括模拟教学、教学讲座和讨论、教学咨询、教学档案袋、教师发展工作坊、教学改革实验小额资助,收集学生对教师反映的意见等。在我国,1994年颁布了《中华人民共和国教师法》及《教师资格条例》,开始实施大学教师资格认证制度,提出教师的公民条件、思想品德条件、学历条件、教育教学能力条件。1996年我国教育部颁布《高等学校教师培训工作规程》,试图将大学教师培训工作制度化。1999年为应对大学扩招对于师资的压力,教育部印发了《关于新时期加强高等学校教师队伍建设的意见》,要求强化教师培训,提高教师队伍素质。大学教师培训工作要实现工作重点和运行机制的两个转变:从基础性培训和学历补偿教育逐步转为着眼于更新知识,全面提高教师素质的继续教育;从主要依靠政府行为逐步转变为政府行为、学校行为和个人行为相结合。2001年,教育部《关于加强高等学校本科教学工作,提高教育质量的若干意见》中也明确提出了大学教学内容和方法改革的主张,对教师的品德和教学能力提出了明确要求。从总体来看,高校对大学教师在职进修和教师教学研究活动给予了支持,教师教学评价也形成了一定制度和办法。但从目前状况来看,大学普遍缺乏教师专业发展的明确意识、实施教师专业发展的针对性措施,更没有形成长效、稳定的运行机制。大学教师专业发展的制度化建设,尚须进一步规范。尽管日本教师发展制度在实施中还有许多要解决的问题,但日本教师发展所产生的背景、关注的领域以及一些做法还是能带给我们许多启示和思考。

1. 我国大学教师专业发展意识应进一步确立

在我国,教师专业化以及教师专业发展的探讨更多指向中小学教师。对于大学教师专业成长和发展概念不够明确,近年来更多侧重大学教师学历和研究能力的提升。教育性专业发展存在明显缺失,对教学能力发展缺乏深刻理解。台湾学者陈碧祥认为:大学教师的专业化发展是大学教师从事教学、研究和服务工作时,经由独立、合作、正式及非正式等进修或研究活动,引导教师自我反省与加深理解,从而增进教学、研究及服务等专业知识与精神。其主要目的在于促进个人自我实现、提升学校学术文化、达成学校教育目标,从而提升整体教育质量。日本大学在推进高等教育大众化的今天,将教师发展计划制度化、义务化,并作为提升大学竞争力的手段积极推进,为我们重新思考和重视大学教师专业化问题提供了一种观念和视角——大学教师专业发展是学校全局性、根本性的问题,他与大学的生存与发展息息相关,是兴校强校的必然选择。大学一定要通过长效的、稳定的政策支持和制度保障，引领教师专业成长，使其更能胜任大学教学、学术研究、社会服务等各项工作，从而提升大学品质。

2. 我国大学教师专业发展措施应进一步完善

大学教师专业发展需要大学有明确的责任，学校有必要建立常规性的教师专业发展制度。同时也须积极探索有效措施将其落到实处。有学者研究指出，世界范围内促进教师专业发展模式表现为个人主导模式、政府主导模式、大学主导模式，近期出现院系主导模式。无论是美国还是日本的教师发展都在加强以校为本和以院系为本的促进教师专业发展模式建设，充分发挥院系在此方面的领导能力。比如日本学者在反思教师发展问题时，也发现院系如果不能给予重视，学校层面的培训难以深入，教师参与的热情和效果难以保证。另外，充分利用大学本身的优质教学资源开展校本培训、研讨、教学观摩、教学研究等，对教师专业发展非常重要。从日本教师发展的困境来看，倡导教师在具体教学实践中，在对自身实践的不断反思中积极实现专业成长固然重要，但大学教师的专业成长如果将教师的个人努力和大学有组织的推进相结合，就能取得好的效果。另外大学重视培养教师发展专家，使其发挥理论引领、教学评价、咨询服务作用也是重要措施。

3. 大学教师专业发展内涵应进一步拓展

教师专业发展是一个连续不断的发展与完善的过程，其内涵随着大学教育的变革也将不断发展与丰富。林崇德教授的研究表明，当教师的学科知识达到一定水平时，与学生学业成绩之间几乎不存在统计上的"高相关"关系，教师的本体性知识一定要有，但达到某种水平即可，多了对教师的教学并不一定起作用。日本的大学在对教师进行严格选拔后又提出教师发展计划，也充分说明教师专业发展中教育教学能力的重要。有的学者也指出：作为专业型教师，应该既对所教学科有深刻理解，还应对教学有深刻理解，并均达到概念性理解水平，才能真正促使学生深入学习。如果教师仅仅对所教学科深刻理解，而对教学理解不深刻，那么，他一般不能成为学生学习活动的促进者，不能有效、自觉、深刻地实施教学，而且他组织的教学往往缺少教育性。因此，应努力争取教师对教学理解的深入。当然，从教师发展计划在实施中遇到的问题中也发现，教师作为专业发展的个体，也应对专业发展持有不断拓展的理念和专业自我发展的意识。从日本教师发展的不尽如人意处也反观出大学教师对专业发展意蕴理解的缺失。可以说，只有当大学教师在观念意识中充分认识到教学能力并非只是一种技能，教学活动绝不是简单的知识和技能的移植，知识与技能只有当它们凝聚为生命智慧时，教师发展才能真正被教师接纳并实施。因此大学教师自身对专业发展内涵的理解和拓展,将有助于各种培训和研讨的有效落实。从日本推行教师发展计划的艰难中也发现,教师的专业成长只有得到教师发自内心对教学的理解和关怀才具有实质意义。

四、荷兰大学教师发展研究的启示

教师是促进学生学习发展的关键,也是影响教育改革成败的关键。近年来随着我国教育改革的深化,大学教师发展研究也已成为教育研究领域中的一个热点。纵观荷兰大学教师发展研究的历程,我们可以清楚地看出:荷兰的大学教师发展研究紧跟教师教育改革的发展和需要,其研究视角经历了从为改革教师教育的课程设置、教学评价体系而寻找教师行为特征的信息,到改变教师自身知识结构和信念,再到阐明和揭示教师认知活动的结构和规律的转变。整个大学教师发展研究越来越注重从整体上阐释教师心理活动的复杂性和多样性;强调研究变量的动态的相互联系和相互作用;越来越注重教师个体实践经验的自主发展和反思在教师专业发展中的价值。

这些发展变化对拓展我国大学教师发展研究的视野,提升教师实证研究和理论研究的水平,促进大学教师发展研究和教师专业化发展,具有一定的理论参考价值。

1. 加强对大学教师发展的比较研究和本土化研究

国外特别是美国和欧洲关于大学教师发展的理论比较成熟。但总体而言,国内有关大学教师发展的比较研究还处于"边缘"状态。"关注大学教师和未来教师的发展应该是教育研究的一个焦点,这会给教育实践带来目前主流研究没有也不能带来的东西。"从荷兰教师研究发展的过程可以看到,在不同国家的不同发展阶段,教师发展研究的侧重点是不同的。需要我们在拓展国际视野、了解他国研究与实践的同时,结合我国的高等教育环境,建立起我国的大学教师发展理论与实践。国内目前关于教师的研究多半集中于中小学教师的研究,而对于大学教师发展的关注近几年才开始。我国目前关于高校教师的研究主要聚焦于教师聘任、教师管理、师资队伍建设、教师考核等方面,迄今尚未形成较为系统的大学教师发展研究以及以研究促发展的实践操作体系。如何针对每所高校的特点,促进以研究为导向的大学教师发展是值得我们思考的。

2. 建立教师专业发展研究机构,健全个性化与多元化的服务项目

近些年来,中国各高校都把吸引优秀人才、加强高水平师资队伍建设作为提高教学质量的一项重要工作。但是,对大学教师的研究以及高校中直接针对本

校教师的个性化、多元化服务还不够。人们往往认为,学历高、学术水平高的教师就一定是好教师。但是实际上,大学教师不论是在入职前还是在入职后都需要接受多方面的能力培训和专业发展。纵观发达国家,大学教师发展往往依靠院校组织的研究与支持。因此,我国各类高校应充分认识到教师发展的重要性,给予足够的支持。

可以建立针对本校的教师研究机构:一是赋予现有教师管理机构新的职能,将大学教师发展纳入教师管理部门的重要职能范围;二是成立院校层面的专门机构,将相关研究专家、管理人才、咨询服务人员联合起来,设计适合本校教师特点和培养目标的发展项目,通过各种渠道为每位教师提供个性化、多元化的咨询服务。既支持本校教师的教学,也为教师提供科研支持,并促进大学各部门之间、教师之间以及教师与学生之间的合作。例如,教师可以将自己在教学中遇到的困难反馈给教师研究中心以寻求一对一的帮助,也可以通过教师研究中心建立的网上虚拟平台进行学习、交流等。

3. 以研究为基础,通过渐进式的培训促进大学教师发展

与莱顿大学教师教育研究院的教师发展项目对比,目前中国很多高校的教师发展只局限于对所有专业教师的岗前培训,旨在通过短期的突击,让教师通过职业技能考试或了解学校的基本情况。

一方面,很多大学没有设立与各院系直接联系的教师发展机构,没有专门针对每个专业教师发展的研究与培训;另一方面,中国高校更没有长期的、渐进式的发展培训。随着我国高等教育改革的不断深入、所教授对象水平和素质的提高以及高等教育国际化和信息化进程的不断推进,这样的短期培训对于高校教师来说是远远不够的。大学教师发展是终身的、持续的发展过程,也是一项复杂的、系统的工作。

教师在成长过程中需要有前沿理论的支持和引导,还需要一批具有一定的组织管理能力、沟通交流能力和教学研究能力的专业人员的支持。高校应该认识到大学教师发展的重要性与必要性,确立短期培训和长期跟踪培训的目标。

五、新加坡高职院校教师专业发展对我国的启示

新加坡政府不仅在观念上十分重视高职院校教师专业发展,在制定教师职前学习和职后培训政策时,既考虑了国家利益又照顾了个人利益,教师职后培训从学习方式、学习内容到学习时间,都给予教师充分的自主权,强调接受培训是教师的权利,而且明确政府在其中的责任,建立了促进教师专业发展的各种制

度,各种制度间又相互联系、彼此支持,从各方面保障了教师专业发展的有序开展。

(1) 畅通选聘高职专业教师渠道,侧重实践经验。新加坡高职院校对专业教师的选择不拘一格,特别重视实践经验。在新加坡理工学院选择专业教师时,一个首要条件就是必须有 3～5 年的企业工作经历,至于在学历上,只要求大学本科学历即可。与此同时,南洋理工学院"与企业打交道是每一位教师必需的工作"的理念,使教师与企业、学院与企业联系、合作非常紧密。因此,我国高职院校在选择专业教师时,也应侧重选择具有企业工作经历的人员担任专业课教师,而不应该盲目追求高学历,更不应该用硬性标准规定高学历的比例;重视教师培训不应仅局限于学历进修,还应重视教师专业技能的培训提高,应建立教师专业技能开发系统,实施教师技能转型计划,使教师能力多元化,以适应新领域及多岗位的工作需求,实现教师能力的可持续发展。

(2) 构建教师终身学习的培训体系,挖掘发展潜力。新加坡社会普遍认为,在知识经济社会中,教师职前教育所获得的知识与技能将很快无法胜任培养具有创新思维的学生的工作,因此"为了教学的有效性和时效性,学校教师和管理人员都应积极不断地学习"。新加坡高职教师专业发展是一个循环上升的动态过程,每一位教师都可以为追求更高的目标而终身学习。为此,新加坡教育部制定在职教师每年必须接受培训的规定,以此作为创建"思维的学校,学习的国家"的重要前提。另外,新加坡教育部制定的教师专业发展路径以及国家教育学院提供的多样化培训课程,就是建立在充分考虑教师需要及职业兴趣基础之上的,从而为教师各方面潜能的发展提供了平台。因此,提高教师专业发展的动力,除了考虑激励因素以外,也应该考虑保健因素。高福利的在职或脱产进修计划,不仅解决了教师繁重的工作时间与专业发展时间冲突的问题,而且还使教师的生活得到保障。学校领导者还须带头进一步培养教师不断学习的意识,为他们提供具有挑战性的工作,营造一种全校性教师专业发展的氛围,只有这样才能保证每一位教师都能在职业生涯中积极主动的提升自我。

(3) 注重"双师型"教师队伍建设,鼓励师资国际化。新加坡高职院校很看重教师的企业经验,80%如果没有经过企业实践的锻炼,没有企业业绩,一般很难进高职院校当教师。学校也非常重视教师的进修和培训,专业教师每隔 2～3 年就要从事一段时间的工业项目的研制,使专业教师能从生产实践中不断汲取营养,充实自己。新加坡高职院校还重视教师与国际接轨,鼓励并帮助教师创造机会到海外讲课,在海外企业学习或兼职,培养师资的区域化和国际化教学水平。

　　因此，我们应加强"双师型"教师队伍建设。就目前我国而言，高职师资一方面来自普通高等院校的毕业生，还有不少是兼职教师，高职教师主要是理论强，实践能力弱。在教师队伍建设上，应采取多种措施，加大提升实践能力、多专业教学能力的力度，更加注重实践技能的培养提高。可以通过校企挂钩、内培外聘等渠道，合理安排学历层次和专业技能的培训，全面提升高职院校的教师素质，为高职的健康发展提供有力的保证。高职院校教师专业发展是一项长期而艰巨的任务，教师的成长不应只是教师个人的事情，而应成为全社会的责任。要切实有效地提升高职教师专业发展水平，制度建设是根本。

　　新加坡政府为此确立的高职院校教师专业发展的各项制度，尽管也难免存在着一些问题，但总体上为我国高职教师专业发展提供了许多可资借鉴的经验，有利于我国高职教育教学质量的提高。

第四章
高职教师专业发展的宏观政策：改革与发展

一切事物的趋于完善，都是来自适当的改革。

——巴尔扎克

第一节　教师教育政策的界定

一、政策定义分析

界定教师教育政策，首先要搞清楚政策的含义。

在现今的日常生活中"政策"这一概念比比皆是。其实从词源学上来分析。中国古代并无"政策"这一固定的社会科学范畴，只有"政"与"策"两个分开的词。许慎在《说文解字》中解释："政者，正也。""正"的本义为"规范""控制"。而在《文选·晋纪总论注》中则有"每与谋策画，多善"；《人物志·接识》中也有"术谋之人，以思漠为度，故能成策略之奇"；西汉刘向则编过《战国策》；《吕氏春秋，简选》中解释："策，谋术也。""策"的本义为"计谋""谋略"。若将两词合起来则为"规范的计谋"。

中国现在使用的"政策"一词的来源有两种说法。一说是从日本传来的。汉唐以后中国许多汉字传入日本。明治维新以后，日本又受西方文化影响，出现西方文字。日本人在接触到英文"policy"以后，就翻译为"政策"。1840 年鸦片战争后，中国被迫对外开放，该词又传回中国，由中国的人士翻译出来的。据载英国传教士李提摩太，他曾在 1895 年上书清朝廷一份《新政策》，其内容是要求清政府设置新政部，聘请英美等国人士来主管新政。之后，梁启超在 1899 年所写的《戊戌政变记》中开始使用"政策"一词，他认为：中国之大患在于教育不兴，人才不足，皇上政策首注重于学校教育之中可谓得其本矣。后来，孙中山也在文章中使用"政策"这一概念。此后，政策一词就在社会上流传开来。

在中国古代，虽然没有现成的"政策"概念，但是，与"政策"具有相同意义的语词却早已存在。人们早已在"政策"的系列上使用其他丰富多样的概念，如"路线""战略""方针""策略""计划""措施"等。

西方学者对于政策的解说是与把政策作为一门科学来进行研究相联系的。在中外治国安邦的历史上，对政策的研究虽然古已有之，但将政策作为一门科学进行研究即政策科学的兴起则始自 20 世纪 50 年代。20 世纪社会经济的发展、科技革命的展开和政治学理论的发展，最终导致了现代政策科学的诞生。对政策科学的诞生起奠基作用的著名学者被公认为是美国的拉斯韦尔。他和另一著名学者拉纳主编的《政策科学：范围和方法的新近发展》一书被看成是政策科学诞生的标志。拉斯韦尔首先创立了政策科学的基本范式。他认为政策科学的目标是追求"合理性"，它具有时间的敏感性，重视对未来的研究，要求采取一种全球观点，并认为政策科学具有跨学科的特性，它要依靠政治学、社会学、心理学等学科的知识来确立自己崭新的学术体系，同时是一门需要学者和政府官员共同研究的学问。自拉斯韦尔创立政策科学并建构政策科学的基本范式之后，西方的政策科学研究在不断向前推进。

20 世纪 60 年代，政策科学作为一个独立研究的领域趋向成熟，并在培养政府决策、管理和政策分析人才方面发挥了积极的作用。在 20 世纪 70～80 年代，政策科学在政策系统与政策过程的研究方面取得显著成就，特别是在政策评估、政策执行和政策终结方面形成了各种理论。进入 20 世纪 80 年代中期后，政策科学研究出现了一些新趋向，例如重视加强政策价值观的研究，比较公共政策研究有了新的发展，政策研究的视野有了进一步拓宽等等。政策科学研究出现的新趋向反映出这一科学研究正在走向深入。

正是在政策科学诞生并不断发展的背景下，西方学者对政策科学的核心词——政策也有着多样化的解释与理解。政策科学的创立者拉斯韦尔认为：政策是"一种含有目标、价值与策略的大型。"加拿大学者戴维·伊斯顿认为："公共政策是对全社会的价值作有权威的分配。"罗伯特·艾斯顿认为：公共政策就是政府机构和它周围环境之间的关系。美国学者伊根·古巴曾将形形色色的政策定义作了归纳与分类，概括出关于政策的八种定义：①政策是关于目的或目标的断言；②政策是行政管理机构所做出的积累起来的长期有效的决议，管理机构可以对它权限内的事务进行调节、控制、促进、服务，另一方面，也对决议发生影响；③政策是自主行为的向导；④政策是一种解决问题或改良问题的策略；⑤政策是一种被核准的行为，它被核准的正规途径是当局通过决议，非正规途径是逐渐形成的惯例；⑥政策是一种行为规范，在实际行动过程中表现出持续的和有规律的特征；⑦政策是政策系统的产品，所有行动累积的结果、决议，在官僚政治中成千上万人的活动。从政策进入议事日程到政策生效整个周期的每个环节，都在产生着、形成着政策；⑧政策是被当事人体验到的政策制定和政策实施系统的结果。

在人们通常的观念中，政策是指政府用以规范、引导和协调有关团体和个人行动的准则或指南，体现为规划、社会目标、方案、政府决策、计划、项目，甚至法规、法案等具体文件化的范本。实际上，政策具有不同的深层形态：首先，它是一种政治行为，政策是政府意志的体现；政策还是一种过程概念，这种过程性表现在政策是政府为达到某一既定目标而采取的一系列可操作性的活动；政策还可视为是一种权威性的社会价值分配方案，对某一具体政策而言，这种价值分配将在与政策相关的目标群体范围内进行；政策又是有关集体成员之间的一种默契，它要求所有成员，在给定的环境下能把握其成员的行为准则等。

学者们从不同的角度对政策有不同表述。政策科学本身也在不断发展中，对政策的定义也可能随着政策科学的发展和对政策研究的深化而有所变化。

二、教育政策界定

教育政策的涵义可以从政策的涵义演绎而来。根据我国《辞海》对政策的诠释，我们可以把教育政策定义为：教育政策是一个政党和国家为实现一定历史时期的教育发展目标和任务，依据党和国家在一定历史时期的基本任务、基本方针而制定的关于教育的行动准则。

在有关教育学及教育政策学的教科书中，我们也可以见到对教育政策的不同定义。例如："教育政策乃是实现教育目的的公共方针之体系。教育政策是一个政党或国家为实现一定历史时期的教育任务而制定的行为准则。不同的政党有着不同的教育政策，我们这里所说的教育政策具有特定的涵义，是指在中国共产党及其领导下的国家为实现一定时期的教育任务而制定的指导原则和行为准则。"同样对政策的涵义有着"仁者见仁，智者见智"的理解一样，企图对教育政策下一个确切的定义并不容易。

1. 教育政策与教育法律

教育法规是有关教育方面的法令、条例、规则、规章等规范性文件的总称，也是对人们的教育行为具有法律约束力的行为规则的总和。它是由国家政权机关制订，以国家暴力机器为后盾而实施的，对人们接受教育的权利和义务起着保护和规范的作用。

《中华人民共和国教育法》是中国教育工作的根本大法，是依法治教的根本大法。《教育法》的颁布是关系中国教育改革与发展和社会主义现代化建设全局的一件大事，对落实教育优先发展的战略地位，促进教育的改革与发展，建立具有中国特色的社会主义现代化教育制度，维护教育关系主体的合法权益，加速教育法制建设，提供了根本的法律保障。

关于教育政策与教育法律的关系，在以往的研究中具有两种不同的认识倾向：一是对教育政策采取广义的理解，从教育政策与教育法律统一的角度，认为教育政策与教育法律没有本质性区别，教育政策包括教育法律，教育法律是教育政策的一部分。列宁曾把法律看作是政策的一部分，认为"法律是一种政治措施，是一种政策。"国外许多政策研究学者也往往采取这种理解。如美国的伍罗德·威尔逊认为，政治学应当关心公共政策的发展应当细心地分析法律、法令的产生和变迁的历史。这里很显然，威尔逊是把公共政策与法律、法令等同起来看待。美国的关于教育政策研究的著作《教育政策指南》中，虽然作者并没有对教育政策与法律的关系进行明确说明，但在该书的第一章中，作者运用关于教育的法案来说明和解释教育政策问题，把关于初等和中等教育的法律问题作为教育政策的基本问题和研究对象。也说明作者是把关于教育的法律作为教育政策的一部分；二是对教育政策采取狭义的理解，既看到教育政策与教育法律的联系，又特别强调两者本质的差异，认为教育政策与教育法律具有本质性的区别，国内有关文献大多是从这样的角度来理解教育政策和教育法律的关系。

2. 教育政策与教育路线

在现实生活中，我们通常把路线、方针、政策联合起来使用。我们习惯于说"在党的教育路线、方针、政策的指引下"，或说"贯彻执行党的教育路线、方针、政策"等等。为此，我们先将教育路线与教育政策的关系作分析。

路线，本义是指从一地到另一地所经过的道路。引申到社会政治生活与社会实践活动中，则被定义为"人们在认识世界、改造世界中采取的基本准则"。路线从范围上可分为总路线和具体工作路线；从内容上可分为政治路线、经济路线、革命路线、文艺路线、教育路线等。具体工作路线是依据总路线确定的。在我国，党的总路线决定着党的教育路线的制定与形成，教育路线与总路线的精神是一致的。

教育路线是社会发展教育事业所采取的基本准则。就将教育路线界定为"基本准则"而言，其与教育政策的涵义有极大的相似性。教育路线实质上就是教育政策，是教育政策中的核心政策。教育路线可以被视为是教育总政策中某种核心内容的另一形式的表达。一方面，教育路线作为教育政策的"合理内核"，它决定着教育政策总的性质、范围与特征；另一方面，教育路线作为教育政策系统中的一个上位概念，它具有统领教育政策的作用。教育路线在一定程度上指引与规范着教育的具体政策的制定与实施。

3. 教育政策与教育方针

方针是国家、政党在一定历史时期内为达到一定目标而确定的基本原则。教育方针则是国家或政党在一定历史阶段提出的教育工作发展的总方向。教育方针所概括的内容一般有教育的性质、教育的目的及实现目的的基本途径等，其中以指出培养什么规格的人即教育目的为最重要。

教育方针是教育基本政策的总概括。在我国，党的教育方针以党的最高领导人的讲话、指示精神或以党的文献形式下达。教育方针因而强烈地体现出政策性。一方面，教育方针是国家一切教育工作所应遵循、执行的教育基本政策；另一方面教育方针同样作为教育政策中的上位概念，它对各项具体教育政策的制定起着规范和导向作用。

在对教育路线、方针、教育法律与教育政策涵义作了简要的分析之后，我们不难看出，教育政策是一个内涵丰富的概念。教育政策是一个完整的系统，也是一个完整的过程。全面地把握教育政策的内涵，有必要对其构成要素再作一个简要的分析与说明。对此我们可以从如下几个方面加深对教育政策的理解。

（1）教育政策的主体。教育政策有其特定的主体，例如国家权力机关、政党及其他政治集团、团体和教育行政部门。教育政策体现出主体的意志，具有合法性与权威性。

（2）教育政策的目的性。一定的教育政策总是指向一定的目标，又总在特定的历史时期内起着其特有的作用。教育政策具有鲜明的目的性并具有明确的时效性。

（3）教育政策是教育主体为服务于特定的教育目标而采取的一系列活动。教育政策决不是一种凝固的文本，而是具体的教育策略与行动方案。教育政策最重要的事情莫过于政策行动。教育政策若不付诸行动,则只是一纸空文,也就不能成为真实意义上的政策。

(4) 教育政策是一种教育的行为准则或行为规范。教育政策总有具体的目标人群与作用客体。它规定着政策对象与客体的政策行为,规定着他们应做什么或不应做什么,或鼓励他们做什么,抑或禁止(制止)他们做什么。教育政策规定常常带有强制性,它必须为政策对象所认同或遵守,而教育行为规范和准则,又应具有可操作性,使之实现特定的政策目标。

第二节　教师教育政策的影响因素

教师教育政策作为教育政策的一个有机组成部分,从本质上是一种公共政策。20世纪以来,当我们回顾教育发展的历程并对教育的持续发展进行思考时,有一个十分重要的问题不能不引起我们的关注,这就是教育的改革发展与教育政策的关系,我们越来越强烈地感觉到教育政策对一个国家教育发展的强大的影响力。

从教育实践的层面上看,教育前行的每一步,都无法同教育政策分离,在各种层次、各种类别的教育中,在教育发展的不同阶段和不同时期,教育政策总是或强或弱、或显性或隐性地左右着教育的改革和发展。正如毛泽东所说:"政策和策略是党的生命",同样我们可能这样认为,教育政策是维系教育生命的最关键因素。

正因为教育政策在教育发展中的重要性,教育政策的研究也随之兴奋起来,但在中国,虽然教育政策的历史很悠久,但有关教育政策的研究却是最近的事,实际的教育政策行为离科学化也还有很大距离。

教师教育,作为培养教师的"母机"是我国教育体系的一个重要组成部分,对我国整个教育体系、教育发展具有重要作用,教师教育政策的好坏成败不仅关系到教师教育自身的发展,而且对国家教育发展具有举足轻重的意义,所以教师教育政策研究具有其特殊的意义。

从理论上讲,政策制定是一个复杂的过程,政策制定之所以呈现出复杂性与紊乱性,一个重要的原因就是在政策制定过程中存在多种因素的影响。美国政策科学家安德森认为,政策行动的要求产生于政策环境,并从政策环境传到政策系统。与此同时,政策环境限制和制约着决策者的行动。从系统论的角度看,凡影响政策的存在、发展及其变化的因素皆构成政策环境,主要包括政治状况、经济状况、文化状况、教育状况、人口状况、科技状况、国防状况等等，它对公共政策起着直接的影响、制约，甚至决定的作用。因此，我们可以把教师教育政策看做是社会众多因素综合作用的产物。

一、政治决定着教师教育政策的制定

任何政策都是阶级意志、利益的集中体现与表达，政策的制定是一种政治行为，教师教育政策也不例外，在教师教育政策制定的整个过程中，政治环境的影响无时不在，无处不在。

第一，政治影响教师教育政策目标的确定。不同时代、不同国家在制定教师教育政策中，都必须确定明确的政策目标。具体政策目标因政策而异，但实质上是一致的，即都体现了在政治上占据统治地位的社会阶级和集团的利益、理想和愿望。统治阶级的利益、理想与愿望成为各国确定政策目标不可忽视的关键因素。

第二，影响教师教育政策制定的方式。政治体制的特点直接决定着教师教育政策制定的方式。政治权力组织较为合理的国家其政策过程也较为科学，反之亦然。

第三，影响政策制定的质量和效率。良好的政治体制也包括为社会单个群体和成员直接与政权联系并反馈作用提供保证的沟通机制。而政策过程实际上就是信息的处理过程，信息梗阻使得政策制定者无法获得必要的决策依据，这样政策的制定是低效的，质量自然也没有保证。

第四，影响政策方案的选择。任何一国教师教育政策的制定都不是一个自然、自动的过程，而是一个人为的、有选择性的过程。而不同的教师教育政策方案往往决定着教育资源在社会中不同的分布情况，决定着社会中教育机会和权利的不同分配。从我国教师教育政策历史考察与有效性研究中教师教育政策的影响因素根本上说，一个社会教育资源的数量由其经济所决定，经济落后，社会能提供的教育资源有限。但是，教育资源的分配方式则由政治决定，政治规定了不同阶级、社会集团及其成员在占有教育资源中的机会、权利的差异。选择教师教育政策时，必然要与此相应。

总之，政治的影响是广泛的。执政党和政府所代表的阶级利益、政治体制、政府对于教育事业在社会生活中的地位和作用的认识、政局的稳定情况等对教师教育政策制定有非常大的影响。

二、经济状况是教师教育政策制定的最重要的基础

任何政策归根结底是由经济状况所决定，特别是由经济基础和经济利益所决定的，一国的经济状况决定其政策的基本构架、规模、程度和方向，决定某种政策的必要性、可能性和实施效果。

1. 经济状况是教师教育政策制定的出发点

一国的经济状况如何，决定了它是否把主要的人力和物力投入为改善经济条件而进行的各种活动，是否以及花多大的精力来从事政治的和文化的建设。正确的或合理的政策必须符合社会经济发展的实际，这是不言而喻的。然而，正是这一点却往往被人们所忽视。

2. 经济实力是教师教育政策制定和实施的基本物质条件

政策过程作为上层建筑领域里的政治活动，必然有其经济的根本动因，而且这一过程也必须在与国家或地区的经济整体发展相一致的前提下，才能获得贯彻实施所需要的财力、物力等各种经济资源的充分支持。一方面，经济实力影响教师教育政策问题的提出。一个国家的教育发展中会不断产生各种各样的教育问题，有些甚至较为严重，但不能都成为政策问题加以认定，其中经济是主要因素。更为明显的是教育直接服务于经济发展，为了解决经济问题而出台的一项教师教育政策。另一方面，经济实力影响政策方案的选择。由于经济实力的差距，各国在制定本国的经济政策方案时，对政策方案的选择自然不一样，超越本国经济实力的教师教育政策方案必然丧失其经济上的可行性。

3. 经济实力也会直接影响教师教育政策实施效率

教师教育政策的实施与其他政策一样，都需要以交通、通讯以及人民的基本生活条件和生活方式为基础。因此，国家关注到教师教育政策问题固然很重要，但要解决一个教育问题，政策是一个方面，更重要的是经济实力。一个教师教育政策无论多完备，如果没有国家足够的物质保证，政策就只是一纸空文。可见，只有从客观经济状况出发，根据需要和可能，才能制定我国教师教育政策历史考察与有效性研究第二部分教师教育政策的影响因素出适合实际的教师教育政策。

三、教育环境是制定教师教育政策的依据

任何一国制定教师教育政策通常是为解决一定的教育问题，并借助政策来

规范、引导人们的教育行为,来指导教育事业的发展。显然,教师教育政策制定与教育环境息息相关。教育环境的影响主要有:

1. 教育的传统与现状

传统既是历史又是现实,它是历史在现实中的沉积,它不仅作用于过去,而且构成一种强大的现实力量作用于当前乃至未来。在教师教育政策制定中,教育传统有着一定的影响。

其一,教育传统常以一种"遗传基因"的作用方式融入现实,形成一股强大的力量去影响人们,赋予人们特定的思维方式、价值观念,使人们不自觉地带着这种教育传统去制定教师教育政策。

其二,教育传统在一定程度上决定着具体政策目标和方案内容,我国教育历来具有重视德育的传统,在教育过程中注重道德自觉和理想人格的培养,教育学生将人际关系的和谐作为重要的追求目标和内容。所以,我国制定的许多教师教育政策常以此作为一个重要目标和内容。

除教育传统的影响之外,教育现状对政策制定的作用亦不可忽视。一方面,教育现有的问题、矛盾和要求常常就是教师教育政策问题的来源。例如,近年来,人类的知识总量急剧增长,提出了终身教育、继续教育、创造性学习等新观念和新问题,这就成为今后教师教育政策制定应解决的问题。另一方面,各国的教育现有水平还从客观上制约着教师教育政策目标的确定和方案的选择。

2. 教育理念

教育理念是指一国国民对教育的基本观念和信仰倾向。它与教师教育政策制定也有一定的关系。通常,政府制定教师教育政策要以社会所具有的教育理念为导向。社会共同具有的教育理念指导教师教育政策方案的制定,教育理念变化,政策方案随之变化。现今教育中存在一些新的教育理念,如终身教育、教育先行、教育平等、个性发展等,这些理念都是制定教师教育政策的重要依据。

四、社会舆论是教师教育政策制定的中介力量

社会舆论实际上是反映和表达人民群众愿望、要求的一种形式。它主要在两个方面影响教师教育政策的制定:第一,影响着教师教育政策问题的认定。通过报刊、广播、电视等宣传新闻媒体,把广大群众对教育领域发生或存在的重大问题所持有的观点、意见,以及解决这些问题的建议或意见反映出来,传播开来,使这一问题成为人民普遍关心的热门话题,成为全社会关注的焦点。这种舆论的力量对政府是一种压力,也是一种动力,促使和推动政府采取各种步骤、措

施,把社会舆论所反映和关注的热点问题列入政府的议事日程,作为优先问题加以解决,在某些特定情况下甚至会产生决定性影响。第二,社会舆论的广泛性,又可以为政策制定过程中的方案选择提供一些参考意见和建议,增强政策的可行性。故而,社会舆论对教师教育政策的制定可起到一种中介的推动作用。

五、国际环境影响教师教育政策问题的认定

一国或地区的公共政策不但受制于国内环境,而且同样受制于国际环境。国际阶级关系状况,阶级斗争形式所反映出来的国际局势的紧张或缓和、战争或和平,各种政治军事集团力量对比的消长、分化和重新组合的格局等,是一个国家制定政策的重要依据。国际科学技术发展状况及其发展趋向也是政策制定的一个重要依据。20世纪80～90年代以来,信息化的浪潮席卷全球,当今世界正在经历一场以信息社会为特征的产业革命,这场革命使世界经济从工业化阶段进入知识化阶段,知识和信息的制造、加工、传播和应用成为经济增长最重要的源泉。创新被放在了十分显著的位置。1998年12月我国《面向21世纪教育振兴行动计划》应势而出台,力图在21世纪全面提高国家的综合国力和国际竞争能力,实现国家和民族的振兴。

随着时代的发展、社会结构、经济形态、生产形态、工作形态、组织形态都会发生了相应的变化,这些变化也必然影响到教师教育政策的制定,教师教育政策应该沿着:"社会发生了什么变化—教育应该有什么变化—学生的学习会有什么变化—教师的功能起什么变化"的思路进行。

第三节　国际教师教育政策的走向

发达国家及我国教师教育政策的演变说明,教师教育政策是发展变化的,不同的时代,教师教育政策是不同的,不同的国家的教师教育政策也有其特殊性,这里阐明国际教师教育基本政策的发展规律和未来趋势。

一、国际教师教育政策的趋势

(一) 从自然养成到组织化培养

教师教育经历了一个从非组织化养成到组织化培养的过程。各国的教师教

育都经历了这一历程。古希腊和古罗马时代的文化和教育十分发达,出现了具有重大影响的思想家和教育家,如苏格拉底、柏拉图、亚里士多德等,但这些人成为大教育家并不是因为他们经过了正规的教师培训,而是在其先辈及其老师的影响下,在教育实践过程中经过自己的摸索逐步成长起来的。学校教育出现后,教师成长仅仅靠自我养成或模仿已经不够了,师傅带徒弟培养教师的方式出现了。在文艺复兴之后,随着教育的进一步的发展,当时的一些著名的人文主义教育家在从事教育活动的时候,也培养一些自己的学生参与到教育工作中,文艺复兴晚期,著名的教育家夸美纽斯已经注意到了教师培养的重要性,私立或教会办的教师教育机构出现了。18世纪之后,随着工业社会的来临,教育成为社会和个人的普遍需要,教育普遍发展需要大量的职业化的教师,这就要求有组织地培养教师。所以,专门的师范教育就应运而生,美国在1839年兴办了第一所师范学校,英国在1810年开始兴办师范学校,法国于1810年办了第一所师范学校,德国在1810年开始举办教师教育,日本在明治维新之后开始兴办师范教育。其他国家也纷纷建立专门的师范教育机构以培养教师。这说明,从19世纪开始,有组织的师范教育不断得到发展,经过一百多年的建设,各国教师教育已经高度组织化。

(二) 从封闭系统到开放系统

教师教育组织化之后,逐渐由封闭定向制度向开放制度发展。从美国、英国、法国、德国和日本等国家的教师教育基本制度的演变可以看出,这些国家教师培养开始时都是定向的,即设立专门的教师教育机构培养教师。美国的师范学校从1839年创立到20世纪初期,大致上经历了60多年;20世纪初期师范学校开始向教师学院过渡。这些可以看作是美国式的定向教师教育阶段。20世纪40年代以后,美国的教师教育体制开始走向开放。具体来说,美国原有的教师学院很快地都发展成为综合性大学,教师培养成为这些大学的一部分任务,而不再是全部;其他综合性大学也开始办教师教育专业,把教师教育作为一种专业来办。所以,教师培养不再有专门的学校进行,所有的有资格的大学都可以培养教师;其他国家与美国的做法类似。英国目前已经没有专门的师范院校了,德国专门的教师教育院校很少,法国没有专门的教师教育院校,日本只有为数不多的几所教育大学。可以说,开放的教师教育是当前教师教育发展的根本趋势。

开放的教师教育制度的优点是各种类型的大学都参与到教师培养中,可以发挥各种类型高校的作用,培养出各种类型的教师,较之过去单一的定向体制,可以满足社会对不同类型教师的需要。同时,开放体制下,学生可以广泛选修课程,普通知识宽厚,学科专业知识扎实,教育学科知识牢固。教师教育发展不是靠计划,而是靠教师市场调节,这种政策的缺陷是,政府不能有效地控制教师教育的发展,在教育发展落后和教师待遇低的情况下,人们不愿意当教师,如果采用开放式政策培养教师,基础教育的师资就很难得到满足。但在教育发展处于良性发展以及教师的待遇处于正常状态的时候,开放的教师教育政策是最佳的选择;各国的教师教育发展已经证明了这一点。定向型教师教育政策主要适用教师教育的初始阶段。这种政策的优点是可以根据教师需求有计划地培养教师,如我国的教师教育政策就属于典型的定向型。但其缺点是不能根据教师市场的变动培养教育人才,不利于发挥其他理科大学和综合性大学的优势,培养的教师适应性差,知识面窄。所以,定向的教师教育政策在世界范围内已经被淘汰。

(三) 从职业定向到专业发展

过去,世界各国把教师看作是一种职业,对教师培养的着眼点是让受教育者掌握所教学科的知识,主要是对学生进行职业定向教育,要求学生热爱教师职业,而不是通过培养中学生成为专门的教师。人们虽然要求教师热爱教师职业,但并没有对教师进行专门化培养,主要还是进行学科专业知识教育,所以,我们把传统的教师教育称作教师职业定向教育。职业定向教育是一种规定性的,即一个人只要进入师范院校学习,他就被规定为教师,只要有足够的学科专业知识就可以做教师。

20世纪50年代以后,各国逐步提高了对教师素质的要求,也逐步提高了对教师教育的要求,不少国家建立了严格的教师任职资格和严格的教师教育认证标准。美国建立了完善的教师资格标准和教师教育的资格标准。英国也有类似的教师和教师教育认定标准。法国、德国和日本不断地强化教师的专业化进程。所以,发达国家的教师都经过严格的专业训练,这些训练不仅要求学生掌握足够的普通文化知识,扎实的学科专业知识,学生还必须掌握系统的教育学科知识,实用的教育教学方法。如果没有经过专业化的培训,就不能做教师。所以,教师教育走上了专业化道路。教师教育专业化的主要表现是:一是各国的大学把教师教育作为一种专业来办,按照专业的基本要求设置培养目标,开设有关课程;二是各国的大多数大学都设有教育学院和教育研究生院,这些学院和研究生院与大学的其他学院具有同等的地位;三是各国不少的大学都授予教育学士、硕士和博士学位,这些学位与其他的专业学位如法学、医学学位是一样的。

（四）由低层次向高层次转变

在世界范围内，教师教育由中等师范学校发展到今天由教育研究生院来承担。发达国家都经历了师范学校阶段。中师毕业是对教师要求的最低限度。随着教育质量的提高，教师教育开始走向大专层次，在开放的教师教育体制中，教师教育开始提高到了本科水平和研究生水平。当前发达国家没有中等师范学校，主要是大学层次和研究生层次的教师教育。

（五）从大学为本到大学与中小学校相结合

长期以来，教师培养主要是以大学为本，学生在大学接受教师教育，毕业后到中小学校任教。这种培养模式已经存在了两百多年，但它存在着两个天然的缺陷：

一是教师教育专业是种实践性很强的专业，教师教育或在职教师进行的是理论知识教育，但缺乏对其实践的训练，初等教师教育和中等教师教育需要掌握足够的理论知识，但还需要了解学生，理解教育教学的本质，掌握处理师生关系的技巧，有解决学生碰到的疑难问题的能力等。初等教育和中等教育师到的问题不会出现在大学的课堂，只能在中小学校才能有，教师培养也需要在学校的教育教学过程中进行。

二是大学教师远离中小学校的实际，对师范生和在职教师的教育主要是理论方面的，不能对师范生或在职教师进行有效的实践技能的指导。鉴于大学为本的教师教育的缺陷，美、英等国家在 20 世纪 80 年代以后逐渐兴起了"校本教师教育"。所谓校本教师教育就是指教师培养和培训主要是以中小学校为基地进行。大学教育学院派出指导教师，中小学校也指定一些教学经验丰富的教师，对实习教师进行指导，使实习教师逐步由新手教师成长为熟练教师。英、美等国家还出现了教师发展学校，教师发展学校就是大学和中小学校相结合的产物，比如英国要求教育硕士学位的 4/5 的课程和中学教育学士学位 1/4 的课程应该以中小学校为本。

中小学校在教师培养中发挥着重要的作用，我国的教师培养主要是以大学为本进行的。近年来，有一些中小学校开始了以校为本的在职教师培养。校本教师教育的优点是：根据教师教育实践性特点，把大学和中小学校结合起来，充分发挥中小学校优秀教师的作用，培养出优质教师；大学教师在合作中了解中小学校教育的实际，更有针对性地研究教育的实际问题；中小学校的教师则通过与大学教师的合作提高自己的知识水平。总之，校本教师教育模式是一种使受教育者、大学和中小学校三方面都受益的模式。

总之,在全球化和信息化时代,世界各国的教师教育有许多共性,但也有差异性。我们要重视教师教育发展的共同趋势,借鉴各国教师教育发展的一些好的做法和好的经验,同时也要注意保留中国教师教育的一些好的经验和做法。对发达国家开放的教师教育政策的一些理论和做法,既不能全盘照搬,也不能全盘否定。根据中国的现实,逐步开放我国的教师教育系统,建立市场导向的多元教师教育制度模式,以适应我国教育发展对各种类型教师教育的需求。

二、各国教育政策概览

1. 中国：在教育部直属师范大学实行师范生免费教育

大力振兴师范教育。顺应时代需求,回应战线号召,实施教师队伍建设工程,启动教师教育振兴行动计划,召开全国教师教育振兴工作会议。推动各地提高师范生生均拨款标准,大力支持师范院校和师范专业发展。建立教师教育改革实验区,完善高校、地方政府、中小学"三位一体"的协同育人机制。

探索采取"大类招生、二次选拔"等方式,改善师范生生源质量。适度扩大教育硕士招生规模,提升教师培养层次。指导各地及相关学会、协会、高校开展师范生技能展示活动,强化"三字一话"等师范生基本功训练。深入实施"卓越教师培养计划",分类推进培养模式改革。

印发师范类专业认证标准及认证办法,启动师范专业认证工作,加强培养质量监测评估,促进各地不断提升教师培养质量,为教育改革发展供给数量足、素养高、能力强的教师。

2. 澳大利亚：师范生教育成为改革重点

澳大利亚公布了一份关于教师教育的调查报告,这份报告描绘了未来澳大利亚教师教育改革的蓝图,而其中的笔墨重点落在了教师的职前培养上,也就是我们所说的师范生教育。报告提出,师范生在开始修读大学课程之前要参加读写算基础知识技能的考试,增加实习期的比重和资金支持,而在岗的教师必须参加继续教育才能有注册的资格,同时提出增加教师工资,以及加强大学与中小学在教师教育上的合作等政策建议。

这次调查是澳大利亚联邦议会教育与职业培训常务委员会发起的,研究历时两年,在对澳大利亚教师教育的现状与问题进行了多次全国听证、咨询与研究的基础上完成了这份名为《教师：课堂之上的人》的调查报告,其中与师范生教育相关的内容包括：

（1）统一教师教育课程和教师资格认证体系。报告呼吁建立全国性的大学教育课程认证体系,并使认证工作获得联邦资金支持,同时承担全国教师的注册工作。目前,澳大利亚的教师认证与注册皆由各州与地区的政府进行,其要求、标准、程序等各不相同。该报告同时呼吁增加教师教育的投入,包括满足大学里的师范生教育、实习期以及建立新教师的首年见习计划的需要。

(2) 加强对新教师实习的重视和投入。为了大力支持新教师,报告建议实习应该被单独资助,而不是并入大学奖学金之中,同时建议用于一个全日制学生教学课程的资金增加1 800澳元。借鉴英国苏格兰模式的见习计划,新教师将有20%的时间进行面对面的教学。在见习期间,新毕业的教师无需承担全额的教学任务,并且保持与大学的联系。他们将在有经验的教师指导下听课并参加专业发展课程。新教师的导师也要接受培训,以便很好地承担起指导新人的责任,同时也会得到相应的报酬,联邦政府与雇主将按照其起始工资的10%支付报酬。是否担任导师将遵循自愿的原则。

(3) 吸引不同背景的学生选择师范专业。报告没有采纳"设定高等教育师范生入学最低分数线"的建议,认为设定分数线会把很多学生排除在教师教育之外,特别是土著学生、出身非英语母语或低社会经济地位的学生,从而影响了未来教师背景的多样性。但是为保证质量,该报告建议对选择教育专业的学生进行读写算等基础知识与技能的诊断性考试,并且为能力不足者提供补救性教学。报告说,注意力应集中在师范生毕业时所拥有的能力,而不是入学时。这份报告称,澳大利亚对未来教师的选拔标准并不统一,培养教师的31所大学中,只有4所大学要求学生在12年级时学习数学,另有8所大学要求学生在11年级时就得学习数学。

(4) 检验师范教育机构的教育教学质量。该报告还要求检查作为教师培训课程基础的教育哲学,以及教学与测评所使用的方法,看它们是否有充分的研究作为基础。然而,墨尔本大学教育学院名誉退休教授布赖恩认为,目前澳大利亚没有一个大学的教育学院在测评其所教课程及其所培养的本科生的质量,因为教师教育从头到尾都是被垄断的。建议政府投入资金支持师范生教育。这份教师教育调查报告还呼吁澳大利亚联邦政府更好地分配资金来确保教育专业的招生数量,以应对全国教师短缺的现状。目前,澳大利亚正在大量培训小学教师,但是数学和科学教师仍然不足。澳大利亚联邦议会众议院教育与职业培训常务委员会主席卢克说:"教师教育虽然还没有出现危机,但是改善却非常必要。向教师教育每投资1澳元,都能够获得与之相称的回报。"

3. 美国：教师质量成为教改的下一个重心

"质量问题"永远是教育的核心问题,教师质量的提升决定教育改革的成败。

美国作为世界教育改革的先锋,已将提高教师质量作为其教育改革下一步工作的重心。其经验很值得我们借鉴。

(1) 教师质量成为国家战略。1983 年 4 月,美国高质量教育委员会发表名为《国家处于危机之中：教育改革势在必行》的报告,拉开了旨在全面提高教育质量的改革序幕。20 年后,美国教学委员会以"同名姊妹篇"的形式又出台了另一份报告《教学处于危机之中：教学改革势在必行》,报告的出台标志着美国教育改革已从宏观转向中观,提高教师质量成为美国教育改革下一步工作的重心。

这份报告将提高教师质量提升到美国国家发展战略的高度,提出"美国作为世界领袖的国家地位正在受到威胁,而教育系统不能提供高质量的教师,是造成这一结果的主要原因之一。如果我们仍然将教学作为二流职业对待,那么我们的领导地位将不复存在。"

在这一指导思想下,美国联邦教育部及各州开始了一系列以培养合格教师、提高教师质量为目的的教师教育计划。2006 年 8 月,美国联邦教育部批准了 31 项拨款用于招募、培训新教师和留住在职的高素质教师。

(2) 提升教师地位和专业化水平。美国十分清楚,要全面提升教师质量,关键在于能够留住高质量的教师。怎样才能留住高质量的教师呢？根本在于使教师这一职业具有吸引力。2004 年 9 月,美国教学委员会又出台了另外一份报告《提升教师质量》,并建议从四个方面着手进行改革："一是更有效地回报教师；二是负起教师培养的责任；三是提高州教师许可和资格证书的要求；四是赋予中学校长首席执行官的权责。"

(3) 提出教师质量的标准。提高教师质量需要一个可供操作的标准。2004 年 4 月,世界上最大的私立教育测试和测量组织,美国教育考试服务中心,发表了"教师质量的系列报告"。

其中第一份报告《教师质量是教育的基础》,对教师的质量作出了界定："优秀的教师培养优秀的学生。这既是教学的基本目的,又是评价教师的基础。中心超越'内容—教学技能'谁者为王的争论。认为这是一种不恰当的二分法,是一个错误的选择。有效的教学需要四种类型的知识和技能：基本的学术技能、所教学科的内容知识完全、普通的和内容具体的教育学知识、面对面的教学技能。"具备这些知识和技能的教师应该可以成为优秀的教师。

此中心对教师质量的界定,对于教师教育质量的研究作出了一项很大的贡献。这一界定不仅抛开许多传统观点的苑囿,注重教师知识的涵养,认为知识与教学技能并不构成一对矛盾,二者在实践中的结合才是最重要的,而且注重从教师的业绩来测评教师的质量。通过教师的教学来评价教师,无疑是最为正确的思路。仅凭标准化测试成绩判断，显然与需求有很大一段距离。

（4）教师培养注重"实践"。美国非常重视"实践"在教师培养中的作用。美国教育考试服务中心认为，负责任的对教师培养的许可，应该包括三个关键要素：一是教育、二是经验、三是考试。其中"经验"这一项就是强调实践。美国教学委员会认为："大学和学院的校长们对改善预备教师的素质方面负有责任，他们应该提高录取标准，录取更优秀的学生并确保具有以实践和学校为科学基础的专业知识的学习。"

不仅如此，美国培养教师时非常注重"综合"。认为"综合"与"实践"密不可分，实践本身具有综合性，只有综合性的培养，才是真正地立足于实践。即要在实践中进行综合培养。例如，美国《科学教师培养标准》就专门开辟"专业实践篇"，言明："当教师开始一个基于普通知识的实践，并应用他们的知识使其实践变得有效时，教学就成为专业。"也就是说，没有实践就没有教学，也就不存在教师。而教师的专业实践是一种综合的培养。

（5）研究为教师教育提供支持。重视教师教育研究是重视教师教育质量的最高表现。因为只有研究才能为合理的教师教育决策提供智慧保障，才能使教师教育质量提高成为可能。随着对教师质量重视程度的提高，美国教师教育研究也相应地得到了发展。正如美国《教师教育杂志》的特约评论员玛里琳所言，"虽然教师教育史与教育研究史始终是交叉并行的，但是研究从未像现在这样受到重视"。

教师教育研究委员会认为教师教育是一项专门的事业，和其他的职业培训没有区别。于是设问：基础研究和应用研究应该如何奠定职业教师教育课程基础？这一设问将教师教育研究定位为"实践问题"。美国教师教育委员会将教师教育研究定位为"政策问题"，关注的是教师学识、教学和信仰与学生的成绩之间的因果关系，如果能够在经验上对其加以证实，那么就可以据此来制定相应的政策。

我们可以看到二者并不矛盾。二者发表各自报告的目的不同，他们的听众亦不同，研究的方式不同，关注的问题不同。而这种多角度全方位的研究正是提高教师教育质量的保障因素。

4. 俄罗斯：师范专业仍实行免费教育

20世纪90年代以来，俄罗斯的师范教育经历了一系列变革和调整。当前，构建个性化的师范教育观、创建多级的师范教育结构、师范教育学科门类及专业的标准化、更新师范教育内容以及建立和发展连续的师范教育体系构成了新时期俄罗斯师范教育发展和改革的指导思想和主要目标。

俄罗斯联邦政府依然保持着前苏联时期重视师范教育的传统，通过制定和实施一系列法律法规、政策措施，加强师范教育的发展。

1993年，俄联邦国家高等教育委员会与教育部联合召开会议，就师资培养问题进行了讨论。会议提出了以个性为本的师范教育构想，并对教师的培养和培训等问题作出了相关规定。《俄联邦教育法》颁布之后，教师的工资标准进入了法律规定的程序，随后在《俄罗斯联邦教育发展纲要》(2000年)中更明确地提出了教师队伍建设的目标和具体措施。

此后，俄罗斯又相继出台了一系列国家级政策文件。2000年的《俄罗斯联邦国民教育要义》指出了国家在师资培养方面的职责，如吸引有才干的人进入师范教育系统、保证师范教育系统资金的供给；同年的《2001—2010年教师教育发展纲要》则为新世纪俄罗斯师范教育的发展确定了目标，其中明确指出师范教育在俄联邦教育系统中处于优先发展的地位。

经过十多年的发展，俄罗斯的师范教育取得了一定的成绩，然而，教育经费不足一直是困扰俄罗斯教育发展的瓶颈，在师范教育领域也同样不可避免。

由于俄罗斯经济下滑，国家和地方教育拨款不足，教育机构经费短缺，教育技术设备更新缓慢，教师工资不能足额发放，拖欠教师工资的现象时有发生。提高教师地位和保证待遇成为俄罗斯教育制度中急需解决的难题之一。

很多师范院校的毕业生因就业后工资极低而选择继续读研究生(特别是女大学生)，或另寻其他职业，甚至待业。据调查，现在俄罗斯每年普通高等师范院校的毕业生中仅有40%从事教师职业，名牌师范大学的比例更低。俄联邦教育和科学部据此数据，同时考虑到人口下降、生源减少等因素，于2007年2月提出缩减高等师范院校毕业生数量的建议，官方接受了这一观点并予以通过，但一些专家对此持反对态度。

另一方面，原来在俄罗斯接受高等教育是完全免费的，现在《俄联邦教育法》规定在通过考试竞争的前提下，公民享有免费接受第一次高等教育的权利。也就是说，考试分数不够，就得掏钱接受普通高等教育。如此一来，高等师范院校显示出了优势，因为绝大多数师范院校的传统师范类专业仍保留着免费教育制度，因此师范院校的招生规模和入学竞争都很大。教师的培养不再只由师范院校承担，一些专业学院和少数综合大学也增设了师范类方向。

《俄联邦教育法》规定的国家每年拨出的教育经费不少于国民收入的10%，实际上只能兑现一半左右(4.8%～5.4%)，靠吃"皇粮"根本不够。目前，俄罗斯师范教育机构的经费来源和其他教育机构保证一样，是多渠道获得：国家财政预算、地方财政部分拨付、学校自筹、接受赞助，等等。

为吸引更多的人从事教师职业,俄罗斯借鉴中国的教育贷款制度,由国家向师范院校的学生发放贷款,并进一步规定,如果学生毕业后从事教师职业,其贷款由国家支付,否则自己偿还。但是,因为银行担心还贷问题,政策尚未落实。2006年8月,政府对于教育和科学部所倡议的国家支持教育贷款纲要的方案表示支持,计划于2007—2010年试行该方案。另外,为吸引更多男大学生从事教师职业,政府还计划对选择教师职业的男大学生实行毕业后免服兵役的优待。

2000年以后,俄罗斯经济开始呈现持续增长的势头,为增加教育投入提供了条件。

尽管俄罗斯的师范教育由于受社会政治和经济因素的影响,在发展过程中还存在很多不足,但是,俄罗斯政府保持了苏联时期重视发展师范教育的传统,保证了师范教育的相对稳定和正常运转。俄联邦教育和科学部部长安德烈说:"国家和政府对学校、对教师、对师范教育体系的关注态度决定着我们社会的精神和物质财富,振兴国家的真正的财富源泉不在银行,而是在今天的学校里。"

5. 德国：教师职业高门槛高待遇

德国是世界上开展教师教育较早的国家,教师教育制度比较完善与发达。德国教师教育的稳步发展很大程度上是因为德国政府对教师教育的高度重视,严把教师质量关。

德国教师教育的政策、法规具体完备,教师教育工作的每个环节都有明确的规定,操作性很强,教育行政部门的职责权限非常明确。

根据德国宪法规定,各州有权颁布专门的法令规定教师的培养和培训。联邦政府则成立了一个由各州文教部长组成的联席会议进行统一协调,以促进各州的教师教育制度趋向统一,并对中小学教师提出总的要求。

德国教师的职前教育分为大学的职前教育阶段与职业准备教育阶段,这两个阶段都由政府负责。根据中小学教育不同阶段、不同类型学校对教师水平的需求,将师范生分为小学和中等教育阶段Ⅰ(初中)的基础课教师、中等教育阶段Ⅱ(高中)的教师、职业学校的高年级文化课教师、特殊学校教师四大类,进行有针对性的职前培养。师范生必须根据各州教师法对各类型教师不同的标准规定,来制定自己的修业计划。

德国法律规定,中小学教师必须在大学或高等师范学校接受过一定课时的教育科学和学科专业教育,并有过一定年限的执教经历才能取得任职资格。2001年德国联邦政府颁布了《教师论坛建议书》,强调师资专业素质的提升是教育改革成功的关键,建议应该强化教育学科、专门学科以及教育理论和实践经验,强化专业发展机制,以适应时代的需求。2004年,德国文化教育部颁发了德国教师教育新标准的决议,成为全德国师范生实习阶段和职业准备阶段专业要求的基本标准。

此外,近30年来,德国把教师继续教育的地位与作用提高到历史上从未有过的高度。教师的在职进修被纳入法制化轨道。根据各州的法律规定,中小学教师到退休为止必须参加定期的教师进修活动,包括在职进修提高和留职带薪深造两种,并且教师每年有5个工作日可以带薪脱产进修。教师进修由各州负责进行,州文教部等政府机构是管辖和推进州内教师进修活动的主要部门。

在教师教育管理领域,德国联邦政府负责制定教师培训和工资的框架性规定,各州政府负责教师的录用、安置、工资和督导,掌管教师的培养和进修。教师一般都是各州的公务员,政府对教师的选拔和录用采用国家考试的方式进行。

学生取得完全中学毕业证书后进入师范教育阶段Ⅰ,所有师范生必须接受统一规定的6～8学期的大学科学教育(相当于硕士水平),课程包括一门主科和一门或多门副科,以及相应的教学法和教育实习,修完课程后进行第一次"国家考试",考试内容包括毕业论文、书面考试、试讲和教育实习。第一次考试通过后,由本人向州文教部提交大学毕业文凭以及第一次国家考试的全部材料,申请到有教师培训中心的学校(一般是中学)担任实习教师。实习教师属于见习公务员。实习期为一年半到两年,实习期间,要按州文教部的规定上一定数量的示范课,还要学习与教师职业有关的内容。实习教师在各方面的表现由实习学校的教师培训中心作出评价。这次评价就是第二次教师资格考试,此次考试要求十分严格。据德国近年来的统计,有约20%的实习教师无法通过第二次国家教师资格考试。通过第二次教师资格考试后,政府颁发《教师资格证书》。

国家考试对整个国家的教师教育起到了标准化作用,使得全国的教师教育基本水平大致相同。德国的教师资格证书在欧盟国家通用。

德国教师是国家公务员,享有较高的社会地位,可以终身任职。在经济合作和发展组织中,德国教师的工资待遇最高。为提升教师职业的吸引力,德国联邦和各州政府投入大量经费为师范生发放专门补助,同时不断提高教师的福利待遇,加大对教师继续教育的经费投入,教师基本免费参加在职进修,保证教师队伍的质量。

在现代工业化国家,教师教育的发展是社会持续发展、经济增长取得重大成就的历史标志。德国政府正是通过建立完善的教师教育法律机制、进行严格的教师教育管理以及加大教师教育经费投入等措施促进教师教育的长足发展。德国的经验表明,推进教师教育发展很大程度上是一种政府责任和政府行为,政府在其中起着主导作用,应该树立明确的政府责任观。

6. 法国：教师专业高标准严要求

法国是中央集权制的教育行政体制，政府在教师教育发端、发展、变革的过程中始终居于主导地位。20 世纪 90 年代以来，政府通过颁布法令、制定相关政策与标准、划拨经费来严格控制教师教育的制度设计、机构设置，以及教师的专业标准与资格认证，并通过给予教师较高的社会地位和经济地位，以及给师范生发放津贴等措施增加教师职业的吸引力，保证教师队伍的质量。

法国师范教育具有比较悠久的历史，但长期存在着培养规格偏低，初等教育教师和中等教育教师培养相互隔离，以及双轨制等问题。1989 年法国颁布《教育方向指导法》，启动了法国教师教育的重大改革。该法第 17 条规定，建立统一的、专门化的大学层次的教师教育机构——教师培训学院取代原有的师范学校、地区教学培训中心、学徒师范学校、职业和技术教师培训中心等教师培养机构，培养从幼儿园到高中所有层次的各类教师和开展教育教学研究。该学院的成立标志着一种全新的教师教育理念与模式的确立。

教师培训学院招生对象为读完大学三年级，并获得学士学位者，学制两年。教师培训学院的建立，是法国教师教育的重大改革举措，它改变了初等教育教师的培养途径，提高了培养规格。它统一了法国中小学教师职前培养的途径和规格，结束了以往不同教师由不同机构分别培养的历史。这一培养体制使教师教育与大学教育融为一体，加强了教师教育与整个高等教育体系的一体化，使未来中小学教师既受到扎实的高等专业教育，又受到严格的职业培训。

法国现有教师培训学院 29 所，院长为大学教授，由教育部长任命，办学经费由中央政府拨付。

从 20 世纪 80 年代末 90 年代初开始，法国开始推行把学生个体放在教育体制中心的教育政策，由此也更加关注教师专业素质的培养。法国教育部在上世纪 90 年代陆续发布了一系列的政策法规，对教师的专业能力标准作了描述和规定，这些标准一直沿用至今。

法国教育部提出，小学教师的专业能力包括四个方面，即多学科教学能力、处理学习状况的能力、管理班级的能力、教育职责方面的能力。初中、普通与技术高中以及职业高中的教师作为国家的公务人员，兼具公务员的一般身份和其所属的教师团体的特殊身份。这两种身份确定了其权利和义务。法国学校致力于传递法兰西共和国的价值观念，尤其是传递排斥任何性别歧视、文化歧视或宗教歧视的世俗理想。中学教师应该参与到教育的公共服务之中。

法国的中小学教师专业能力标准是法国中央集权型教育行政体制下对教师资格和职位严格控制的产物，体现了中小学教师专业能力的"高标准、严要求"。

法国教师培训学院的课程为了达到这些标准,通常围绕会考和实习两项核心内容来组织课程。职前教育十分重视培养未来的教师分析其职业实践和工作情境的能力,使其有能力不断地完善自己。法国也注重职前教育和职后培训的一体化。

在法国,要想成为中小学教师,一般要经过教师会考。其中小学教师会考由学区组织,而中学教师会考是由国家统一组织的。教师招聘会考有若干种,按照不同的分类,如小学(包括幼儿园)教师会考和中学教师会考,又分别称为第一等级和第二等级会考,其中中学教师会考又可以分为中学高级教师资格证书,中等教育教师资格证书,体育教师资格证书,技术教育教师资格证书,职业教育教师资格证书等考试。从法国教育部网站的有关资料看,教师会考本身具有相当的难度。考试包括笔试和口试,二者又分别包括若干门考试,其中每一门笔试都要耗时 3~4 小时。教育部每年还会发布相应的大纲,其中包括考试的科目、形式、每门科目的主题和可以参考的书目等。考生可通过三种途径准备教师会考,即通过教师培训学院、综合大学或者国家远程教育中心。其中,大多数的考试通过者都要进入学区的教师培训学院开始为期一年的实习。

为增强教师职业的吸引力,法国师范教育改革采取的另一措施是为有意从教的大学生设置专门津贴。国家为准备从事中小学教师职业的大学三年级学生设置的津贴为每人每年 5 万法郎,为准备担任中学职业技术学科教师的大学三年级学生提供的年津贴为 7 万法郎。对大学的教师培训学院一年级学生提供的年津贴为 7 万法郎。该学院学生如在第一年学习结束时通过了教师资格考试,即获得实习教师资格,在学院的第二年学习可领取实习教师工资。

法国政府在继续提高在职中小学教师工资的同时,还为教师培训学院培养的新教师制定了新的工资标准。新工资标准的特点是工资额得到大幅度提高,初等教育教师工资与中等教育教师工资完全拉平。应该说,上述措施大大提高了中小学教师特别是初等教育教师的社会地位和经济待遇。

7. 韩国：诸多优惠吸引优秀青年从教

韩国自古以来就有着重视教育的传统。目前在韩国,学生人数占全国人口的 1/4 以上,整个社会的教育气氛非常浓厚。自然,教师的社会经济地位日渐升高,而且受到全社会的尊重。目前在韩国,大学生就业形势严峻,而教师职业正是以其特有的稳定性和丰富性受到家长和学生的青睐。因此,很多优秀人才愿意成为一名教师,高考分数很高才能上师范类大学,这类大学师资力量也很强,这些是韩国教师教育最大的优势。可以说儒家文化中"尊师重教"的传统观念支撑着韩国教师教育政策及制度的各方面。由于学费上的优惠政策,对家境困难的学生来说,师范类院校非常具有吸引力。

韩国教育事业的发展,与教师队伍的贡献有密切联系,政府对教师教育的政策及制度起了关键性的作用。总体上说,韩国教师教育方面的政策及制度的发展演变一直围绕着"怎么吸引优秀学生报考"和"怎么提高教师的整体素质与综合能力"这些主题。为了达到这一目标,韩国政府采取了以下几个方面的措施:

(1) 师范类院校的学费比非师范类院校低。尤其是在国立大学。国立大学的学费是私立大学的一半,而国立师范学院和国立教育大学的学费比国立大学还低。此外,为了能够留住优秀学生,国立师范学院和国立教育大学还向 15% 的学生提供奖学金。因此在韩国,有很多家境困难、高考成绩非常优异的学生报考这些国立师范学院和国立教育大学。这种学费上的优惠政策在一定程度上保障了优秀人才进入教师队伍。

(2) 实行教师资格制度。该制度是衡量能否从教的基本标准。在韩国,教师是专业性职业,《教师资格鉴定令》和《教授资格鉴定令》等相关法律明确规定教师的资格与教师资格证书获得方法。那些已经完成教育法所设置的科目并且拿到规定学分的学生,不需要参加额外的考试就可以获得具有权威性的教师资格证书。

(3) 公立学校教师的挑选和聘任通过各市(道)教育厅举行的考试进行,已具有教师资格证书的人才具有资格参加考试。该考试分为笔试(教育学、专业、论述题)、实际运用能力测试和面试三个部分。因此,所有准备在公立学校任教的大学毕业生必须参加该考试,最后择优录取。私立学校教师的选拔与聘任工作则由私立学校集资进行。

(4) 公立学校的教师是国家公务员身份,是终身制的,他们的社会地位较高。就私立学校的教师而言,他们的工资与各种待遇基本上相当于公立学校的教师。

(5) 韩国还重视教师的在职培训。教师在职培训旨在提高教学质量和教学水平。教师培训主要包括资格证书培训(一级或二级资格证书培训、副校长或校长资格证书培训)、一般培训(科学技术与科学理论等)、专业培训、特殊培训和海外培训等 5 个方面。

韩国的教师教育主要由师范大学(或学院)以及设有教育系和教师资格证书培训项目的高校来承担。韩国的小学教师主要由国立教育大学培养,该校是四年制的本科师范大学。目前韩国师范类院校中,女生比例很高,占总人数的70%以上,这是因为在就业竞争激烈的韩国社会里,对优秀的女生来说,小学教师是非常有吸引力的职业。中学教师主要由综合大学里的"师范学院"培养,同时其他没有设立教育学院的高校则通过教育类专业课程来培养中学教师。另外，师范研究生院也承担类似的任务。为了确保教师教育的质量，现在只有被政府批准的教师教育机构才有资格培养教师。

韩国政府对教育方面的投入很大，2003 年教育人力资源部全年预算支出占韩国国民生产总值的 7.5%。2005 年教育人力资源部预算占中央政府预算的17.5%，约 30 万亿韩元，其中，对教师工资以及补贴的直接投入经费占教育人力资源部预算总额的一半以上。从中我们能看出韩国政府对教育的重视，尤其是对教师的重视。

8. 日本：严格教师资格确保师资质量

日本教师的素质能力、敬业精神和社会地位等是世界所公认的。优秀的教师资源与政府对教师培养的大力支持密不可分。

日本师范教育创建之初就深受日本国家领导人的关注，颁布《学制》《师范教育令》《师范学校令》等多项法律法规，来规定师范教育的方方面面。

日本教师教育政策中始终受关注的是教师培养和教师资格证制度。2005年和 2006 年日本政府的教师教育改革政策同样集中在这两方面。

2005 年 10 月 31 日，日本中央教育审议会提出《今后教师培养和资格证制度的改革方向》(中间报告)。该报告针对日本教师培养和资格认证制度提出了以下建议：提高教职课程质量水平，包括教职课程的改善和充实、新设"教职实践演习"并使其必修化、关于教职课程的事后评价制度的导入和认定审查的完善；充分利用教师培养领域专门职大学院(职业研究生院)制度，明确利用专门职大学院制度的基本思路、制度设计的基本方针、具体的制度设计；导入教师资格证更新制度；改善教师培养和资格认证制度有关的其他政策；改进教师录用、进修及人事管理工作，包括录用的改善和充实、在职进修的改善和充实、人事管理及教师评价的改善和充实。

2006 年日本中央教育审议会又多次对教师培养和资格认证制度进行讨论，根据各界的反馈意见形成最终的审议报告，但是中间报告的基本方向与主要措施没有大的更改，政策建议也会在其后的改革中得到落实。

日本的教育行政分为中央教育行政与地方教育行政，中央教育行政机构为文部科学省，地方教育行政机构为地方教育委员会和市町村教育委员会。国家、都道府县、市町村三级教育行政机构在教职人事方面的主要事务分担如下：

国家教育行政机构负责规定有关教职员的各项基准；指定教师培养课程和培养机构；实施教师资格认定考试；认定社会人员在高等专门学校等任教的资格

等职能。

都道府县教育行政机构的职能主要包括：负责对公费教职员的任命、警告、资格认定及去留；对公费教职员服务的监督及给市町村教育委员会一般性指示；负责公费教职员的进修；制定公费教职员的编制和工资等工作条件的规则；进行教职员检定，授予教师许可证等。

市町村教育行政机构的职能主要包括：就公费教职员的任命、警告、资格认定及去留向都道府县教育委员会提出内部报告；对公费教职员的服务进行监督；对公费教职员的工作成绩进行评定；组织公费教职员的进修等。

二战后日本进行了教师培养制度的改革，教师培养机构规格得到提高，师范学校逐渐退出历史舞台，由大学来承担教师培养的任务。

日本政府的高等教育经费来源主要是政府拨款、学生学杂费和其他社会投入三类。日本政府对高等教育的投入比较稳定，接近整个经费的一半。

2006 年文部科学省的教育经费预算中，国立大学法人运营费支付金和设施装备费补助金等约为一万亿日元，占整个教育经费预算的 20.6％。

从政府高等教育经费的分配来看，主要承担教师培养的教育大学的预算明显少于综合大学。日本的综合大学北海道大学的预算为 410 亿日元，东北大学是 510 亿日元，东京大学的预算为 900 亿日元。而几所教育大学中，预算最多的北海道教育大学也只有 75 亿日元，而预算最少的奈良教育大学仅有 25 亿日元。

第四节　我国教师教育政策的建议

从世界范围看，20 世纪 50 年代尤其是 80 年代以来世界教师教育的变迁，本质是从传统教师教育模式向现代教师教育模式的变迁。这种变迁代表着世界教师教育发展的新趋势，反映了当代教师教育发展的新理念。世界范围内教师教育的新理念恰恰与我国社会与教育转型对教师教育的要求是一致的，社会的转型伴随着教育自身的改革。社会和教育的变革对人才类型和人才标准提出了更高的要求，需要全面提高全体人民的整体素质，培养各级人才的创造精神和创造能力，培养高素质、创造性的人才。

首先需要高素质、专业化和创造性的教师，传统的经验型、技术型和半专业化的教师难以承担培养创造性人才的重任。

显然，传统的教师教育模式不能满足社会和教育改革发展的需要，我国教师教育必须实现由传统教师教育模式向现代教师教育模式的转变。国家的教师教育政策必须把体现世界教师教育发展的趋势,实现教师教育从传统向现代的转型,适应世界范围内人才类型和人才标准的变革,满足社会和教育改革发展的需要作为根本性的政策取向,并以此为指导来规划我国教师教育的发展。

一、重视并进一步提高对教师教育重要性的认识

振兴民族的希望在教育,振兴教育的希望在教师。建设一支具有良好政治业务素质、结构合理、相对稳定的教师队伍,是教育改革和发展的根本大计。能否建立一支数量充足、质量过硬、稳定而合格的教师队伍,不仅直接决定我国教育事业能否得到长足而健康的发展,而且关系社会主义现代化建设大业的兴衰和中华民族的前途命运。透过教师教育 100 多年历史轨迹的审视,我们可以清楚地看到,教师教育在各发展时期,都存在这样一些共同点:社会上的有识之士与教育行政负责人,都把教师教育看做是"群学之基";政府在规划各级各类教育时,首先重视教师教育;即使在生产力不发达、国民经济很不景气的情况下,也尽量保证教师教育经费,尽可能给予师范生较优厚的待遇,尽力设法让教师毕业生能相对稳定地安心教职,从而使教师教育具有较大的吸引力。对此,我们必须在新的高度上进行再认识,在实际工作中自觉摆正它的位置,按师范先行的规律办好教师教育,为实现科教兴国战略培养一支数量足够、质量合格、稳定而强大的师资队伍。当前,为了保证和提高教师教育的战略地位,我们应该关注以下几个方面:

第一,进一步摆正教师教育的先导地位,重新认识高师教育的作用。在 20 世纪初,中国诞生了现代意义上的教师教育。现在,人类已经跨入了 21 世纪,全世界都在思考怎样才能赢得新世纪更加激烈的国际竞争。世界范围的经济竞争、综合国力竞争,说到底是科学技术的竞争和民族素质的竞争。竞争的优势在人才,人才的培养靠教育,教育的关键在教师。教师教育在发展科技第一生产力和实施科教兴国与可持续发展战略中,肩负着不可替代的历史使命。全力办好教师教育,培养和培训高水平的教师,实际上已经成为参与国际竞争的一项先冲性的战略措施。科教兴国,教育为本;发展教育,教师先行。提高全民族的素质,迫切需要教师教育培养和造就千百万优秀的人民教师,去促进未来公民在德、智、体等方面获得全面的发展,去继承和发扬优秀的民族文化传统,去借鉴和传播人类社会一切文明成果,去树立和培育新时代的民族精神。因此,有必要进一步端正和深化对教师教育的认识,大力办好具有中国特色的教师教育,进一步加强中小学教师队伍建设,努力开创我国教育事业的新局面。不但要在理论上肯

定高师教育是整个教育事业的基础,好比工业生产中的"工作母机",而且在实际工作中也应该将它摆在"基础"和"工作母机"的重要位置上来统筹考虑,尽可能给予教师生和教师较优厚的待遇,使"基础"能够承受重压,使"工作母机"有充足的"能源"和大量的"原材料"。只有这样,教师教育才有可能真正兴旺发达,才有可能最大限度地发挥自己的功能。

第二,强化政府行为,优先发展教师教育。历史经验告诉我们,要使教师教育充分发挥"群学之基"的作用,进而促进国家各项建设事业的发展,就要不遗余力地大力发展教师教育。这些年来,国家采取措施加强和发展教师教育,许多地方把发展教师教育列入重要议事日程,加强领导,在制定基础教育规划时,认真贯彻师资先行原则,把推进高师教育作为振兴教育事业最重要的先决条件来抓,为教师教育的顺利发展创造了良好的外部环境和有利条件。但是,一些地方也存在着口头上说高师教育重要,而在行动上却缺乏支持教师教育的有力措施,说是对教师教育实行政策倾斜,但在实际上却没有倾斜或倾斜得不够的现象。举办教师教育是政府行为,必须把教师教育放在教育事业中优先发展的战略地位。各级政府和教育行政部门要从振兴国家、振兴民族的战略高度充分认识教师教育的重要性,把改革和发展教师教育摆到重要的议事日程,加强对教师教育的领导。

第三,加大师范院校的经费投入。由于教师教育主要以教育系统本身为服务对象,其经费主要取决于教育经费的再分配。正因为这样,按照一般惯例,举办教师教育主要是政府行为,办好教师教育是政府的责任。师资培养与培训经费来源理应以财政支出为主、多渠道筹措资金为辅。但是,与其他类型的高校相比,目前我国的师范类院校在办学条件方面还存在定的差距,尚需进一步改善,特别是从预算外经费总量和预算外生均经费方面看,师范类院校普遍低于其他类型院校。各级政府要努力使师范院校的教育经费财政拨款的增长高于财政经常性收入的增长,并使按在校学生人数平均的教育费用逐步增长,切实保证师范院校教师工资和生均公用经费逐步有所增长。

二、全面规划、综合设计教师教育的发展模式

对教师教育模式的分析,我们可以从培养目标、职业发展性质、教育体制、培养活动方式等不同方面分析教师教育的发展模式,这四个方面在教师教育发展中发挥着不同的作用,彼此又相互联系,形成一个有机的整体。其中,教师教育的体制与教师教育的师范性、学术性、职前教育与职后教育的整合有密切关系,

但教育体制并不是决定师范教育模式的唯一根本性因素。在教师教育非专业化或半专业化的时代，就曾存在两种不同的教师教育体制，如 19 世纪欧洲和北美国家教师教育的二元结构体系。在专业化发展日趋增强的当代，教师教育也存在多种不同的体制，如封闭性体系、开放性体系、定向与非定向结合的体系以及中间型体系等。也就是说，教师教育的体制与专业性之间并没有必然的对应关系，开放性体制并不能必然保证教师教育的专业化。另外，开放性教师教育有利于实现师范性与学术性的结合，但在开放性教师教育体系中，如果实行知识中心、被动接受和脱离实践的培养活动方式，开放性教师教育体系也不能必然保证培养出研究型和创造性的教师，也不能必然保证教师教育的高质量。比如 20 世纪 50 年代开始，开放性教师教育得到发展，教师教育就已经基本实现了师范性与学术性的整合，但是到 20 世纪 80 年代初期，北美国家的反思型教师教育运动的兴起与大发展充分说明，教师的开放性与教师教育的高质量之间不能简单地划等号；教师教育是否具有新型的培养目标和合理的培养活动方式也是至关重要的因素。所以，教师教育的转型必须综合考虑培养目标、职业发展性质、教育体制和培养活动方式四个方面乃至更多的因素，而不能仅仅强调其中某一个方面。

三、建构开放多元型一体化的教师教育体系

20 世纪 80 年代以来，教师管理逐步走出封闭管理模式，一是教师来源多元化，吸收自学考试毕业生及其他院校毕业生充实教师队伍；二是教师可以流向其他行业。这个政策实施的进程是缓慢的，但对教师教育发展起了重大影响，以往担心教师的转行会引起人才流失而不可收拾，但事实证明，教师队伍活了起来，不仅人没有跑光，而且起了筛选、重组和凝聚人才的作用。实践证明，运用市场机制，推行开放、多元的教师教育体制是个重要的政策要点。

一体化的政策定位的第一个含义是强调国家对教师教育的管治，无论办学形式如何多样，体制如何多元，世界教师教育仍然是在加强国家一体化管治，把教师作为国家的代表来教育年轻一代，传播知识。许多迹象表明，尽管目前教育越来越自由，越来越重视学生的个性发展，但国家不仅不放松对教师教育的控制，反而比以往更加严格，非常强调国家对教师教育的质量要求。

一体化的政策定位的第二个含义是强调教师教育的职前与职后教育的一体化，从目前的课程一体化转变为机构一体化，即从目前强调师范院校教育要与教师今后发展相联系，到把师范院校与教育学院(校)的机构一体化，纳入共同建设和学科发展体系。在一体化政策之下，师范院校职前教育就真正成为今后发展

的基础,使职前教育与职后培训,见习以及在职提高成为一个完整的体系,变阶段性师范教育为终身的教师教育。中国师范教育双轨合并一体,可以使双方都获得新的职能,一方面使师范院校实现职能的全面转变,建构更加完整的师资培养体系,另一方面使教育学院(校)得到本质的转型,使之全面提升办学水平。对部分县市教育学院或教师进修学校则采用分校方式,以增加正规师范院校的专业辐射力。今后所有的师资培训都在这一机构框架之下进行。

四、大力提高教师教育水平

中国教师教育新世纪的政策定位,应当是根据国家不同地区师范教育的情况,通过不同形式来提高教师教育水平。

第一,从根本上提升师范院校办学水平,逐步从旧三级向新三级转化,即在近期内取消中师层次,建构以专科、本科和教育硕士这三个层次的中小学教师培养架构;未来目标是取消专科层次,建构以本科及本科＋1年专业学习的教育文凭学位教师、本科＋2年的教育硕士,以及本科＋3年的专业硕士的新的中小学师资培养架构。这样,小学及幼儿教师在专门本科学院培养,初中及高中教师主要是从第二、三、四个层次中吸收,当然也不排除高层次人才进入中学或小学工作。取消中师层次后,部分边远地区的中师可以作为分校接受高一级学校的学术指导。

第二,建立专门的培养幼儿及小学教师的专业院校,强化综合性的培养特色。

第三,强化教师的专业水平,特别应大力吸取国际师资培养经验,建立教师考级制度。这种考级制度不同于目前的评职称,而是在接受新一轮培训或完成某种教育教学实践上的重要项目之后,进行的国家性考级,强调在教学水平和理论水平上的综合能力,这样可以使教师从区县级到省市级再到国家级逐步发展,有利于教师有层次地深入发展,避免目前评职称带来的大锅饭现象,有利于造就一批大师级的教师。

第四,建立新的教师教育机构评估制度。这将鼓励教师培训机构在整体上提高自身素质,强化有层次的发展,适应时代对师资提出的新要求,从而使中国教师教育成为最优秀的教育实体。

五、积极完善和改进教师教育立法

(1) 针对教师的专业化发展问题做出专门的法律规定。我国1994年1月实施的《中华人民共和国教师法》曾规定："教师是履行教育教学职责的专业人员"。这一规定确定了我国教师工作的性质和法律地位,把教师认定为"专业人员"象征性体现了国家对教师职业发展的专业性要求。但《教师法》中并没有明确提出"教师专业化"和"教师终身专业化发展"的法律要求。为保证我国教师教育的转型,应在《教师法》中明确做出关于教师专业化发展的相应规定。

(2) 提高教师培养目标和专业标准。我国《教师法》中对于教师任用的资格标准规定过低,远远不能适应 21 世纪初我国教师教育转型的需要。如《教师法》规定小学教师最低要具备中等师范学校毕业的资格,而实际上这个专业标准的要求在 100 多年以前的清朝末年就已经提出了。当前,世界上许多发达国家中小学教师的培养已经实现了大学化,中小学教师的专业标准要求以学士学位为基础,并开始延伸到硕士研究生教育阶段。因此,为促进教师的专业化发展,我国《教师法》应提高中小学教师的专业标准要求,并明确提出培养研究型教师的教师教育目标。

(3) 完善现有的关于教师资格制度的法律规定,建立严格的教师资格证书制度。我国现行的《教师法》和《教师资格条例》都强调要实行教师资格制度。但从目前教师资格制度实施的现状来看,我们对于教师资格的认定缺乏具体、严密、细致的规定,教师资格制度缺乏可操作性和严密性。而培养研究型教师,实现教师终身的专业化发展,建立开放性的教师教育体系必须依赖完善的教师资格证制度作为保障教师队伍质量的基本条件。因此,建立严格的教师资格制度是我国教师教育实现转型的紧迫要求。

(4) 借鉴国外经验,在条件成熟时制定我国的"教师教育条例"或"教师教育法"。目前,我国还没有针对教师教育的专门立法。而教师教育从传统向现代的转型必然带来许多新的问题和形成新的社会关系。其中许多新的问题和社会关系仅仅依靠现有的教育法规是无法有效调整和规范的,必须针对我国教师教育转型的需要,借鉴国外的相关经验,尽快制定新的、具有针对性和前瞻性的专门的法律法规。

六、分层次推进师院校的改革与发展

师范院校是开放的教师教育体系的主体,加强师范院校的改革发展力度是建立高水平教师教育体系的基础性工作。由于师范院校办学水平的差异,师范院校改革需要分层次推进:第一层次,若干所有条件的重点师范大学,可以在多学科、综合性发展的基础上,继续保持教师教育的优势和特色,加强学科研究,成为以教师教育为特色的综合大学(研究型大学)；第二层次，地方性师范大学和独立设置的本科师范学院(省市区属的一所师范院校)，可以根据地方经济社会发展的实际需要，逐渐增加非师范专业，加强学科的交叉，综合地培养学生素质，走教学研究型大学的道路；第三层次，部分地方师范学院(省属非省会城市的师范学院)和师范专科学校，一般是地方综合性较强的教育中心，可以成为教学型大学，并创造条件与其他地方院校联合、合并、走综合化道路，在综合化背景下培养培训教师。

第五节　教师发展中心的校本政策

随着我国高等教育事业的迅速发展，职业教育业已成为高等教育体系中非常重要的组成部分。十八届三中全会提出了"加快现代职业教育体系建设，深化产教融合、校企合作，培养高素质劳动者和技能型人才"的职业教育发展战略。加快发展与技术进步和生产方式变革以及社会公共服务相适应、产教深度融合的现代职业教育，是我国未来职业教育改革与发展的重心。但是我国目前还没有完善的职业教育师资准入标准和培养体系，高职院校教师专业发展的现状与现代职业教育体系的目标之间还存在着较大差距。尤其是面对经济发展方式转型和产业结构调整对人才培养提出的新要求，许多高职院校的教师难以适应此种变化。在深化产教融合、强化校企合作的背景下，借鉴发达国家的成功经验，我国高职院校亟需建立起以教师专业发展中心为主体的教师成长与发展的平台。

一、高职院校教师专业发展的内涵、特征

1. 高职教师专业发展的内涵

内涵是学术性与职业性的交集。国内外学者关于教师专业发展的研究成果已经相当丰富。总体而言，教师的专业发展主要包含有三层含义：

(1)从教师作为专业人员的本质来讲，他同样也是发展中的个体，既是学习者，也是研究者和实践者。

(2)从教师专业发展的边界来讲，都经历了漫长的专业知识和技术方面的训练，具有较为扎实的知识基础，同时能够以一整套系统的职业伦理规范来约束自身的行为，这种专业上的自主性和成长性也使其拥有了一定的社会声誉。

（3）从教师专业发展的纵向角度来看,任何一名教师的专业发展都是一个长期的、复杂的过程,从最初的关注生存,走向了关注自身的发展,再到教师最终对于自我身份的认同和对职业幸福感的追求。

教师发展在当前已不是新鲜术语,研究的角度和成果也颇为丰富,早在2002年,我国教育学家叶澜就在《中国教育学科年度发展报告》中指出:"总体上看,教师专业发展的研究已经走向成熟"。高校教师集教学与科研任务于一身,职业发展本身具有强烈的专业性和非系统性,即高校教师入职的基本条件是专业对口,而教师资格的获取则不像普通教育阶段的教师那样需要系统性的培训。正如大卫帕森斯等人所指出的,高等教育教师一般不要求有非常正规的教师资格认证。博耶在《学术水平的反思》中将大学学术分列为四个维度的学术,即探究的学术、整合的学术、应用的学术、教学的学术。

高职院校往往被看作是庞大的高等教育体系中缺乏学术性的机构。也正因如此,高职院校教师专业发展的学术性长期以来被人们所忽略。但是作为高等教育机构的重要组成,高职院校教师的专业发展维度中也当然包括了学术性的一面,与研究型大学不同的是,高职院校的教师需要根据自身的知识结构和职业特性,选择处理不同学术之间的关系。从实际情况来讲,产学研合作的不断拓展促使高职院校的教师必须具有一定程度科学研究的能力,而科学研究则主要依赖于教师个人的专业基础和创造力,因此高职院校的教师专业发展中必然伴随着学术性的要求。从职业性的维度来讲,高职院校本身就是以服务区域经济发展和产业转型为目的,以培养面向一线的高技能、复合型人才为主要使命。职业性也因此而成为高职教师专业发展中最为核心、也是最为社会各界广泛认同的一面。

2. 高职教师发展的特征

高职教师发展的特征具有理论知识—实践技能—应用研究的三重属性。我国高职教师发展依然可以从职业认同、专业知识和生涯规划三个方面看待。高职教师所从事的职业具有极强的实践指向性,是为培养高素质技能型人才服务,再加上当前时代知识和技术的更新速度非常快,教师需要紧随产业、行业的发展,不断更新自己的专业知识和技能。高职教师专业发展有别于其他类型教师的特征,即"理论知识、实践技能、应用研究能力"三者之间进行深度融合:

（1）高职教师需要掌握某个学科或专业领域的知识和能力,能够胜任高职院校的教学与科研工作。高职院校的教师专业发展中既包括了学科的专业性,也包括了教育的专业性,二者都是教师知识能力的体现。世界各国的高职教育都对教师的专业任职水平有着相应的学历标准,而高职教师在专业发展方面,也有着强烈的学历更新的需求。

（2）高等职业教育的培养目标是高素质的技能型人才，这决定了高等职业技术教育必然与产业转型升级和行业的技术创新活动紧密相连。高职院校教师除了具备一定的理论知识外，还必须具有本专业的动手实践和操作能力，能够熟悉行业的发展态势，把握专业发展的趋势，在教学过程中将行业最前沿的变化与教学内容相结合，在指导学生实习实训环节中，高职院校教师也需要具备精通本专业实践操作的能力。

（3）随着现代职业教育体系的形成，高职院校面临着深化产教融合、加强与企业合作的巨大挑战。许多企业将技术研发中心建立在高职院校，或者共同进行技术攻关项目。这种趋势的变化对高职院校的教师提出了更高的要求。

二、高职院校教师专业发展中心的核心内涵与功能结构

1. 高职院校的教师发展中心的核心内涵

其核心内涵应该是以培养和提升高职教师专业发展水平，实现高职教师的理论知识、实践技能、应用研究之间深度融合的专业性组织。更进一步来讲，高职院校的教师发展中心需要为高职教师设计和实施一系列实践性、合作性、探究性的教学与研究活动，引导和帮助教师的专业发展，促成教师学习共同体的形成，在理论教学、实训指导和服务地方等领域创设支持教师教学方式革新的制度环境与物质环境。高职院校校内教师发展中心将促使高职教师成长为合作学习的建构者、教育实践的研究者、区域经济社会发展的参与者。与大学所成立的旨在培养和提升教师教学科研能力的教师发展中心相比，我国高职院校的教师专业化整体水平较低，主要表现在三个方面：

（1）专业师资供不应求，特别是结合专业理论与实践技能的教师队伍严重缺失。就高职院校教师的来源而言，毕业于综合性大学的教师固然具有本专业的基础知识，但是却缺乏一定的教育理论知识和课堂教学技能；毕业于师范院校的教师则在职业教育基本理论、职业教育教学设计和专业课程开发方面力有不逮。

（2）无论是来自于综合性大学还是师范高校的教师，普遍存在着专业实践能力缺失的问题。高职教育的基本特征就是实践性，而我国高职院校的教师培养过程，无论是职前培训还是在职培训，都是以课堂本位和学科本位进行，许多新进教师在入职之前所接受的知识内容主要来源于理论学习，非常缺乏赴企业实习锻炼的机会。因此，他们也很难熟练掌握本专业领域的实践操作技能。

（3）我国高职院校教师专业发展的组织与制度保障缺失。这一方面反映了长期以来高职院校迫于生存压力只重视院校招生人数和有效就业而忽略了教师专业发展这一核心竞争力的培育，另一方面则表明高职院校内部负责教师专业发展的组织机构的缺失，从而难以有效引导并实施全校范围内的教师专业发展、协调校内各部门、制定完善的教师专业发展能力标准与实施策略。

2. 高职院校教师发展中心的功能结构

高职院校教师发展中心主要是从服务高职教师的理论教学、实训指导、企业应用研究等使命出发，通过一系列创新性的路径实现教师三大能力的深度融合。

（1）提升教师教学能力，平衡专业知识结构中的冲突。高职教师发展具有教学、科研、实践三重属性，即属于高等教育序列的高职教师需承担教学和科研的双重任务，而对于高职教师而言，因职业教育的特性需要具备极强的实践动手能力，教师职称晋升却根据高校教师管理体制更多依赖于学术成果，这给高职教师的专业知识结构带来了较严重的冲突：兼顾科研、教学和实践操作让高职教师自顾不暇。高职教师的专业知识结构冲突使高职教师在教育教学过程中顾此失彼。重视科研成果必然会带来教学效率的降低和行业产业实践活动的减少。然而教学能力的发展不容忽视、高职教育的独特性就在于实践性，所以教师发展中心应该成为推动高职教师职业标准改革的平台。通过推出符合高职教师职业特征的职业标准，平衡当前存在的专业知识结构冲突。

（2）形成协同创新的教师专业发展策略。高职院校教师专业发展的过程需要打破校内不同系科、不同部门间的壁垒和组织障碍，围绕构建现代职业教育体系，形成整合校内资源的教师专业发展平台。教师发展中心扮演着引导、推动、协调和沟通的作用。一方面，教师专业发展中心需要组织并实施教师专业发展相关的一系列措施，同时也面临着如何回应教师间的需求差异和不同职能部门间的沟通与协调问题。从组织创新的角度来讲，高职院校的教师发展中心必须起到居中协调的作用，最大限度地发挥促进教师专业成长的功能。

（3）重视教师的心理调适。心理调适既包括新入职教师的环境适应和角色转换问题，也包括中年教师的职业倦怠感的解决。该项内容实质为帮助教师制定和调整生涯发展规划，并以此为凭借疏导教师的心理压力，增强教师的专业认同和工作激情。这要求教师发展中心的建立应该承担综合功能，既需照顾到教师专业知识结构的更新，还需考虑教师的生涯规划以及处于不同职业生涯发展时期的心理问题。对新教师而言，教师发展中心需帮助新教师的快速整合，帮助其适应新的工作环境和实现快速的角色转换。针对职业生涯发展中期的教师，发展计划主要以协调教学和科研的压力、帮助知识结构更新、为教师提供专门的生涯发展咨询。

（4）增强教师专业实践与理论素养之间的融合能力。我国高职院校师资结构当前存在的突出问题是理论型教师偏多，有专业实践经验的教师偏少，专业教师和企业兼职教师的科研能力都有待提高。鉴于此，教师发展中心需承担促进产学研结合的职能，一方面聘任行业、企业的专家到学校交流，并促进专业教师到相关企业参加实践；另一方面企业兼职教师可以通过教师发展中心的氛围提升自己的学习效率。

（5）共享优质学科教学资源，建立学习共同体。教师发展中心作为高职院校中促进教师专业发展的主要机构，可以通过构建学习共同体、小组合作学习、任务驱动的团队研究等方式实现教师专业发展从封闭走向开放、从被动接受走向互动分享。通过共享优质的学科教学资源和个人经验，使知识在教师群体间生成并得以分享，从而创设了一个教师之间协调、交流、合作的机制，推动了教师对自身专业成长的反思。

（6）创设校企合作、互为嵌入的教师应用研究能力发展路径。深化产教融合、校企合作，意味着高职院校需要全方位地建立起与产业部门之间的合作共赢关系，通过校企共同体的构建，将教师专业发展嵌入到企业的实际需求之中，从而促进了高职教师的科研能力和科技成果转化质量。行业企业参与到高职院校的人才培养过程中，也就意味着与教师专业发展形成了互涉，教师的专业发展建立在对自身专业领域知识和技能了解的基础之上，企业则根据市场需求发展相应的联合攻关项目，吸引专业教师的参与。教师发展中心在此领域的沟通、协调和组织功能可以得到充分发挥，将教师与企业之间的合作发展成为促进教师专业发展的重要向度。

第六节　国际化前景下的高职教师发展

一、"一带一路"下的高职教育

"一带一路"是指"丝绸之路经济带"和"21世纪海上丝绸之路"。2015年3月，发改委等部门发布了《推动共建丝绸之路经济带和21世纪海上丝绸之路的愿景与行动》，进一步明确将"打造政治互信、经济融合、文化包容的利益共同体、命运共同体和责任共同体"作为发展目标，形成中国全方位对外开放4.0的新格局。"一带一路"的推进,适应了经济全球化、世界多极化的发展趋势,满足了沿线国家和地区的共同需求,为"一带一路"沿线国家实现优势互补、开放合作、互利共赢提供了国际合作的新舞台。

　　联合国教科文组织下属的大学联合会对高等教育国际化的定义是:把跨国界和跨文化的观点及氛围与大学的教学、科学研究与社会服务等相结合的过程,这是一个无所不包的过程,既有学校内外部的变化,又有自下而上和自上而下的变化;还有学校自身的政策导向的变化。"一带一路"倡议的提出为进一步深化高等教育,尤其是高等职业教育国际化提供了重大的机遇与挑战,高等职业教育是高等教育的一种类型,以技术和应用为核心。高等职业教育要主动融入、积极作为,为服务亚、非、欧国家和地区经济社会发展,成为培养沿线国家和地区具有国际化视野的高素质技术技能型人才的"智力库"和"技术源",高职教育作为高等教育的逻辑起点是育人为本,为高素质技能型人才的国际化、全面发展和人生幸福奠定基础。高职教育将在"一带一路"倡议的产业链、人才链、价值链的统一中发挥重要作用,力求在新一轮国际竞争中建立可持续发展的人才和技术竞争优势,高职教育的属性、使命和生存需求内在地决定了其国际化的发展趋势,为"一带一路"沿线国家和地区培养跨国企业所需的高素质技术技能型人才。

二、高职教育国际化的重大意义

　　1. 契合国家"一带一路"倡议的需要

　　国家"一带一路"的倡议为高职教育国际化发展提供了行动指南,提高高职教育国际化水平,是提高我国高职教育质量,提高社会开放程度的必然选择,广泛吸收和借鉴沿线 68 个国家和地区发展优势,共同打造"政治互信、经济互融、文化包容"的利益共同体、责任共同体和命运共同体。高职教育要围绕"一带一路"重大建设项目设置相关联的专业,共同培养所需的人才,满足重大工程项目对高素质劳动者和技术技能型人才的迫切需求,提高沿线国家和地区青年人的就业和创业水平。通过各国间知识的流动、技术的开放、管理的交流、多元化的融合,加速沿线国家和地区文化的渗透与交融,增进国家民族间的信任与宽容,营造沿线国家和地区和平稳定的内外环境,高职教育肩负着重要的政治使命、经济使命和文化使命。

　　2. 契合现代职业教育体系建设的内在需要

　　2014 年 6 月教育部、国家发展改革委等 7 部委联合发布《现代职业教育体系建设规划(2014—2020 年)》,《规划》中指出要建设开放型职业教育体系,鼓励高等职业院校与国外高水平院校建立一对一的合作伙伴关系，举办高水平中外合作办学项目和机构，国际化发展已成为高职教育的内在需求和发展趋势，深层次、多形式、全方位的国际化办学将成为建设世界一流的职业院校的显著标志，有助于提升职业院校核心竞争力。高职教育的国际化必将推动高职教育"走出去"和"请进来"，高技能人才的自由流动使高技能劳动力的国际迁移成为常态，为沿线国家和地区人才培养服务，扩大高职教育的规模和渠道，从而在一定程度上缓解当前高职院校生源"断崖式下降"带来的"生源危机"，为高职教育探索开放式的教育模式，按照沿线国家和地区标准培养国际人才寻求新的发展空间。

3. 契合高职教师专业化发展的需要

国际化人才的培养离不开教师国际化，建设一支具有全球化视野和意识、掌握国际化人才培养标准、了解本专业国际发展态势、熟练掌握沿线国家和地区语言，能够参与国际事务和国际竞争的国际化教师队伍成为当前迫在眉睫的任务和长久使命。高职教师专业化发展是一个持续的、动态的过程，通过不断地为教师提供各种教育与实践的机会，帮助其在教学、研究、服务、管理等方面不断提高，从而最终提高学校的办学质量和软实力的发展活动。教育国际化可以扩大高职教师的国际化视野，将国外高职教育的教学模式、课程开发和教学标准等成果应用于教学实践中，进一步促进教师了解专业领域发展的前沿动态，从而提升高职教师专业化发展水平。

三、高职教育国际化的基本属性

高职教育国际化没有公认的定义，但教育国际化可理解为将教育转化为国家与国家之间，世界各国间的相鉴、相通、相融的一种状态与结果。高职教育国际化通俗地认为将国际上约定的标准、规则和范式"化"入高职院校的教育教学、社会服务、项目研究和文化价值中。这里的"化"不仅指国际化，更指高职教育"本土化"。高职教育国际化需要高职院校的选择、适应和发展，从而不"西化"，也不"趋同化"，这是高职教育动态调整与静态吸收、外在引鉴与内生共融的统一，需要在思想观念、专业设置标准、政策导向上体现国际化，以国际化为出发点，以人的培养为落脚点，发挥高素质技术技能型人才对经济社会发展的支柱作用。

1. 思想观念的包容性

高职教育的国际化强调的是开放思想观念，树立全球意识并形成国际化的精神气质，尊重、吸纳、包容沿线国家和地区的先进经验和典型做法。包容性发展理念是指人类社会在发展进程中所必须遵循的求同存异、互利共生、公平公正和共享发展的信念，在互信、互惠、互利中获得共赢。思想意识的包容建立在知己知彼上，建立在共同愿景上，建立在破除惯性思维和定势发展上。高职教育的国际化起步较晚，思想观念的包容性是实现高职教育国际化的先导。

2. 专业设置标准的国际性

专业设置是高职院校人才培养的最基础工作，这关乎人才培养的规格和目标，关乎教育质量和效益，关乎高等职业教育和经济社会发展的协调和适应。专业设置标准的国际性强调的是除了根据政府、行业、企业和区域的要求进行设置，还要根据"一带一路"国家和地区跨国企业项目和重大项目做好人才需求分析，开展专业必要性和可行性的论证和分析，及时调整和设置，紧跟前沿，服务"一带一路"沿线国家和地区的经济发展的需求。

3. 政策导向的开放性

高职教育是以技术和应用为核心的高等教育类型，政策导向的开放性强调职业院校要进行顶层设计，在体制和机制上，以政策导向的开放性引领教育国际化发展，要均衡考量国内与国外、行业与企业、区域内与区域外、双边与多边等因素，既能吸引沿线国家和地区的专家、学者等智囊团"高水平"地走进来，又能引导职业院校教师、管理者"大规模"地走出去，形成开放双向的流通机制。

4. 人才培养的跨界性

国际化人才培养需要"双师型"教师队伍，更需要跨界培养，教师跨界培养和学生跨界培养，两者不可偏废，强调知识与技能的结合，工作与学习的结合，政府与行业的结合，院校与企业的结合，境内与境外的结合，线上与线下的结合，高职教育国际化强调跨界融合发展，借助多种资源、多方力量、多条途径提升高职教育的国际化水平，为"一带一路"沿线国家和地区经济发展服务。人才评价体系也要多元化，要体现职业性、参与性、行业性、发展性的评价理念，从学生、企业、行业、境内外合作组织等多个向度评价和评估高职教育国际化工作。

第五章
高职教师专业发展的微观审视：学与教反思
——以外语教师为例

人的思想是了不起的，只要专注于某一项事业，那就一定会做出使自己感到吃惊的成绩来。

——马克·吐温

第一节　高职外语教师发展现状

正如教育现象学者格里涅所说："教师时刻准备遇到各种情形的选择，进行创造性的工作，并不得不面对各种困境与紧张，因为教师运用以往的传统方法面对各种突发的新情境并不管用。"高职外语教师目前正面临着这样的新困境。首先，由于高等职业教育实践环节的不断增加，高职院校的课内教学总学时日趋减少，致使很多院校在逐步压缩高职外语教学学时以让位于专业课。

据调查，由于各高职院校对于外语课程在高职人才培养中的作用认识不同，所开设高职外语课程的学时相差非常大，最短的只开设两个学期 84 学时左右，最长的达到 5 学期 320 学时。在一些学校，高职高专外语教师正面临着外语课程被边缘化的学科危机以及教学工作量不够的生存危机。

高职外语教师如果还没有危机感，则很有可能成为高职教学改革浪潮的牺牲品。为了满足高职高专外语"基础外语＋行业外语"课程教学结构的实施要求，高职外语教师需了解某一行业的基本知识(技能)，而目前绝大部分高职外语教师在校学习期间接受的是传统的纯语言教育，基本属于"语言型"或"语言和文学结合型"人才，不具备某一行业的基本知识和实践经验。行业外语教学具有跨学科教学的性质，需要多学科知识的交融才能达到培养专门用途语言能力的目的。高职外语教师缺乏跨学科知识的现状也制约了其开展行业外语教学与研究，使其倍感困惑与压力。在高等教育国际化趋势的影响下，高职外语教师还面临着来自社会的空前严重的生存危机。

在外语教育已经成为产业的今天，高职外语教师面临众多同行的挑战，如外语能力强的专业人才、外籍外语教师、外语培训机构教师等。还有一部分高职外语教师不注重对相关高职教育新理念、新模式和新方法的学习与研究，难以适应"教学做一体化""行动导向、任务驱动、项目教学"等高职教育新理念、新模式和新方法以及信息技术在教学中的应用。任何问题发生都有其原因，只有查清原因，才能确立方向，从而制定行之有效的措施。

高职外语课程在 20 世纪 90 年代末正式成为高职教育的一门必修基础课程，至今也就经历了十几年的发展，其理论体系建设还远远不够，教师的教学实践也缺乏理论支撑。另外，目前高职外语教师工作量普遍过大，知识结构单一，科研能力薄弱，培训途径、资源和经费都很有限。除了几大出版社组织的寒暑假培训以及近几年由教育部高等学校高职高专英语类专业教学指导委员会(以下简称"英语教指委")组织的各类培训和科研课题项目外，真正由各级政府投入或专业培训机构系统组织的旨在提高高职外语教师教学能力与水平的培训寥寥无几。

(一) 对未来职业发展的定位不明确

据麦可思调查，70.3％的老师对未来职业发展目标并不明确。众所周知，个人的职业发展是否能够顺利和成功与其是否确定明确的发展方向和目标有非常紧密的联系。一旦建立发展目标，就可朝着目标，沿着发展路线，不断追求进步，直到成功。在实际工作中，目标的选择也是我们首要考虑的因素，如何根据自己的情况、外界的环境来设定目标，是教师们在进行职业生涯规划时的难题。虽然各高校削减高职外语课时的政策引发了高职外语教师的生存危机，但是外语教师对于未来职业规划、如何在转型期找到适合自己的发展方向仍然很迷茫。缺乏职业发展意识成为高职外语教师转型路上最大的"拦路虎"。

(二) 教师转型发展的心理准备不足

教师的专业发展意识与需求是其发展的内在动力。针对转型发展，大部分老师已经做好了准备,这些老师能够感知高职外语课程的危机感,考虑到自身发展和收入经济水平,50％的老师也有了转型发展的动力。说明已经有一半的老师梳理了自主发展意识。

由于事物处于不断变化的过程,教师转型发展的状况也会随着自身情况的变化和周围的环境变化而产生变化。在转型初期,因为对转型所处的环境不是十分了解,对自我的认识不够清楚,对转型所带来的效果不确定,那么所做的心理准备也是不够充分的,甚至会存在排斥转型的情况。大约有半数教师没有做好转型的心理准备,对如何应对未来不确定的因素也是举棋不定。但是随着改革的推进,这些教师会有意识地关注转型的趋势,有目的性地定位自己的职业方向,深入分析转型过程中可能遇到的困难及思考积极应对的措施,不断积极主动去寻找适合转型发展的道理,高职外语教师的转型发展心理准备到位,转型的信心也加强,转型的成功将水到渠成。

(三) 转型方向不明确

高职外语教师需要寻求自身的发展方向,但是对于转型的方向,少部分教师表示并不明确,出现职业发展的迷茫阶段。自我的发展方向的确定,需要与所在学校的发展方向相联系。学校如何谋划转型发展,影响到教师的转型发展。高职外语教师要在学校的政策导向下,确立自己的转型方向。

(四) 学校的应力和支持不够

在受调查的教师中,部分老师表示学校有相关的政策,要求高职外语教师进行转型发展。但是各高校的发展计划中缺少对高职外语课程及教师发展规划,对教师培养无法提供鼓励和支持,慢慢边缘化了高职外语教师的发展和高职外语的课程建设。教师作为高校组织中的一员,教师的职业生涯规划需要在组织的总体规划中落实。作为学校这样的组织,需要在管理教师的职业生涯规划、引导教师的职业发展上建立相应的制度,培养和激励教师成长。学校应该给予相应的支持,培养高职外语教师保持工作热情,针对个人的情况引导相应的转型方向,确保每一个高职外语教师都能有自己发展的方向和进步的空间。

(五) 转型发展对教师的影响

根据调查数据显示,大部分老师都认为转型发展将会促进教师的发展。目前各高职都在经济发展的社会环境中寻求与时俱进的改变,适应时代的潮流,培养应用型人才。外语教师的转型也是时代的产物,顺应时代的改变必定能促进教师的发展。高职教师对此认识非常明确，希望能够通过紧跟时代的脚步，做好自身发展规划。高职外语教师对现行高职外语课程的态度、专业知识能力的提升、职业发展的规划影响到学校的发展、学生的学习和自身的转型发展。从调查结果来看，影响高职院校外语教师的转型发展的内部因素主要有：高职外语教师的知识结构相对单一，除了作为外语教师所具备的外语学科知识，其他学科的专业知识和相关理论学习相对匮乏。这决定了高职外语教师不能将外语知识与学生所学专业的知识有机融合，课堂上的外语教学只能传授外语语言知识。学生学习到的外语知识与专业关联性不大，运用到将来的工作当中几率较小。由于专业知识的匮乏，高职外语教师在教学方式、教材选择方面也无法结合学生所学的专业特点，外语课程也无法提升学生的综合素质，外语语言知识与专业知识的相互促进也难以实现。一方面是学生花费大量的时间学习外语，但是仍然无法通过外语应用能力考试，严重打击了学生学习外语的信心，也使高职外语教师对自己的教学产生怀疑，充满挫败感。另一方面是高职院校外语教师缺乏职业发展规划意识。高职外语教师已经感受到外语专业的危机，也明确清楚转型发展对自身发展的重要性，但是对于如何去学习专业知识、如何规划自己的职业，缺乏发展性的思考，缺乏明确的方向，造成了高职外语教师转型发展的自身障碍。

外部因素：从学校层面来看，高职院校为了提高学校的知名度、职业教育办学质量，越来越偏向于专业课程的改革，扩招就业前景好有发展潜力的专业，加强实习实训基地的建设，对于高职外语这一类不能立即带来社会效益的通识课程，学校不再重视其专业建设。虽然大部分高职院校都释放了高职外语教师必须进行转型发展的信号，但是学校对于高职外语教师的发展缺乏宏观层面上的指导，让高职外语教师面对转型发展无所适从，反映到高职外语教师层面，他们以消极的态度应对教育教学改革，无法调动工作激情。同时，高职院校也没有建立相应的转型发展的体系，也让高职外语教师产生了职业发展的迷茫。

高职外语教师面临的共性问题如下：

其一，身份认同的缺失。高职课程改革打破了原有的课程体系，使得许多教师尤其是基础课教师，面临着新的挑战。许多人认为，高职学生花费大量的时间学习外语，而工作中使用到外语的机会并不多，这是一种时间和精力上的浪费。由于普遍强调职业能力与就业能力，高职外语课成了一门课时可以随意削减的副课。高职外语教学成为没有清晰认可的工作，不被学校和学生重视，不为人所知的默默无闻的境地。

其二，职业挫折。职业挫折是指个人从事职业活动和个人职业生涯发展方面的需求不能得到满足、行动受阻碍、目标未能达到的失落性状态。外语教师的专业是外语语言文学，由于高职生的外语水平低，且缺乏学习动力。在教学上外语教师感觉所学的语言文化知识用不上，且得不到学生的配合。在科研上由于高职外语的弱势地位，高级别的课题根本报不上，教师自然就产生了挫折感。

其三，现实冲击。高职院校现在都比较重视课程建设，基本上都是削减基础课，增加专业课。外语课程也大大减少，如杭州职业技术学院就由原来的四学期外语改成了一个学期的基础外语。在有的高职院校里，外语教师甚至只能改上思想政治课。多项调查显示，能出国进修是大多数外语教师的共同愿望。但是在高职院校，由于外语教师处于劣势地位，这种可能性基本上是微乎其微。高职外语教师面临着学校转型升级中带来的生存空间越来越小的现实冲击。

其四，发展空间的缺失。《关于加强高职（高专）院校师资队伍建设的意见》强调：高职院校要建设一支理论基础扎实、又有较强技术应用能力的"双师型"教师队伍。"双师型"教师建设已经成为高职院校师资队伍建设的理念。但是目前只针对专业教师出台了"双师政策"，而对高职中的基础课教师，是否需要双师，如何执行尚处于空白，这对外语教师发展极其不利。教育部关于全面提高高等职业教育教学质量的若干意见指出：要增加专业教师中具有企业工作经历的教师比例，安排专业教师到企业顶岗实践，积累实际工作经历，提高实践教学能力。该政策只是同样针对专业教师，缺少了政策上的支持，高职院校的外语教师队伍建设的发展方向不明，空间受限。

第二节　高职外语教师转型趋势

随着大学组织和社会关系的日益密切，大学教师的身份要从"职业人"向"专业人"转型。在社会分工的观点下，教师的职业发展要经历"非职业—职业——般职业—专业化"的过程，其发展模式的转型也要涉及专业能力的完善和提高。

从外部因素来看，对高职外语教师的关注点转移到长期发展上，将零碎、分散的培训转化成整合、集中的培训，能够满足转型发展的需求。

从内部因素来看，高职外语教师根据自身的不同特点，制定有针对性的发展规划，实现转型发展。从职业发展的角度来看，高职院校外语教师转型具有可行性。教师转型发展是对社会需求的回应，也是深化大学外语教学改革的必经之路。根据2010年国家对用人单位对外语能力需求的调查显示，7.9%的用人单位要求大学生具有实用性的外语能力。

这项调查给大学外语教学的发展指明了方向。大学外语应该培养具有外语能力的人才，以满足不同行业对外语的需求。大学外语教师也需要此为发展的风向标，掌握行业的专业知识，完善知识结构，寻求发展。大学外语教学改革的实现，需要通过教师的转型发展来体现。外语教学改革，不仅要关注语言本身的规律，还要关注此语言的应用范围。针对应用范围开设相关课程，是外语教师的转型发展之道。从社会需求的角度来看，教师的转型发展也具有一定的可行性。教师转型与高校转型发展紧密相连，只有教师转型成功了，才有可能促进高校的转型发展。教师的转型需要内外驱力共同作用，其外在驱力是高校的功能变迁，内在驱力是教师的专业发展，教师本身要从需求出发，找到动机，实现自我更新，也对教师的转型发展提供了可行的环境。

高职外语教师在转型发展之路上存在不同的观点，主要是高职外语教师的发展是否还结合外语为区别。接下来将分别论述两种趋势：

（一）以外语为基础，以"外语加专业"为模式

从教师的调查现状来看，教师对现行的高职外语课程的设置和教学效果都不满意，这与现行的高职外语教学模式有关。目前我国高职外语教学采取的是传统的教学模式。在传统的教学模式中，无论是在外语基础课堂和专业外语课堂，教师都以教材为主要教学内容，通过机械化讲授教材中的知识，单向性地传授给学生，学生在这种教学模式中，缺乏自主意识和主动学习的观念，往往是被动接受。教师和学生的目的都是为了获得某种考试的高通过率。学生花时间花精力学习外语，却不能自如地应用，老师的教学也不能促进学生的学习，教师和学生普遍对高职外语课程的设置和教学效果不满意也是有因可循，这也正是本文调查结果现象所体现的原因之一。在现行的高职外语课堂中，由于班级人数、场地等限制，大班授课是最常见的方式，学生机械化地习得语言知识，由于时间和班级人数的限制，也不能很好地提升外语应用的能力，学习的积极性慢慢被打击，主动性被一点点削弱。高职外语教师面对这样的现状，应该结合自身的知识，找到教学转型发展之路。

基于改进传统的高职外语教学模式，"外语加专业"的教学模式转型，能够有效改进教师的教学效果，促进教师的发展，也能够使学生主动结合自己的专业，进行有针对性的外语学习。情境认知理论认为，要学习者为主体，最好在真实的情景中，通过实践来组织教学，这样才能够把知识的获得和学习者的发展融合在一起。第二语言习得环境论也认为，学习语言的过程是在与另一种语言的社会群体的接触所受到的影响，从而适应新语言。因此，想要改变高职外语教学现状

中教学效果不满意的效果,需要在教学中将外语的学习与学生的专业关联起来。

高职外语教学的目标是培养应用能型人才,使学生能够在工作岗位中熟练使用外语开展工作。语言的学习是需要不断练习、不断实践才能够熟练掌握的。那么"外语加专业"的教学和学习模式能有效促进教学和学习效果。作为高职外语教师,应该帮助学生创设仿真语言环境,引导学生在这样的环境中进行语言学习训练。针对专业的学习,可以采取模拟未来工作场景,使学习内容与未来职场相关联,进行角色扮演,在情境中进行语言的学习和锻炼。在教学安排上,高职外语教师尽可能让学生到实际工作岗位中锻炼,运用所学的外语知识,解决专业上的问题。在这样的实际操作中,学生学习外语的效果得到很快改善,并且专业的学习也得到促进,使外语学习和专业知识的学习相得益彰。例如,针对国际经济与贸易专业的学习,高职外语教师可根据其专业特点,设置国际谈判的模拟场景,通过专业术语的学习储备,引导学生用外语开展谈判,进行学习效果的检验。

(二) 去外语化的发展之路

高职外语教师主要是承担非外语专业的高职外语课程,所教授的对象从基础教育阶段开始,就开始接受语言技能和扩充语言知识的外语教育。如果学习者在基础教育阶段能很好地掌握语言技能,完成和达到大学阶段的外语课程标准是轻而易举的事情,可以达到无师自通。

在这样的情况下,高职外语教师很有可能成为过剩资源。高职外语教师的课时无法得到保障,直接关系到职称评定,参与科研、经济收入少,那么高职外语教师必然会考虑其他的出路,从业务向教育方面转型发展。

高职外语教师攻读其他学科的硕士学位或者博士学位,从单纯上课的高职外语教师转向其他学科教师发展,利用交叉学科多元化的视角开展科研和教学。一方面,通过接受学历教育,提升高职外语教师其他学科知识的学习;另一方面,高职外语教师应该积极开发与业务方向相关的能力,发展与企业合作的能力。实现高职教育目标的有效途径之一就是实现校企合作,高职外语教师想要实现业务方向的转型发展,学校的引导、个人的努力和企业的支持必不可少。

高职外语教师依靠企业的支持进行业务转型,主要是通过学习生产实际中的新技术,参与企业的实际研究和开发,自身的应用能力,使自己在"后天劣势"中找到转型发展的快捷途径。另外,在依靠企业进行业务转型时,高职外语教师还可注重自身课程开发能力的提升,在与企业交流的过程中,收集人才培养方案的信息,共同开发课程,提高课程设计的科学性。高职外语教师的转型是否成功,与自身的发展是否适应社会的发展有很大的关系。高职外语教师在业务转型方面,还可加强自身的社会经历,使自身的转型能够服务于社会。如今汉语热的风潮还在继续,公共外语教师可走入社会,走进具体的课堂,参与孔子学院的课程教学,服务社会的同时探索转型发展的渠道。

高职外语教师在去外语化的前提下,向着教育技术方面转型发展。2011年,由斯坦福大学兴起的慕课给我国高等教育在转型期发展和教师的转型发展带来曙光初现。所谓慕课(MOOCs),即"大规模、开放式在线课程"。它是高深知识的传播体,通过网络平台实现了课堂教学、学生体验、师生互动。在知识传递方面,慕课更加符合反复性学习促进知识迁移的规律,学习者可以根据自身的接受能力和学习时间进行学习,增加学习的效果。高职外语教师可借助慕课课程的特点,提高自身教育技术的能力,开发课程资源,利用现代化的手段进行转型能力的提升。慕课教学有其特有的优势:以视频为主演载体,对某个特定的知识点进行记录,学生通过反复观看视频实现知巧的获得,在数码时代这样的学习方式已经广泛被教师和学生接受。虽然慕课最后呈现只有短短的时间,但是其制作过程不是那么容易。高职外语教师经过系统化的培训,通过掌握教育技术的制作、软件的使用,做好慕课课程的开发的技术准备,并且结合自己教学生涯来积累的经验,发挥所长,利用文科思维优势完善慕课课程的制作。高职外语教师在去外语的转型发展中,要不断提高自身的信息教育化的能力,学习如何录制屏幕、如何摄像、怎样合成声音和图像。同时在慕课开发后的时段里,要注重根据学生的反馈调整教育技术手段的应用,争取最大努力提高自身的能力,促进学生的学习,以达到转型的成功。

第三节　外语政策对教师发展的影响

一、我国高校大学外语政策的变化和形成

1. 历史上两种理念的分歧

公共外语的发展方向是什么,教学内容是什么? 从一开始就存在着两种截然不同的观点。一种是走为专业、为科技服务的观点。代表人物是许国璋和杨惠中等人。

1978 年许国璋连续发表两篇重要文章。他指出,改革开放的新形势"给我们外语教学提出了一个新的任务。这一新的任务是不是可以这样概括:以外语

为工具,学习世界上科学文化知识",他认为,我们的新任务就是培养"为各行各业既通外语又通本行业务,能够用外语直接汲取我们所需要的科学文化知识的人才。只有这样做我们的外语教学才真正有利于四个现代化。"因此"培养目标应该服从国家利益,从国家利益去考虑外语教学方针,考虑外语教学培养目标与教学方法。"他批评"大学的公共外语,效果很不理想。过去我们没有提出向外国学习现代科学文化的口号,而大学科技专业也并不以阅读外文科技资料列为强制性规定,难怪公共外语作用不大。"他坦言,公共外语如把这个任务担当起来,"将标志着我国教育事业在现代化的道路上迈进一大步。没有这一转变,停留在目前的状态,那只能说明我国教育事业具有很落后的一面。"

同在 1978 年,杨惠中也发表两篇文章。他指出"国际上科学技术情报资料主要使用英语,掌握了英语,就可以利用大量的科技资料,因此科技英语的教学具有突出的重要性。""在我国实现四个现代化首先是科学技术现代化的过程中,科技人员的外语水平是个举足轻重的因素。"因此,"公共外语可以说是属于专门用途英语性质(ESP)",是为专业的科技学习和发展服务的。他同样批评了我国的公共外语教学,他认为"公共外语教学存在着不少问题,许多高等院校的公共外语课形同虚设,远不能满足科技人员提高外语水平的迫切需要。"

把外语看成工具为科技服务,这一外语教学理念符合当时国家尽快实现"四个现代化"的国家战略需求,因此得到了教育部的大力支持,其外语政策反映在1980 年由教育部委托清华大学和北京大学制定的《大学英语教学大纲》。

但是,大学英语课程是打语言基础,还是注重工具应用? 大学英语界始终存在着分歧和争论。反对我国大学英语开展 ESP 的理据是,"'结合专业'表面上看来似乎是一条捷径,也许可以'立竿见影',使学生很快就能看懂某些专业科技资料,但想利用专业材料打扎实的语言基础却是不可能的。"

2. 大学英语走上把英语当作专业教的道路

这场争论是在大学英语决策层引发的,因此争论已超越了学术上的探索,直接影响到了我国高校外语政策的制定。由于当时新生英语水平较低,因此,注重语言基础训练,实行大学英语四、六级统考,快速提高大学生的英语水平就获得了当时教委的认同。这样,偏向基础教育,偏向素质教育的外语政策逐渐形成,并一直延续到今天。比较一下历年制定的《教学大纲》或《教学要求》就可发现,为专业服务,用英语作为工具汲取和交流专业信息的说法是如何逐渐淡出的。

1985 年大纲培养具有较强的阅读能力,为进一步提高英语水平打下较好的语言基础,使学生能以英语为工具,获取专业所需要的信息。1999 年大纲培养学生具有较强的阅读能力和一定的听、说、写、译能力,使他们能用英语交流信息,帮助学生打下扎实的语言基础。2004 年要求培养学生英语综合应用能力,特别是听说能力,使他们在今后工作和社会交往中能用英语有效地进行口头和书面信息交流。2007 年要求培养学生英语综合应用能力,特别是听说能力,使他们在今后学习、工作和社会交往中能用英语有效地进行交际,同时提高综合文化素养。由于强调语言基础和素质教育,大学英语教学目标和英语专业就几乎没有什么区别了。束定芳在分析了高中英语、大学英语和英语专业三份大纲后指出"三份大纲都把'打下扎实的英语基本功'作为一个重要的目标之一;三份大纲都提到了除外语本身之外的教学目标,如'提高文化素养'和'拓宽人文知识和科技知识'等"。不仅培养目标一样,课程设置也基本雷同。

正因为如此,越来越多高校的英语课程设置和教师安排等方面都已经不分大学英语和英语专业了。除了学分和课时的区别外,两个不同专业的学生都可坐在同一课堂选修同一门课。这个趋势由于新生英语水平不断提高,大学英语综合英语必修课程学期数的减少和通识英语选修课程的增加而得到越来越多高校的认可。现在,打通大学英语和英语专业课程设置似乎已成为改革的方向。

3. 大学英语走"把英语当专业教的路子"的原因

我国大学英语为什么会选择走专业英语的道路,原因是多方面的。

(1) 理念问题。我国外语界始终是把打语言基础,培养语言综合能力,提高素质修养看成是学习外语的全部目的,尽管《课程要求》提到打基础是为今后的学习和工作服务,但并没有提出学习英语的现在使用目标。在不少人看来通用英语和 ESP 没有什么差异,只要打下扎实语言基础就可以胜任任何的专业学习,因为"所谓'专业英语'的特点,无非就是长句多、被动语态多、非谓语动词的各种用法多,而这些语言现象在普通题材的文章中也频繁出现",因此重要的是大量阅读文学作品,而由于 ESP 课文术语多,无情节,可思性和趣味性都低,因此并不是提高英语的有效途径。

(2) 教师学历。与国外大学的外语教师学历结构不同,我国绝大多数大学英语教师的学历背景都是英美文学或英语语言学,而非二语习得或教育语言学。具有这样学历结构的领导和教师很自然会按照英语专业的模式开展大学英语教学,驾轻就熟。同时,由于对 ESP 的误解,以为 ESP 教学需要有专门知识结构,大多数大学英语教师往往害怕和不愿从事 ESP 教学。

(3) 评价体制。我国外语界重语言文学轻外语教学。英美文学的教学被认为要比为专业服务的外语教学高级得多,学术得多。前者是专业,是学科;后者是服务,是教学。前者是按讲师—教授晋升,后者则是讲师—高级讲师晋升。前者的学术成果也要比后者有更多的立项和发表的机会。因此,大学英语教师热衷于竞相开设英美文学、莎士比亚研究，英美小说和诗歌课程，尽量往英语专业上靠。不少大学英语教师白天进行外语教学，晚上从事莎士比亚研究或乔姆斯基研究，争取在这方面发论文。

（4）素质教育。在中国，外语教育，尤其是大学英语历来被看成是一门素质教育课程，提高大学生人文素质往往要看得比培养他们的英语应用能力更为重要。外语的工具作用往往被贬低。不少人还为此找到依据：美国等西方国家都是把外语教育的人文性放在第一位。我们认为这是一种误读。美国对不同外语的作用是有区分的。他们的外语有两种，一种是拉丁语、希腊语等，他们注重这些外语的人文性是因为他们要求学生阅读文艺复兴时期的经典著作，了解和接受欧洲文明和文化价值有关，因为这些文化价值是西方人文自由教育最普遍的核心价值。另一种是阿拉伯语、汉语等，对这些外语教学他们从不提人文性，而是被看成潜在敌人的语言加以研究，以维护国家安全和保持国际竞争力。我们的外语是英语，而英语是世界科技经济交流的主要工具。现在我们放弃其工具作用，追求英语的人文性，学习西方价值观，正是西方国家所希望的。

二、我国高校外语政策调整的必要性

李宇明指出：我国是一个外语学习大国，但是国家所拥有的外语能力却远远不能满足国家发展之需。一个好的外语规划，首先需要摆正外语在国家发展中的位置，制定有利于提升国家语言能力的外语政策。我们认为所谓国家外语能力或好的外语规划就是指能最大程度满足国家战略需求，直接为国家利益服务的外语政策。21世纪，中国最大的战略需求就是应对全球化。

根据中国商务部的统计，我国非金融类企业对外直接投资额呈现持续飞速增长态势，从2003年的28.5亿美元上升到2012年的772亿美元，对全球141个国家和地区的4 425家境外企业进行了直接投资。我国在世界各地进行工作的各类员工已超过300万。这就是说，无论是"引进来"还是"走出去"都需要大量既通晓专业又懂英语的人才，要求毕业生在他们的专业和行业内具有国际交往和国际竞争的能力。正因为如此，政府在2010年颁布的《国家中长期教育改革和发展规划纲要》提出高校要"培养大批具有国际视野、通晓国际规则、能够参与国际事务和国际竞争的国际化人才"。

在全球化背景下，李宇明提出了"本土型国家"和"国际型国家"的概念。我们认为在前者转变为后者过程中，我国的外语教学目的发生了根本性变化。在本土型国家，外语并无外在需求，学习外语的主要目的是打好语言基础，阅读西方文学著作,提高自身修养,因此具有鲜明的"向己型"。但在国际型国家,学习外语不仅仅是提高自身素质,修炼听说读写的基本功,而是要培养学术英语能力和工作英语能力,以适应使用英语直接从事专业学习或今后工作的国际交往的需求,因此是外语教学必须具有"向他型"特征。我国之所以这么多人花这么多时间学习外语,但效率不高,原因之一恐怕是我们外语教学比较注意满足个人外语能力需求(如需要应试,需要有一个好的工作或留学),忽视了国家外语能力的需求。因此,要从满足个人外语能力需求向满足国家外语能力的需求转移,要从向己型的外语教学转向他型外语教学,我们的外语教学的成功标准要改变。

大学英语教学成功的标志不是看学生四、六级分数考得多高,口语说得多么漂亮,语法基础多么扎实,也不是能大段背诵莎士比亚。这些固然重要,但更重要的是学生能否运用所学的外语直接为他们的专业学习和工作服务。如果我们的大学英语教学模仿专业英语课程设置,一味开设高级英语,不断打基础,或开设英美文学课程等,不顾国家的战略需求,教出来的学生不会用英语从事专业学习,不能在自己的专业领域内具有国际交流能力和国际竞争力,那即使获得教学成果奖,也都是大学英语教学的最大失败。

三、外语教学与专业需求

《国家中长期教育改革和发展规划纲要》是国家战略需求的集中反映。在《纲要》关于培养具有"国际竞争力的国际化人才"的精神指导下,我国高校正在进行一轮以国际化课程为核心的专业课程调整的改革。大学生越来越多地被要求用英语听课、听讲座、阅读专业文献、写综述和论文,以及参加国际学术会议。面对高等教育国际化,高校的外语政策也必须调整,必须从原来以学习语言为目的的基础英语教学转移到为专业学习服务的学术英语上来。但目前的大学英语课程设置还是止步于打基础。根据我们统计,截止到2011年底,教育部共评出38个学校的大学英语为国家级精品课程,但只有2所大学在他们的教学目标提到培养为学生专业学习服务的EAP/ESP能力。目前我国的本科培养计划大约在150学分,几十门课程,其中有专业课程和基础课程。但这些课程不是孤立和互不联系的,而是相互支撑为一个教学目标:即专业人才的培养。大学英语不是独立的学科专业,而是一门配套基础课程。大学英语不为专业服务就失去了其存在的依据。翻开各个专业的培养方案或教学大纲,在人才"能力结构要求"方面几乎都把外语能力包括进去。如《高校本科自动化专业规范》明确指出自动化专业学生要"具有较强的本专业外文书籍和文献资料的阅读能力,能正确撰写专业文章的外文摘要。能用外语进行学术交流"。但遗憾的是,无论是我们的教学大纲还是教学实践都没有有效反映这些要求。专业课程改革,培养具有国际交往和竞争能力的卓越人才不能仅仅靠学科专业自己的力量。要能够让学生听懂世界一流学者的讲座和讲课,读懂本专业的前沿文献,到国际学术会上交流,如没有大学英语教学帮助训练学生这种用英语进行专业学习和研究的学术能力,这个目标是很难达到的。因此,大学英语作为最大一门基础课程占到本科总学分的10%,没有理由也不应该游离于人才培养总目标,没有理由也不应该强调自身教学规律,把学习英语仅仅看成提高语言水平、提高自身素质的培养,对专业需求不予理睬。

四、外语政策与大学英语未来发展

20世纪,大学英语是一个独立的教研室,主要功能就是配合专业培养既懂专业也懂外语的人才。从本世纪起,大学英语纷纷并入外文系或外文学院,定位就发生了变化。现在该是从外文系或外文学院退出,成立真正独立的英语教学中心,回归大学英语教学本位的时候了。这是我国大学英语发展方向,是一条正确的道路。大学英语与专业英语分离,转向为专业服务并不是为了应对经济全球化和高等教育国际化,满足国家战略需求的权宜之计,它对于我国大学外语的发展也有着很重要的现实意义。

第一,有利于根治应试教学。我国大学英语界始终在和应试教学斗争,但收效甚微。最主要的原因就是始终提不出学习大学英语的正确目的,当《教学大纲》或《课程要求》只要求学生打下扎实的语言基础,培养听说读写综合能力,但又不指明学到的英语用在何处,学生只能用来应对四、六级统考和考托福、雅思等。相反,如果我们提出大学英语学习的目的是为专业学习服务,衡量外语学习是否成功的指标改为看学生能否用英语从事专业学习,这样无论是教师还是学生都不会受制于四、六级考试。

第二,有利于提高教学效率。我国外语教学始终被批评为"费时低效",65%以上的大学生用他们全部大学的四分之一时间用于学习外语,但即使是清华大学的学生,"四、六级考试过关之后,英文文献读不了,英文论文写得一塌糊涂"。主要原因就是大学英语教学始终在低水平上徘徊。由于大学英语定位在通用英语或基础英语,就不可能、也没有必要提出比现在大学英语四级4 700词汇量更高的要求。这样,教学内容重复中小学英语是不可避免的。但如提出为专业服务的定位,大学英语就可以提出较高的语言要求。要读懂一般的专业教材,词汇量至少是 8 000～10 000。

第三，有利于教师的职业发展。如果走英语专业的道路，那么外语教学质量就一直无法提高，因为英美文学与外语教学并没有关系，即使是语言学和外语教学也差之千里，前者是研究语言的本身，而后者是研究如何学和如何教。如果不走英语专业道路，回归外语教学本位，大学英语就不会成为一门专门研究语言或文学的课程；教师课堂上的绝大多数时间就不会仅仅放在语法词汇、篇章结构、修辞隐喻和人物性格的分析上。他们就会去研究学生学习中的心理认知过程和学习者个人差异，研究特定学科里的英语表达和学术英语交流策略等。这对大学英语教师的知识结构的完善和职业发展都是有利的。

第四，有利于大学英语持续发展。最近几年(或从长远看)，大学新生的英语水平在不断提高。由于学生达到大学英语四级或六级要求的时间越来越短，大学英语课程的减少是不可避免的，原来 16 学分的大学英语课程都被普遍压缩到8～12 学分。因此如果还是坚持通用英语定位，大学英语消亡是时间问题。

正如胡壮麟指出的："英语教学一条龙的最终目标是使高中毕业生达到现在大学四级水平甚至六级的水平。那么，这就产生若干年后大学英语是否继续存在的问题。"但如果大学英语调整定位，从通用英语转向为培养学生用英语进行本专业的学习的 ESP，这个崭新的教学内容不仅需要有足够的学分得以保障，而且由于它在整个人才培养方案中地位的凸显，而会赢得专业和学校更多的支持。世界上大多数英语作为外语的高校里，搞英美文学和理论语言学的人是少数，重心是外语教学；而外语教学主要内容是 ESP 和学术英语，我国情况恰恰相反，具有导向作用的国家社科基金项目，教学类的寥寥无几。这是不正常的，因为我国根本不需要这么多的大学英语教师和学生研究英美文学或语言学，市场也根本不需要这么多仅有英语一般听说读写能力的毕业生。国家需要的是大批能用英语从事本专业学习、研究和工作的人才。因此从国家战略需求观察问题，英语专业逐渐萎缩，大学英语走向壮大是我国外语政策调整的必然趋势。

第四节　高职外语课教师专业素质分析

一、高职外语课教师专业素质的重要性

"素质"的理解，人们已经约定俗成。过去，我们把先天生理心理遗传要素成

为"素质"，将后天获得的叫"素养"。现在我们普遍认为，素质是人所具有的维持生存、促进发展的基本要素，是在先天基础上经过后天环境和教育影响获得的品质。

教师的专业素质，就是教师在教师职业生活和实践中逐渐形成的体现职业本质和规范的，促进学生发展的职业品质。它具体可以体现为教师的知识素质、能力素质和情感素质等。作为高等教育的特殊组成部分的高职教育，其教育教学的导向及目的是要凸显其实践性和职业化。

高等职业院校改革和建设的重要保障归根于高职教师专业发展，高职教师专业素质高低关系到高职教学质量的高低，影响到技能型合格人才的培养。有学者认为：教师质量问题仍然是我国高等教育序列英语教育改革的核心问题，重点仍然是如何教和如何学的问题，以及怎样自我发展的问题。

因此，高等职业教育教师如何进行职业定位以及如何专业化发展的问题逐步为教育界所关注。培养学生的职业技能虽然是高职教育的重要职责，但离开了丰富的文化基础，专业技能的底蕴就不深厚。高职外语课程的开设就是为学生掌握现代生产、管理和服务提供更加深厚的基础和广阔的视野。同时，英语基本知识和技能还可以为学生进一步接受更高层次的教育和终身学习提供发展的可能空间。从学生未来职业发展来看，"综合素质"是社会对培养对象提出的更高要求，高职学生可能成为未来的高级工、技师、高级技师，掌握一门外语有助于他们获取国外新技术信息、进一步提高技能水平的重要桥梁与工具，作用日益重要。但这些重要目标的实现取决于教师，尤其是具有良好专业素质的教师。实现载体就是他们的教育教学过程。

一直以来，围绕老师专业发展这一主题，许多研究主要是针对普通高校，尤其是基础阶段的教师。专门就高职教师、特别是某学科教师的相关研究还很少。高职院校教师虽然属于教师群体的一部分，但是由于高等职业院校培养目标、教育对象、教学方式等方面不同于一般高等教育，因此，高职教师素质要求除了具有教师职业素质的共性外，也有相异于一般教师之处。当然，教师专业素质提升方面的内容、途径、方法以及目标取向等方面必然存在差异。

比方说，高职院校课程内容必须具有实用性，以传授技能为主，教授知识为辅；还有在培养学生方面，要体现技能型；此外它的教学方式也不能是一支粉笔打天下，必须具有很大比例的实践教学等。所以高职院校教师的专业素质提升发展都急需从理论上进行研究，而这些研究又是教师专业发展的应有之义。实践意义方面，高职院校英语教学质量提高的关键因素是英语教师专业发展的水平和状态。高职外语教师知识结构和能力结构等方面的深入探究有助于教师能够正确评价自己的素质水平,从而为自身专业发展寻找到突破口和着力点。从而从根本上实现学生的成长的同时,也彰显自身的职业价值、推动学校内涵式发展。

二、高职外语课教师的专业知识

高职外语课教师专业知识应该包括以下几方面:

(1) 英语语言知识。英语课程教学的特点决定了英语教师首先应该具有良好的语言基本功,这是英语教师的职业立足点。只有良好的听、说、读、写、译等基本功。英语教师标准的语音、语调,流畅的朗读、优美的书写等素质为学生英语语感的培养树立了榜样,同时也营造了英语学习的氛围,无形中激发了学生的学习欲望。

(2) 博雅的文化知识。英语作为一门语言不仅承担着语言传递的功能,而且也是一种文化的载体。其内容不仅具有听说读写等工具性,更涉及和包含着西方文化、人文通识等众多因素。英语教师要实现更高程度的发展,实现英语课程的更大价值,成全学生的整体素质培养,就必须在扩展自身知识面方面下功夫,不断加强自身知识结构的就需要不断涉猎和扩展自己的知识面,加强知识结构的优化。拥有合理优化的知识结构,可以保障在知识传递中,达到最佳教育效果。英语教师更要实现"专业知识"和"通识知识"的统一,不但可以扩展学生知识视野,还能激发和满足学生的求知欲。

(3) 操作性知识。教师职业和其他职业最大的差异是"劳动对象"的不同,教师的教育教学直接面对的是有思想、有活力的学生。教师必须在教育教学的动态过程中,实现"善喻",即有效将静态知识合理的传授给学生,对学生的成长产生正向影响。"通过什么样的方式手段、使教学过程合理有效,使学生易于掌握所教知识形成有效学科学习能力,这类知识常被成为操作性知识。"这类知识的来源或是教育理论文献书籍,或是同伴教育信息交流,当然也离不开教师自身对教育问题的敏感和思考。操作性知识也是教师形成教学个性的重要来源因素。

(4) 实践知识。教育教学依赖于一定的课堂活动情境,课堂情境的最大特点具有灵活性和机动性,也就是具有不确定性。教学的艺术创造不仅来自教师对课程教学内容的掌握程度,更来自于教师不断生成的体现于不确定教学情境中的教育教学智慧——个体实践知识。是否拥有丰富灵活的实践知识是一个教师成熟与否的重要标准。实践知识具有情境性、个体性和内隐性的特点。它直接影响教师课堂教学活动的效果。这种知识的有效获得,不仅需要教师深厚的教育教学功底,还需要教师在实践中不断积累经验、及时反思教育问题,并在灵活的创造性运用教育教学理论中解决教育问题。

三、高职外语课教师的专业精神

　　教师职业不仅仅是纯客观的知识传递,在复杂的教育过程,始终起到内在动力作用的是教师积极的职业精神和情感。高职教师专业精神包含积极的职业情感、专业理想和符合职业责任的职业道德。教师的职业情感是指教师这种在教师职业活动中逐渐形成的态度和体验,我们称之为教师的职业情感,它的境界就是教师的教育信仰。在精神和情感层面,教师的职业情感一般表现为深刻理解教师职业及教育生活,并从内心产生的一种认同和肯定,具体可以表现为积极的职业价值认定、职业荣誉感、自尊感以及在职业生活中常常感觉道德满意度,积极的职业情感会使教师对自己所从事的职业产生一种与幸福感相伴随的责任感,从而从内在促进教师不断追求更高质量的教育生活。在积极的职业情感动力驱使下,高职教师对自己在思想深处敬佩的教师效仿和向往与其一样,这都是职业理想的体现。在实际工作当中,它可以转化成教师内心强大的发展内因:强烈的专业追求和精益求精的精神面貌。当前,教师教育思潮使人们逐渐厘清了一种全新的教师观。这种教师观超越和突破了传统意义上,不仅需要教师在自己相关专业学科方面具有扎实的知识储备和熟练地驾驭课堂、学生、组织教学的能力,还需要具备一种更为广阔的专业特性包括:能够质疑探讨自己教育教学理念与行为;不断研究自己教学的技能;能够自觉地在工作中质疑和检验理论;随时可以应对和教学同行就自身学科和专业理解的交流和讨论。

四、高职外语课教师的综合素质

　　《高等职业教育英语课程教学要求(试行)》强调高职外语课程教学成败关键在于英语教师素质。教师素质是教师将如何做教师的静态知、能、情多方面内化在自身而体现在教育教学行为中,并对学生产生积极影响的综合产物。无论国内国外都认为教师素质是教育改革和发展的根本。

　　被视为教师教育发展研究的重要里程碑著作《第二语言教师教育》的作者理查德和纽楠在书中明确指出:掌握教学技能是教师最基本的,除此之外,教师还要在教学理论、教育决策能力、理论联系实际的能力、自我批判和自我评价能力、课程开发和教学研究等方面提升自身能力。理查德还以自身教育实践中反思总结出教学理论、教学技能、社会交往能力、专业知识、教学推理能力、随机应变能力在语言类教师核心知识基础中的重要地位。教育界普遍认可的英语教师素质体现在如下几个方面：

① 英语教学信念(包含学习者和学习性质信念、学科价值信念)；②英语专业知识、英语国家相关文化背景常识、教育学心理学方面的知识；③英语教师职业能力(包含理论实践结合能力、语言表达、教学组织调控、问题研究能力等特殊能力)；④教师职业道德和情感态度；⑤健康的个性心理(包含和职业相关的情趣爱好、有助于教育的性格和情绪等)；⑥自我发展需要的自觉性。

五、高职教育发展形势对外语教师的挑战

高职公共英语教学改革的终极目的，就是让每一个愿意接受英语教育的学生都能够在既定的公共英语教学设置下，有效形成、提升与自己英语学习能力基础相适应的英语实际应用能力；而这样的能力的形成和提升，又必须服务于高等职业教育培养高技能型人才的总体目标。

英语教指委在受教育部委托组织起草的相关教学文件中指出，"高职英语课程是培养高职学生综合素质、提升学生职业可持续发展能力的重要课程，其教学目标是培养学生在职场环境下运用英语的基本能力。"而英语实际应用能力也应该是高职学生职业能力构成的重要组成部分。非英语类高职学生能力构成的主体是其专业职业能力，英语能力只是其职业能力的辅助成分。也就是说，英语能力必须为学生的专业职业能力提升及其可持续发展服务。

事实上，作为一种交际工具，英语也只有在职场环境下才能使其使用价值得到最大限度的发挥。因此，职业性和实践性是高职公共英语课程改革的方向。英语教指委于2007年底以问卷形式对全国高职院校的公共英语教学状况作了比较全面的调查并对调查数据进行了分析。

在此基础上，英语教指委提出并大力推进高职公共英语课程结构改革的主要思路："基础英语＋行业英语"，同时指出基础英语阶段的教学内容可与行业英语阶段的教学内容自然衔接，或将行业英语教学渗透到教学的全过程。相关教育学研究表明，如果一门语言课的内容越接近于学生的功能需要，语言教学就越可能取得最好的效果。

行业英语教学就是使英语教学内容尽量贴近学生未来就业行业的需求，激发学生学习英语的兴趣，注重培养学生用英语处理与未来职业相关业务的能力，

从而提高学生的就业竞争力及可持续发展能力。"基础英语＋行业英语"课程教学结构改革的实施将在英语教学过程中融入与某一行业主要职业(岗位群)工作相关的英语内容,强化高职高专公共英语教学的实用性特征,最大限度地体现学校学习与实际应用的一致性,真正符合高等职业教育大力倡导的"工学结合、校企合作"的人才培养模式。

六、高职外语教师面临的新要求

高职公共英语教学改革思路对外语教师提出了新的要求、新的任务和新的挑战。研究高职公共英语教师发展成为高职教育的当务之急。英语教指委在其组织起草的高等职业教育英语课程相关教学文件中提出,高职院校要制定教师发展规划,定期在教学理论、教学方法和教育技术等方面对英语教师进行培训;要鼓励教师研究高职英语教学规律,创造性地探索新的教学模式;要建立英语教师定期到行业、企业实践制度,要求教师研究与行业相关的教学内容,增强"双师"素质,不断提高教师行业英语教学能力,以适应高职英语教学改革与发展的需要。

行业英语教学既不同于基础英语教学,也在教学目标、教学内容和教学方法上有别于传统的专业英语教学。这就对高职公共英语教师的角色定位与教学能力提出了更高的要求。教师必须主动面对这种挑战,努力提升自身的职业素养与执教能力。高职公共英语教师在提高英语综合应用能力及专业水平的同时,还需主动学习和了解相关行业的基本专业知识,积累相关实践经验。一定的专业知识和专业实践经验是英语教师有效开展行业英语教学的重要条件。

教师必须适应行业英语教学的需求,重新调整角色定位,积极学习,不断提高自身的"双师"素质。我国高等职业教育仍处在探索阶段,教师教育也需不断探索和创新,以满足高职教学改革的需求。因此,落实高等职业教育教师发展工作比以往任何时候都显得更为迫切。

第五节　外语在线学习

一、在线学习概况

在线学习,即 E-Learning,是通过计算机互联网,或是通过手机无线网络,在一个网络虚拟教室与教室进行网络授课、学习的方式。目前的在线学习已经不局限于此。

目前网上有完善的在线学习平台，学习平台系统可以智能地将一个云题库与平台对接，根据你的学习需要去完成你的学习目标。例如学生可以在线学习与自己学习同步的课程体系然后同步作答题目，作答完成后由系统智能为你呈现解题过程，辅助你提高学习成绩。

随着互联网的发展，教育行业在十年前就推广远程教育，通过互联网虚拟教室来实现远程视频授课，电子文档共享，从而让教师与学生在网络上形成一种授课与学习的互动；而现在的 3G、4G、5G 时代的来临让学习不仅仅通过笨重的计算机，只要一个可以有大流量的手机，通过快速网络推进，我们就能更方便地通过手机等掌上工具在线学习，而无线的网络使得人们的日常互动变得更加有效！

肖刚将 E-Learning 定义为：通过应用信息科技和互联网技术进行内容传播和快速学习的方法。E-Learning 的"E"代表电子化的学习、有效率的学习、探索的学习、经验的学习、拓展的学习、延伸的学习、易使用的学习、增强的学习。

E-Learning 概念一般包含三个主要部分：以多种媒体格式表现的内容；学习过程的管理环境；以及由学习者、内容开发者和专家组成的网络化社区。在当今快节奏的文化氛围中，各种机构都能够利用 E-Learning 让工作团队把这些变化转变为竞争优势。企业通过实施 E-Learning 具有的优势：灵活、便捷，员工可以在任何时间、任何地点进行；通过消除空间障碍，切实降低成本；提高了学习者之间的协作和交互能力。但是我们也要看到在实施 E-Learning 的过程中存在局限性和应该注意的问题。

二、在线学习存在的问题

纵观国内外，在线学习发展非常迅速，越来越多的人通过网络进行学习。通过在线学习会解决我们生活和工作中的许多问题，使我们的知识和能力有了很大的提高。虽然在线学习平台的建设取得了一定的进展，但是还存在着很多问题，这些问题会影响了学习者在线学习的效果。通过对目前国内外在线学习的调研和分析，结合本文的研究目的，笔者总结了目前在线学习中存在的问题。

（1）缺少学习者初始能力的分析，课程等级的划分缺乏科学的依据。很多课程有明确的等级之分，比如英语课程，有高、中、低级之分，对于成人学习者来说，他们到底应该学习哪个等级的课程，很多在线学习平台都没有科学的划分依据。比如，英孚在线学习的课程采用科学的、通用的标准一来划分等级，这个是非常科学的。但是，究竟学习者属于哪个课程等级，应该用什么样的标准来确定，该平台却没有明确的方法来实现。划分的方式就是在线教师根据他们的教学经验，把学习者水平测试的成绩划分在各个课程等级中，这样的划分标准是非常不科学的，并不能真实的反映学习者的英语水平。这样划分可能会产生两种截然相反的后果，英语水平低的学习者被划分在等级较高的级别中，学习比较难的课程，导致完全看不懂学习内容，最后放弃学习；英语水平高的学习者被安排了非常简单的学习内容，导致他们觉得很无趣，完全没有兴趣学习，最后选择退课或放弃，浪费了很多时间。

（2）同一门课程之间的学习内容相互独立。很多在线学习平台提供的课程都是比较独立的，比如按章节提供给学习者，很少考虑各个章节之间的关联性。比如，英孚在线学习的课程分为听、说、读、写四个部分，每个级别的课程都包括这个部分。每个部分内容相互独立，没有联系，学习者学习时每个部分都要学习，不论他们想要提高的是哪种外语技能。我们都了解外语中听、说、读、写肯定相互影响、有一定的联系，那么究竟有什么样的联系，能不能通过重点培养学习者的某一种能力，其他能力也会有明显的提高，这些问题英孚在线学习平台都没有考虑，他们的学习内容都是相互独立、割裂的，并没有将其关联起来。

（3）学习内容单一、固定，学习者不能个性化的定制。许多在线学习平台提供的课程都是固定的，所有的学习者学习同样的内容，不管他们的初始能力如何、知识背景怎样、学习目的是什么，只能照单学习一样的内容，没有选择的权利。比如，英孚在线学习平台提供的个级别的课程都是固定的，每个学习者不论自己想提高哪种外语技能、学习的目的是什么，他们得到的课程都是完全一样的。尤其该平台的主要对象是成人学习者，他们的学习目标更加明确，为工作或生活，而且他们的学习时间相对来说比较少，所以他们想要得到的学习内容应该是所见及所得的内容，学了可以马上用到，学以致用。而该平台却不能为他们提供这种个性化的学习内容，导致很多学习者的学习效率很低，最后放弃在该平台上学习。

三、学习者在线学习应对策略

学习者在线学习策略受学习者、学习任务、学习环境等多元因素的影响和制约，学习者、学习任务、学习策略和学习评价形成了一个有机体，相互包容、相互

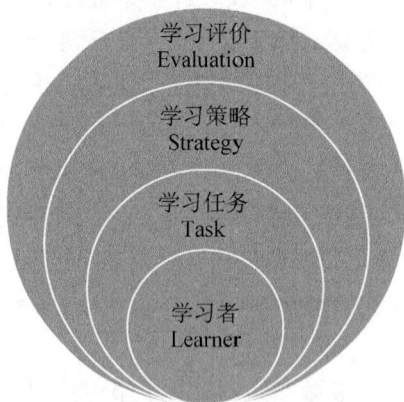

图 5-1　在线学习四要素关系图

依存,构成了在线学习的基本模型(见图 5-1)。在线学习要围绕这 4 个维度展开。

(1) 以学习者为中心,发挥在线学习的知识内化支持功能。学习者在线学习要立足于学习者个体,发挥在线学习的知识内化支持功能,帮助学习者建构有意义的知识,以学习者需求为中心,挖掘和建立与先前知识和经验的联系,那么学习者在完成特定任务时就会产生较少内在认知负荷。学习者在大脑所储存图式内容和水平的差异,使认知负荷高低水平表现出较大的个体差异。以学习者为中心是在线学习的核心和关键,学习者的学习风格、学习行为、学习偏好的差异都影响在线学习的主要因素,在线学习要适应网络学习者的个体差异,在线学习前,需要采用科尔伯格学习风格分类量表进行测试,可以将学习者的风格分为视觉型、听觉型、触觉型、动觉型等类别,学习者知己知彼,才能更好地开展自主学习和在线有效学习,进一步激发在线学习系统支持服务作用。学习环境影响着学习者处理学习任务的方式,以学习者为中心的环境指是学习者所处的输入输出的文化氛围,同伴学习社区的社交环境和学习者所需要真实有意义的学习活动及教师和专家的适时的评价等,均是在线学习的支持系统,要根据学习者能力的渐减或渐强,适时改变学习环境,为其构建可靠的学习支持保障。

(2) 以学习任务为依托,发挥在线学习的实践开发功能。在线教育资源要开发有效的学习任务,符合学生的认知负荷特点,能够促进认知的内化,如外语在线学习资料中越来越多地采用图式、音视频动画方式,去除掉"冗余"的加工信息,提高相关认知负荷的增量,进而有助于学习者实现个性发展和自主发展。学习任务的呈现方式可以改变,教师可以通过改善教学设计,来降低学习者的认知负荷。只有当学习者面对高度熟悉的任务时,完成任务的时间会更快,因而有效地减少了认知符合,提而学习的兴趣和效果。学习任务的模块化、游戏化、虚拟实践化,有助于提高学习者的学习动机,激发学习兴趣。因此学习任务的设计要遵循"简易性、可操作性"等原则,由易到难、由简到繁,如某大学商务营销专业的在线学习资源库中的学习任务中设计了一个"报关小哥"的虚拟身份,以游戏闯关的任务节点来设计,从而进一步增强在线学习者的实践感受和体验,提高学习的效果。

（3）以学习策略为指导，发挥在线学习的设计引导功能。在线学习环境下，学习者采取的学习策略有元认知策略、认知策略、记忆策略、补偿策略、社交策略等。元认知策略指确立系统的学习计划，使用智能软件计划、监控和评估学习进程；认知策略指在线学习或下载学习材料，使用学习社区在线交流和讨论等；记忆策略指通过图片、声音、动画情境进行理解与记忆；补偿策略指在线交流时，如果词不达意，可以用表情符号或图片代替；社交策略指积极参与在线小组讨论及竞赛等。学习者要对学习材料进行"精准加工、精准设计"，加强元认知等手段，合理地分配有限的认知资源，以达到优化学习、提升效率的目的。学习者在线学习需要教师的协同、同伴的协同和虚拟社区的协同，学习策略的应用有助于在线学习的完成，学习者在不同的任务阶段，根据在线学习的预设环节完成任务的交互活动，发挥在线学习的设计引导功能。教师是在线学习的引导者和设计者。如教师可以根据大数据分析，得到学习的在线登录的次数、学习交互的次数，观测到每位学习者的学习数据，从而指导学生应用不同的学习策略，提高在线学习的质量。

（4）以学习评价为支撑，发挥在线学习的监督反馈功能。在线学习的学习效果要通过在线实时反馈和监控等手段实现，学习评价的有效性和系统性是在线学习的支撑，要建立在线学习评价体系。单一的测试来评估和衡量在线学习活动，无法全面地掌握学习的情况，要多维度、实时评价在线学习活动，通过开展学生自评、虚拟社区小组成员互评、教师评价等多元主体评估，实时反馈学习效果，并通过数据分析提出下一步学习目标的确定、学习行为的执行、学习策略的选择、学习评价的应用，以此实现在线学习的螺旋上升。美国于20世纪初开发了《在线学习的认证标准》具有广泛的影响力，标准从可用性、技术性和教学性3个层面对在线学习进行评价，是目前应用较广泛的评价标准体系。我国应尽快制定在线学习评价体系，协助学习者根据评价结果建立反思机制，鼓励自主学习、自主反思，如我在这个学习任务中学到个哪些知识点？我是怎样完成的？在这次学习任务中有的学习经验是什么？是否需要进一步改进和提高等。在线学习最终要促进学习者的知识结构、认知结构、学习方式、情感态度等的进一步提高和改进，以实现自主发展的目的，促进个人发展。

开展学习者在线学习及策略的研究，对于学习者和指导者、平台建设者等具有实践性指导价值。学习者在线学习要综合考虑学习者、学习任务、学习策略和学习评价的关系，四个要素不可偏废，缺一不可。在线学习必须要考虑学习者的能力和认知风格，提供符合认知负荷特点的学习材料，以学习策略为指导，在线开展学习活动,构建在线学习生态和支持系统、评价体系等,以达到有效学习的目的。

四、在线学习的分支——移动学习

移动学习是一种在移动设备帮助下的能够在任何时间、任何地点发生的学习,移动学习所使用的移动计算设备必须能够有效地呈现学习内容并且提供教师与学习者之间的双向交流。

移动学习在数字化学习的基础上通过有效结合移动计算技术带给学习者随时随地学习的全新感受。移动学习被认为是一种未来的学习模式,或者说是未来学习不可缺少的一种学习模式。

正确理解移动学习的内涵应该从以下几个方面来把握:

首先,移动学习是在数字化学习的基础上发展起来的,是数字化学习的扩展,它有别于一般学习。E-learning 专家迈克尔针对移动学习提出了独到的见解,他认为移动学习并不是什么新鲜事物,因为在传统学习中印刷课本同样能够很好地支持学习者随时随地进行学习,可以说课本在很早以前就已经成为支持移动学习的工具,而移动学习也一直就在我们的身边。

其次,移动学习除具备了数字化学习的所有特征之外,还有独一无二的特性,即学习者不再被限制在电脑桌前,可以自由自在、随时随地进行不同目的、不同方式的学习。学习环境是移动的,教师、研究人员、技术人员和学生都是移动的。

最后,从它的实现方式来看,移动学习实现的技术基础是移动计算技术和互联网技术,即移动互连技术;实现的工具是小型化的移动计算设备。有专家对移动学习实现的设备从特征上作了这样的一个分析:可携带性,即设备形状小、重量轻,便于随身携带;无线性,即设备无需连线;移动性,指使用者在移动中也可以很好地使用。

我国在未来的 20 年中,移动学习的发展将经历 3 个阶段：基础环境建设阶段,知识体系化建设阶段和学习服务建设阶段,每个阶段间的过渡是迭代循环的过程。

第一阶段是基础环境建设阶段,将随着无线网络和资源的发展逐步形成适应移动学习的基础环境,逐步形成国家、地区和组织 3 个层次应用的网络环境和主题资源的学习环境,这个阶段将持续 4～8 年,主要推动力来自于移动服务商和厂商。

第二个阶段是知识体系化建设阶段，将在已有完善的移动环境基础上进行大规模的知识体系的构建，完成学习内容内化关联和已有资源的共享兼容，针对不同的学习主题和需求进行分类和定制化应用构建，这个阶段将持续5～10年，主要推动力来自于教育机构和企业。

第三个阶段是学习服务建设阶段，这个阶段将是我国全面教育社会化发展进程的新起点，环境的交互成为隐性的移动学习过程，国家级的移动学习服务中心成为社会基础设施，移动学习成为社会化的教育形式，相关资源进行系统化的兼并和整合，这个阶段将持续5～10年，主要推动力来自于政府。

五、在线学习的进阶——混合式学习

20世纪末，网络教学曾引起很多人的质疑，因为学生没有受到激励，没有足够的责任心来展开自己的活动，感到孤立和无助。因此，21世纪初混合式学习概念的出现具有重要意义，但它并不是完全替代网络学习，而是为其增添新的维度。

（一）混合式学习起源

混合式学习起源于企业界E-learning培训中，在E-learning兴起之前，一般的企业培训皆采用培训者与受训者面对面的培训方式，传统的课堂培训有着与培训者交互学习的优点，但同时也有费用、空间、时间等很多限制。20世纪80年代，随着计算机技术与网络技术的快速发展，一股E-learning的浪潮席卷全世界，人们期盼以此来替代传统的课堂教学。然而，到20世纪末，人们发现风靡于全球的E-learning并不如想象的那么有效，并开始反思学习理论与技术应用方式。国外一些企业出于对E-Learning的教学成效和经济效益等因素的考虑，认识到传统的员工培训方式仍有一些不可替代的优势，遂将其融入混合式学习的学习过程中，并称之为混合式学习。与此同时，国外某些大学在学生数量增多的情况下，出于对现有教学资源、经济效益等方面的考虑，将作为变革原有传统教学方式的切入点。由此，一种新的学习方法，即混合式学习，应运而生。混合式学习就是面对面的课堂学习和数字化学习两种方法的有机整合。它是当前国际教育发展的最新动向，其目的在于融合课堂教学和网络教学的优势，综合采用以教师讲授为主的集体教学形式、基于"合作"理念的小组教学形式和以自主学习为主的教学形式。混合式学习是一种最有效的学习模式，它不仅仅是和传统教学模式的简单结合，而包涵着四个应用层面：

(1) 线上和线下的结合，即混合模式，混合式学习概念的提出最早就是指线上与线下的混合，当人们认识到单一的 E-Learning 模式并不能取得满意的效果时，开始考虑 E-Learning 与传统教室学习的结合，通过实践取得了很好的效果。

(2) 基于学习目标的混合。基于学习目标的混合式学习，不再单一考虑线上与线下的因素，在"混合"策略的设计上以"达成学习目标"为最终目标，混合的学习内容和方式更为广泛。基于目标的混合式学习既可能都是传统方式的，例如：课堂培训与读书以及讨论会相结合的混合学习，又可能都是在线方式的混合。例如，通过网络虚拟教室学习与在线论坛讨论相结合的在线学习等。因此，该层次的混合式学习又被称为"整合式学习"。

(3) "学"与"习"的混合。"学"与"习"的混合才是混合式学习的真正内涵。通过"习"将学习的内容应用到实践中去，这是学习更高层次的目的。通常情况下，我们将"学"等同于学习，而实际情况将"习"完全遗漏掉了，绝大多数的面授或在线学习都只是"学"而已，并不是真正意义的学习。实际上，设计"学"与"习"的混合才是最有效的混合式学习。

(4) 学习与工作的混合。学习与工作相结合的混合式学习又被称为"嵌入式"的学习或"行动学习"，与其说是一种学习方法，不如说是一种学习境界。从某种意义上来说，工作本身就是学习。管理者在推动这个层面的效果上，往往体现在通过一些措施促进员工的工作总结、经验分享以及业务创新等方面。

爵斯可认为混合学习的过程是为了形成良好的教学和学习效果，实现某一个教学目标，主张将各种网络技术相结合，将多种教学方式和教学技术相结合，将教学技术与具体工作任务相结合。瓦特勒将混合学习的内容归纳为：传统学习与基于网络在线方式的整合；用于网络化学习环境的媒介和工具（例如：课本）的结合；多种教学方式的结合。另有观点认为，混合学习是一种以学生为中心的教学模式，其一方面增强了教师与学生、学生与学生、学生与所学内容、学生与学习资源之间的互动与交流，另一方面有利于教师将学生的形成性评价和总结性评价有机地结合起来。在混合学习模式中，学生是积极、主动的学习者。

国外研究者对混合式学习的研究已经取得了丰硕的成果，国内学界对混合式学习的研究也日益兴起。何克抗认为，混合学习就是把传统学习方式的优势和数字化或网络化学习的优势结合起来。也就是说，既要发挥教师的引导、启发、监控教学过程的主导作用，又要充分发挥体现学生作为学习主体的主动性、积极性和创造性。只有把这两者结合起来，使两者的优势互补，才能获得最佳的学习效果。田世生、傅钢善提出，混合学习是离线和在线学习的混合，自定步调和实时协作学习的混合，结构化与非结构化学习的混合，学习、实践和绩效支持的混合，多种教学资源的混合，多种学习环境的混合，多种学生支持服务的混合。黎加厚将 Blended Learning 翻译为"融合性学习"，认为"融合性学习"是指对所有的教学要素进行优化选择和组合，以实现教学目标。

结合以上国内外学者的定义，从狭义的定义来讲，混合式学习是将近远程的教育方式相结合；而从广义的定义来讲，混合式学习是将各种教学手段和方法融合在一起，以利于学习者的学习需要。

（二）完善过程性学习评价体系

1. 注意教学资源的精选与分类

在混合学习中，课程资源是完成课程学习的重要组成部分。课前教师要为学生提供多种形式的学习资源，包含微视频教程、微课件、微习题、教案和参考书籍、相关学习网站以及电子文献等。同时，为方便学生选择浏览学习各种资源，教师预先对教学资源精挑细选并进行分类，即按照学习内容的难度系数排列，可以设置为"基础资源"和"扩展资源"，鼓励能力强的学生自主学习扩展资源部分，这样更能够兼顾不同水平的学生，使得处于不同水平的学生都能在英语课程学习中得到相应的知识和帮助。

2. 注重过程性学习评价

根据不同层次的学生所制定的不同学习目标，对学生的学习内容、学习进度、学习方法及学习效果等进行观察、记录、点拨、总结。一方面，学生自己要总结学习过程中的得失并加以反思；另一方面，教师也要针对学生的学习进展及学习结果的记录情况进行及时的总结和点拨，对学习过程中出现的疑难问题要讲解并集中点评各学习小组的表现，鼓励学生在协作中学，积极参与问题讨论，学会分享，为小组任务的完成做贡献。学生最终成绩考核的重要指标之一就是学生的学习过程的评价，包括微课中学生对所学知识的查阅、读书报告的完成还有各项技能的操练，研讨课上学生个性化的发言和对问题的探讨，辅导课上学生做的课题实践和项目研究等。

第六节　外语教学反思

反思性外语教学的渊源——反思性教学，是教学及师资培训的一种方法，它以这样一种假设为基础，即教师通过批评性地反思他们的教学体会可以提高他们对教学的领悟能力和自身的教学质量。

师资培训计划中，反思教学法的活动旨在培养教师对教学过程进行有创见、有分析和客观性的思考的能力，以作为改进课堂实践的一个途径。

反思性外语教学是外语教学界吸收了教育领域反思性教学的基本理论与实践后发展起来的新型学派，它是反思性教学的一般理论与外语教学特点的结合。

从渊源上分析，反思性外语教学可以追溯至杜威的贡献以及再远至赫尔巴特的论述。19世纪初，赫尔巴特在教育史上尤其在教育学研究史上第一次明确提出了"明了—联想—系统—方法"的思维程序，建立了科学的思维雏形。20世纪初，杜威在对赫尔巴特"传统教育"学说批判的同时，继承了该学说的优秀部分，并在此基础上构建起"现代教育"体系，提出了反思性思维问题。杜威虽未明确使用反思性教学这一概念，但由于《我们如何思维》一书实际上是论述思维与教学的，杜威所论及的"科学的思维"：暗示—问题—假设—推理—用行动检验假设，这五个阶段后来发展成反思性教学的五步骤。据此，有人认为强调教学的反思性等于提倡反思性教学，进而认定杜威是反思性教学的倡导者。

20世纪80年代以来，在杜威奠定的反思性思维理论的基础上，国外一些学者对反思性思维展开了广泛而深入的讨论，并将研究成果运用于教育等社会科学的实践中，这就促使了反思性教学理论的形成。舍恩在批判20世纪以来实证主义长期在学术领域占主导地位，过分强调技术理性以至于产生了各种弊端之后，提出了"对行动的反思"与"行动中反思"。基利昂等学者在舍恩论述的基础上提出了一个新的论断，即"为行动反思"。稍后，汉德尔与劳瓦尔在他们的著作《促进反思性教学》中，从教师的角度探讨了反思性教学理论与实践。

他们认为，为实施反思性教学，教师必须具备3个条件：个人经验、多方转化的理论知识、正确的价值观。这其中，价值观最为重要，因为它影响了教师的理念和经验的积累，在一定程度上也决定了教师对知识的取舍。

随着经济全球化与社会生活信息化的加速，英语作为世界通用语日益凸显其重要性，英语作为外语的教学事业在世界各地迅速发展，对英语教师的需求在数量上大幅度增长，在质量上大为提高。在这样的形势下，从事英语教师教育的应用语言学家们接受了反思性教学的理念，在英语作为外语的教学与教师教育中大力提倡反思性外语教学。

进入1990年以来，反思性外语教学得到了较大的发展，展现出对于外语教学与教师教育的强大指导作用。巴特利特、纽能、理查兹、华莱士和罗伯茨等，撰写了一系列关于反思性外语教学的影响深远的著作和论文，这些著述系统阐释了反思性外语教学的基本理论，总结了已进行的教学实践与实验，从而推动了反思性外语教学的发展。

1. 巴特利特的观点

巴特利特在《通过反思教学实现教师发展》一文认为，教学是教师与学生互动的过程，其特点是教师与学生通过各种关系互相交流并作出反应，达到共同理解知识与共享经验的目的。教学，包括外语教学，是师生共同的、自主的行动。他认为，"反思"有双重含义：一方面它反映了个人思想与行动的关系，它涉及教师头脑中的主观意念；另一方面它还包含着教师个人与社会的关系，即个人的教学如何达到社会教育的目的。因此，巴特利特指出，一个反思型的外语教师应从传统教学中仅重视"如何教"转变到重点思考"为什么要教"与"教什么"这两个问题上来。

在此基础上，巴特利特提出了反思性外语教学的具体过程：

第一，记录要点。以录音或写日记或札记的方式将课堂教学的要点记录下来。记录的内容应是教学的重点、教师在课堂内有意识做的事、发生的重要事件、与学生互动的情况以及产生的效果与问题等。

第二，通报。在这一过程包括询问自己，教师在课堂内行动的意图是什么？它们的指导思想是什么？发生的事件与意图和指导思想的关系如何？是否达到了既定目的？此时可开展同事间的讨论，共同探讨教学思想、分析问题与解决问题的办法。

第三，质疑。找出教师现有的教学指导思想、教学策略和方法后，应思考它们是否合理。如思考是否忽略了发挥学生的主观能动性等。在前两个阶段中，教师都是表达自己认同的观点与做法，而本阶段则是找出自己的教学理念与行动不妥和前后不一致之处。

第四，评价。对现有的教学理念与行动质疑后应做出决定：哪些方面需要保持，哪些方面必须进行改革。发现问题后必须改革，但匆忙进行改革仍然是靠冲动行事，而这正是反思性教学反对的做法。

第五，行动。反思后不采取行动就失去了反思的意义，因此行动作为反思的最后阶段是十分重要的环节。但纯粹的行动是不存在的，即使是经过深思熟虑后采取的行动，也还需要边行动、边思考。也就是说，反思贯穿于行动之中，即舍恩所说的"行动中的反思"是始终存在的。

巴特利特的阐述表明，当时的反思性外语教学仍处于起始阶段，其特点是对教育领域反思性教学理论与实践的消化与吸收。因此巴文的大部分内容"仍为探讨反思教学的一般理念，未能突出'外语教学'的特色。"但巴文的发表揭开了反思性外语教学讨论的序幕。

2. 华莱士的观点

在《培训外语教师：反思法》中，华莱士提出了外语教师职能培养与发展的反思模式：根据这一模式，学员参加一个教师教育项目后，必须接受该项目计划给予外语教师的知识。接受的知识与经验知识并重，二者相辅相成，并且在取得了理论知识(属于接受的知识)与回顾了已有经验后，再回到实践中去，同时采用"行动中反思"的方法从实践和反思中提高。外语教师教育中的反思与理查兹等人提出的外语教学反思一样，应回顾教学全过程，收集数据，并从教学计划、师生互动、课堂活力、教学组织形式、管理资源、情感教育等外语课堂教学的中心议题中选择几个问题进行反思和评价。

华莱士在其著作的最后还提到了"反思循环"的问题。正如舍恩在讨论反思性思维时提及的"螺旋式上升"的发展形式一样，外语教师教育中学员的反思也不可能一次性完成，而必须经过多次反复才能取得成效。这种反思有时是个人单独进行的，有时也可能是教师集体多次进行的，每一次反思都应比前一次深入一步。只有这样才能达到最终提高专业能力的目的。理查兹和洛克哈特从课堂教学的视角论述了反思性外语教学的理论与实践。

在理论上，要求教师从三方面对照自己的理念：对学生、外语教学、课程和大纲以及外语教师职业的认识；在制定教学计划、与他人互动和教学评价时如何进行决策；如何使学校要求、教学理论指导与个人对教学的认识及风格统一起来对教师的角色进行定位等。在课堂教学实践上，从集中关注学生、学生学习活动的本质直至外语课堂教学结构与过程中反思自己的教学；在调查及收集资料方面，为配合反思教学，该书提出了写教学札记、教学报告、进行调查、课堂观察和开展教学研究等反思性教学中必须进行的工作。

在论述教师职业发展策略时，书中提出了如下几个基本理念：

①有学识的教师拥有宽泛的教学知识基础；②通过自我探询可以学到大量的教学知识；③对教学中发生的许多事情教师并不清楚；④仅靠经验作为发展的基础还不够；⑤批判反思可以激发对教学的更深层次的理解。

外语教师有广泛的教学知识和丰富的教学经验，但这还不够。广泛的知识和丰富的经验只是职业进一步发展的开端，因为教学中习以为常或熟视无睹的现象中还有许多东西没有引起教师的足够重视，教师不明白的地方还有许多。要想获得进一步的发展，就需要通过"自我探询"和"批判反思"。

而所谓的探询和反思即在外语教学中不断探讨与自我检查。这不仅是外语教师制定教学计划、做出决策和行动的基础，而且从长远看是教师成长的根本途径。理查兹和洛克哈特的著述，在外语教学领域首先从课堂教学的视角论述反

思性外语教学的理论与实践，标志着反思性外语教学研究进入至深入外语学科
教学的新阶段。

3. 纽能和兰姆、理查兹和法雷尔的观点

纽能和兰姆进一步从课堂教学的角度探讨反思性外语教学中教师自我发展
的议题，教师是外语课堂教学这一复杂工程的管理者与决策者，计算机与网络仅
为外语教师手中的工具，教育技术手段再先进也不可能替代教师在课堂中的引
导作用。1996 年，纽能和兰姆编著的《自我引导的教师：管理学习过程》一书的
宗旨之一就是向外语教学领域的"技术理性"思潮挑战。在该书的前言中理查兹
强调，该书的着眼点不在于追求"好"的教学方法，而立足于审视教学过程，特别
是用于为第二语言学习的课堂创造有效环境和条件的教师做出决策。在该书出
版之后，理查兹等应用语言学家运用反思性教学理念批判了"方法时代"的弊端，
使反思性外语教学逐渐成为"后方法时代"的学派之一。

该书从分析外语教学工作的环境开始，讨论了一系列有关课堂教学成败的
关键问题，提出了师生互动、课堂活力、教学组织形式、管理资源、情感教育和教
学评价等反思性外语教学的中心议题，建议外语教师克服依赖"权威"理论的惰
性，学习在教学中自我引导与调控，通过对这些重要议题的反思与实践，促进教
师的自我发展。较之前期的著述，《自我引导的教师：管理学习过程》论及反思
性教学的广度和深度都显著提高，对反思性教师的要求也更加明确。这标志着
反思性外语教学自 20 世纪 90 年代后期以来又前进了一步。

理查兹和法雷尔详细阐述了外语教师自我发展与学习的策略。2005 年，理
查兹和法雷尔合著的《语言教师专业发展：教师学习策略》一书出版，其内容试
图囊括国际上语言教师教育与发展研究的最新成果，"反映了反思性外语教学自
1990 年代后期以来的长足进展。"

该书在分析了外语教师教育的性质后，分别介绍了目前国际上较为流行的
用于语言教师教育和发展的 11 种教师学习策略。它们分别为：教师工作坊、自
我监控、教师互援小组、教学札记撰写、同事观察、教学档案、课堂要事分析、案例
分析、同事指导、团队教学和行动科研。该书全面而系统地探讨实施反思性外语
教学的策略和途径，为语言教师的专业发展提供了丰富的理论资源和实施方略。

4. 我国学者的一些观点

我国学者魏立明、熊川武和卢真金等对反思性(外语)教学的引介与研究受
西方"反思性教学"思潮的影响，我国教育工作者开始对反思性教学的理论和实
践进行介绍和研究，并运用于外语教学和师资培训，此后国内的相关研究逐渐增
多。魏立明、隋铭才介绍了华莱士著作《培训外语教师：反思法》中论述的当今

外语教师自身发展的三大模式：技艺模式、应用科学模式和反思模式。他们认为："与传统的技艺模式和应用科学模式相比，反思模式仍处在新生阶段。但它将成为当代外语教师自身发展趋势的主流，因为广大外语教师意识到，不提高教师的主体地位，发挥教师的个性特征，发展就是一句空话。"反思模式的核心是发展自我，反思的模式是发挥教师主体地位的模式。熊川武在分析了西方反思性教学理论主要代表人物的论述及其局限性后，指出：反思性教学追求的教学实践合理性是合目的性与合规律性的统一。主要通过如下途径实现：一是坚持主体性与主体间性的统一，追求更高层次的教学主体合理性；二是提高教学目的的合规律性水平，增强教学目的实现的有效性；三是使科学精神与人文精神互补，发展教学工具合理性。

章玮认为，我国大学英语教学中，反思性教学作为促进教师和学生共同成长的重要方法，存在一些问题和误区——重"教"反思，忽"学"反思；拘于"自我"；重教学后反思，轻教学前、教学中反思；重教学活动的表现的反思，轻发现问题后提出解决问题方法的反思；重教材内容的反思，轻挖掘学生原有经验、生活体悟等课程资源的反思。章文提出了相应的对策。

既然大学英语的教学目的是培养学生运用英语获取信息和交流信息的能力，那么大学英语教学就必须以学生为主体，教师为主导，运用有效的教学方法和手段来开展英语语言的教学活动。反思性教学在大学英语中的作用，即通过师生的"反思"将教学观念统一起来，充分发挥教师的榜样作用，调动和激发学生的英语学习主动性和主观能动性。尽管在探索反思性外语教学的过程中还存在这样那样的问题，但十多年来我国的专业研究者和教师对"反思性教学"进行了许多有益的探讨，取得了可喜的成果，为今后的研究奠定了基础。随着基础教育课程改革的全面推进，反思性教学正日益深入人心。

卢真金通过内容分析法，以"反思性教学"为关键词，采用布尔逻辑检索，对中国期刊全文数据库和中国优秀博硕士学位论文全文数据库进行了检索分析。卢的研究表明：反思性教学的研究已经由2003年以前以高校和科研机构的理论工作者为研究主体的状态进入广大一线教师与高校和科研机构的理论工作者共同为研究主体的状态，研究队伍明显壮大。反思性教学研究已经由2003年前的介绍引进西方理论为主进入到结合我国国情开展宏观的理论研究和微观操作实践探讨的第二阶段，并出现向系统提升、全面深化阶段发展的趋势。并且，卢文指出了目前研究中存在的问题：虽然我国学者的研究已经涉及反思性教学的方方面面，但文章同质化现象还较为严重，西化的色彩和翻译的味道仍然很浓，论证引用的材料许多还是来自西方欧美国家学者的研究材料，反映中国实际、具有中国特色的反思性教学理论体系处于形成过程之中，但完整的体系尚未建立。

反思性外语教学的价值与前景展望反思性外语教学发展很快，它不但已被运用于日常外语教学中，而且被日益广泛地应用于外语教师教育中，并显示出比其他教师教育模式更具生命力的优势。这是因为它在教师中间架起了一座理论联系实践的桥梁，"它引导教师发展这样一种行为理论：教师个人不断更新的知识、经验、价值观念在任何特定情况下都与教学实践相联系。"

反思性外语教学是教师对自己教学实践的认识、分析、综合、总结以及全面提升。它需要有长期的课堂观察、记录和经验的积累。教学反思是一个螺旋上升、循环往复、不断发展的过程。真正的教学难题不可能一次性得到圆满解决，当再次进行探讨研究分析综合时，新的一轮反思又开始了，更高层次的反思由此循环下去，推动着我们教学实践的改进和教学改革的不断深入。反思性教学既能让教学永远充满改革与创新色彩，也能让教学永远处于一种科学合理的理智状态之中，所以它便成为教师"学会教学"的重要方法之一。反思性外语教学立足于教师的自我发展，要求教师通过探究、科研和反思活动不断成长，从因循守旧的"教书匠"转变成研究型、学者型的教师。

这种观点不仅体现了对教师的尊重和信任，同时也正确诠释了教师在外语教学中的地位和角色。并且，反思性外语教学既强调教师在教学中的指导作用，又重视学生的主体地位，要求教师正确认识和处理好师生关系等一系列外语教学中的关键问题。教师积极、主动地关注学生的学习情感和学习过程，获取他们的反馈信息，审视和检查自身实践活动的效果，不断总结经验，积累新的知识，也不断修正和调整自己的教学行为，达到超越自己、不断发展的目的。

目前，反思性外语教学在西方的研究方兴未艾，我国的研究也取得了长足进展。我国专业研究者和教师对"反思性外语教学"的研究出现了与具体教学情境进行结合研究、逐步重视反思性外语教学实践的研究趋势，为反思性外语教学的可操作性、客观化及可验证性提供了有力手段。毋庸讳言，作为一个新生事物，反思性外语教学理论与实践尚未发展至成熟阶段。我国实际具有中国特色的反思性外语教学理论体系处于形成过程之中，完整的理论体系尚未建立。但是可以预见，随着反思性外语教学的发展以及引导、扶持外语教师进行立足于教学实际并服务于教学实际的探索的机制和环境的建立，反思性外语教学的实践必然会日益丰富，理论研究队伍会不断壮大，大批有志于献身外语教育事业的学者型教师也会脱颖而出。

第七节　高职外语教师合作学习

一、合作学习概况

合作学习是 20 世纪 60 年代末兴起于美国,并在 20 世纪 70 年代中期至 80 年代中期取得实质性进展的一种富有创意和实效的教学理论与策略。合作学习指学习者结成一定的小组,在学习的过程中,小组成员之间相互交流、相互帮助,从而促进学习者在认知、情感和态度等方面得到积极发展的学习活动。"合作"有两层含义:一是行动上合作,二是知识资源的共享和思想方法的合作。

美国著名心理学家,合作学习的倡导者斯莱文在《教育中的合作革命》一文中呼吁:"应该把合作学习的基本原则纳入整个学校系统的运行轨道中,其中包括学生与学生、教师与教师、教师与学生、教师与行政人员、学校与家庭、社区、一般教育与特殊教育的全面合作革命的前景十分诱人,学校将成为更人道、更愉快的工作与学习场所。"

高职外语教师合作学习的基本要求要在高职院校外语教师中形成积极合作的氛围与彼此促进、共同提高的情境,有赖于以下环节的实现:

(1) 明确合作团队。要开展合作学习,首先必须明确合作团队。高职外语教师合作学习的团队组建可以有不同的方式:一般以教研室为一个团队;也可以是外语教师与某个专业教研室的教师组成一个团队,如讲授商务英语的教师与讲授国际贸易等专业课程的教师组成学习小组;还可以是有经验教师带教学新手组成一个团队;或者是根据共同研究的课题来组合。

(2) 确立共同目标。在合作学习中要求团队全体成员拥有一个衷心向往的共同目标、共同接受的价值观、共同体验的使命感,在此基础上,使每个人凝聚在一起主动学习,以实现大家内心渴望的共同目标。高职外语教师合作学习的目标就是解决教师教学中面临的实际问题,实现高职外语教学的目标与要求。

(3) 确定沟通途径。在一个合作性的集体中,具有不同的智慧水平、不同知识结构、不同思维方式的成员可以互相启发、互相补充,在交流的撞击中产生新的认识,上升到新的水平,用集体的力量共同完成学习任务。团队里的教师围绕共同话题而参与分享式讨论,把自己获得的信息或教育教学改革中取得的成功案例提出来交换与共享,以此促进信息的流动和成功经验的推广;或者是进行批判式对话,就理论学习中的某一个观点或教育教学中遇到的热点问题站在反思的角度展开辩论或提出质疑,通过互相碰撞、充分摩擦以达到高一层次的共识。

(4)创设合作交流的情境。高职外语教师合作学习的情境就是教师教学和工作的学校。通过培养合作型教师文化,使教师处于一个充满民主平等的氛围中,使教师超越纯粹的个人反思或者完全信赖外来专家指导,转向教师之间的相互学习、交流,分享他们各自的专长,从而促进共同发展。

(5)促进合作学习中的自我反思。反思是教师专业发展的必要条件和根本前提,高职外语教师在合作学习过程中,不仅要独自进行反思,还要进行合作反思,要学会批判教育学的思想、观念和方法,对自己、对他人的理论、信念、语言和做法进行批判与反思,剔除偏见、局限和蔽障,寻求和把握教学的本质和方法。通过合作学习激励启发的情境,促进教师自我反思和专业自主意识的形成与深化。

二、高职外语教师合作学习的基本途径

学会合作学习是现代外语教师必备的素质,教师应学会在教育过程中寻求师生间的相互理解和支持,争取同事间的积极合作,协调有关方面的关系,充分挖掘利用各种有利因素、资源,创造一个信任、合作、协调的教育环境。根据高职院校外语教学的特点及外语教师素质的现状,促进高职外语教师专业发展的教师之间的合作学习包括两个方面:外语教师之间的合作学习,外语教师与专业教师的合作学习。

(一) 外语教师之间的合作学习

在教学准备过程中,外语教师可以合作设计课程、开发教学软件、谈论教学方法和教学模式的革新、集体备课、互相听课、评课,交换意见、分享经验、讨论难题的解决办法;在教育教研中,外语教师可以通过合作教研活动、师徒教育等方式,一同探讨教学实践中遇到的问题,共同学习新的教育理念及思想,如采取课题研究方式进行"校本教研",即教师结合自己的教学工作选择教育科研课题,在课题设计与研究中合作学习,加速提高教师的科学水平和科研水平。以下是笔者所在学院外语教师们开展合作学习的一些途径:

(1)定期召集全体教师学习有关职业教育新思想、新理念;讨论专业发展的方向,根据市场对人才的需求共同制定教学计划、教学大纲;

(2)定期组织教师上公开课,其中包括老教师的示范课,也包括新教师的亮

相课。老教师有很多宝贵的教学经验,驾驭课堂能力强;新教师思维活跃,大胆创新,使用网络、多媒体教学能力强,这样一来可使新老教师之间互相观摩、互相学习、共同进步;

（3）每周安排时间进行教研室的活动,教授同一专业、同一年级或同一门课的教师有时间坐下来好好讨论一下学期教学计划、教学重点难点、教学方法、教学中学生的反应,通过讨论大家各抒己见,共同解决教学中存在的突出问题;并采用集体备课的方式,既能减少个体的劳动强度,又能做到知识共享;

（4）根据学校专业的特点,把学者和专家请进学校开展系列学术讲座,以提高广大教师的理论水平,让更多教师了解本学科领域的前沿知识,掌握相关领域的科学技术发展态势,拓宽学科视野;还可以组织团队的教师到相关企事业单位锻炼、实习,了解行业发展的最新状况。

（5）充分利用校园网络开展教师间的合作学习,合作学习的本质是优势互补,资源共享。网络是人类最广泛的互动学习环境。高职外语教师为了实现外语教学的目标,促进自身专业发展,必须熟练掌握这种快捷方便的合作学习方式,开展广泛的合作学习,也可利用自己的专业优势,上网查询相关的外文资料,促进教学与科研能力的发展。

（二）外语教师与专业教师之间的合作学习

由于高职教育的培养目标和教学是围绕培养实用型人才进行的。高职高专教师必须是"双师型"教师,外语教师同样担负起培养生产一线需要的使用人才的任务。而且高职英语《基本要求》也规定了把基础英语能力和实际业务运用能力的培养融为一体。因此语言教师除了扎实的语言素质、教学理论及科研能力外,必须去学习、了解相关专业的实用业务知识。我们的教学、科研工作都应该紧密地和学校开设的专业挂钩、结合。在高职英语教学中,"双师型"教师角色主要体现在专业英语知识的传授上,比如在商务英语的教学中,教师不仅要讲授相关的商务英语知识,还要通晓公司商务交往中的信函、单证、谈判等具体的操作流程,使学生学会在以后的相关业务交往中进行相关交流。

因此高职外语教学的第二个阶段——专业英语教学要求英语教师积极与专业教师进行合作学习共同承担教学任务。国外已有很多学者认识到合作教学的重要性,并对其可行性及具体操作方法做了先行的研究。都德勒认为通常学生所遇到的困难不是单独的专业知识或英语技能缺乏,而恰恰是无法把二者有机结合起来,做到融会贯通。因此,在教学中英语技能和一定的专业知识是不可分割的。英语教师通常对专业知识了解不多,这就要求他们必须加强与专业教师的交流与合作,需要专业教师帮助来解决某些专业内容,这种合作贯穿从需求分析到课程评估的整个教学过程。这种合作模式可以是长期固定的,双方教师结成对,共同确定教学计划,编写教学教材,并在长期合作中不断摸索总结适合专业英语学习者的一套方案;双方的合作也可以是短期和灵活的,专业教师在需要时充当顾问,帮助英语教师解决一些专业知识难题。

在我国高职院校外语教学中,专业教师与语言教师的合作教学能否顺利进行,合作能否有效需要一个重要前提：即在合作过程中,参与者能否互惠互利,共同提高。休特迅和沃特斯也曾论述："重要的是这样的合作是一种双向过程;专业学科专家可以帮助担任专门用途英语教师更好地了解学习者语言使用目标情景。同时,专门用途英语的教师可以使专业学科的专家了解学生面临的语言困难。"

(三) 保障措施

我们需要培育教师间相互合作的教学和工作环境,教学管理层还应多为教师间的合作学习提供确切可行的措施,从而增强合作学习的可行性。

1. 构建高职校园内合作的教师文化

斯莫克认为,阻碍教师专业发展的最主要的因素是教师间的孤立。因此,他呼吁学校应该建立起教师间相互支持与共同工作的学校文化,更进一步说,"教师专业发展在本质上乃是教师间不断经由意见交换,感受分享,观念刺激,沟通讨论等来完成,因此同事间关系的品质乃决定了教师专业成长的关键,只要能设法寻找时间共同分享与互相观摩,就是专业成长历程的开始"。

为促进校内教师合作学习,学校应创造合作学习的文化氛围,教师的发展依赖于他所处的环境,受影响于他的同事,教师文化与教学文化对教师的成长有着重要意义。在合作的教师文化中,教师的发展、平等互助、资源共享、相互支持,这些特征为教师专业发展提供了有利条件。建立合作的教师文化,让教师在一个互信、互谅的环境中共同探求改变思维和习惯的方法,才有利于教师的专业发展。首先,学校在组织和时间的安排上要让教师一起参加教学目标的规划,让教师有一起解决问题的时间;其次,合作学习团队要在互信、互谅的氛围中提供让教师互相观摩和咨询甚至协作教学的机会;再次,教师个人应培养彼此支持、互相配合、互相信任的价值观。通过分享材料、计划和资料及共同努力,形成教师集体参与教学试验的动机,共同促进教师专业发展。

2. 提供充足的合作学习资源保障

合作学习的开展离不开资源建设的支撑,学校应为教师的教学、研究提供人、财、物三方面的保障。高职院校院应该为教师提供尽量多的学习资料，包括书籍、报纸、杂志等，在资讯发达、信息沟通频繁的现代社会里，还充分利用网络平台，创设知识共享的网络技术环境。学校在因特网的基础上，建立自己的校园网络，并研制开发出相应配套的应用软件，及时有效地传递一些相关信息，为教师之间、教师与学生之间、教师与外界的对话交流搭建平台。以满足师生员工随时随地的在线学习和培训，相互坦诚友好地直接交流，以及寻找适合的、有用的知识或方案，解决现实中的种种矛盾与问题的需要。通过这些活动，不仅培养教师获取及交流信息的能力，协调攻关的能力，而且还增强了他们加工处理信息的能力、自主学习的能力、科学探究的能力。通过这些能力的培养，教师进一步提升了自己的专业素养。

3. 实施发展性教师评价

过去，由于教师评价机制的不合理引起教师之间的恶性竞争，严重影响了教师合作学习的积极性。只有实施发展性教师评价，才能改善这些状况。发展性教师评价是一种形成性评价，它淡化了传统评价的甄别、选拔、奖惩的功能，进而关注教师的需要，突出评价的诊断、激励和调控的功能，最终目的是为了促进教师的进步和发展，实现教师自身价值。发展性教师评价的主要特征是：学校领导注重教师专业发展；强调教师评价的真实性和准确性；注重教师的个人价值、伦理价值、专业价值；事实同事之间的教师评价；由评价者和教师配对，促进教师未来的专业发展；提高全体教师的参与意识，发挥全体教师的积极性等九项。因此，发展性教师评价才能使教师真正地展现自己，主动地接纳别人，积极地帮助他人，促进教师的合作与发展。

三、高职外语教师角色定位

任务型语言教学是 20 世纪 80 年代外语教学研究者和第二语言习得研究者在大量研究和实践的基础上提出的一种有重要影响的语言教学模式，是继交际教学思想发展起来的一种教学途径。目前高职英语教学中采用任务型教学已成为主流，它强调"在做中学"的语言教学规律符合高职英语课程教学提出的"以实用为主，应用为目的，突出教学内容的实用性和针对性，将语言基础能力与实际涉外交际能力的培养有机结合起来，以满足 21 世纪经济发展对高职人才的要求"的目标。

任务型语言教学是在英语课堂教学中让学生用英语完成各种真实的生活、学习、工作等任务，将课堂教学的目标真实化、任务化，从而培养其运用英语的能力。教学中要以具体的任务为载体,以完成任务为动力,把知识和技能融为一体,它是一种以学生为中心的语言教学思路,完成任务的过程中,学生对学习内容、学习方式、学习结果等方面都有较大的自主权,因此,与传统的语言教学模式相比较,在任务型语言教学模式中,教师的角色作用发生质的变化,探析教师角色,给予重新定位将对高职英语教育有着重要的指导意义。

(一) 传统教学模式下的外语教师角色定位

自 20 世纪 40 年代以来,在语言习得研究领域,一直认为语言的学习过程就是学习者行为形成的过程,而行为的形成是人们对外界刺激做出反应的结果。因此,行为主义语言习得理论认为最有效的语言学习方法是将语言任务分解成若干"刺激—反应"过程,只要进行系统的操练,就能逐一掌握。以德国教育家赫尔巴特为代表的"传统教育派"认为教师在教学中处于中心的地位,误把"学"当作"教"的简单反应,重视知识的确定性,而否认学生学习的能动性和主动性。

英语教师长期使用传统的 PPP(Presentation Practice Product)语言教学,即以讲授、操练、产出为顺序的一种经典的教学模式。教师在教学过程中承担着讲授者、实施者、权威者的角色,通过"灌输式"的方式将知识传递给学生。在这种模式下,教师使用基于某个课程大纲编写好的教材,根据其教学进度以演绎法讲授课程,能充分体现教学的终极目标,外语学习的目的是学会足够的语言项目以便能通过考试,学生主动性和能动性的缺位导致英语教学"教育性"的缺失,使高职学生"有口难言",英语应用技能、沟通能力明显弱化。

(1) 讲授者身份使学生处于课堂的边缘:一切教学活动都是从语言知识讲解、语言结构分析入手,只注重语言知识的传授,语法的讲解,视学生为被动接受的容器,忽视语言能力的培养,学生往往被边缘化。以传授知识为主的"知识本位"模式,课堂上往往是教师唱"独角戏",学生被动吸收,教与学缺乏互动,难以形成良性的教学氛围。

(2) 实施者身份使学生处于旁听者的地位:在传统的语言教学课堂上,多数时间里教师是站在教室前讲解,或是与全班学生一起做一些语言操练活动。但是,无论是讲解还是语言操练活动,教师都处于信息的传递者的位置,学生只是旁听者,缺乏学习的动力和主动参与的热情。

(3) 权威者身份使学生成为漠视者:教师占据课堂的绝对控制地位,决定着课堂教学计划、内容、方式、进度和评估,这样的学习势必会导致学生只会单纯地从老师或书本那里接受现成的知识,在语言的学习中缺乏与同伴的合作、交流、探讨,容易形成孤僻的性格,不利于激发学生的学习动机,发展学生的自主学习的能力。

(二) 任务型教学对外语教师角色的重新定位

基于社会建构主义学习理论的任务型教学的核心是"以学习者为中心"和"以人为本"，强调学习者将自身经验带进学习过程、强调学习者作为积极的意义建构者和问题解决者；人本主义也强调作为个人学习者的地位和提倡全人教育，这正是英语教学的教育性的体现，社会建构主义教学模式鉴别出影响英语语言学习的四种因素：教师、学生、任务和环境(见图5-2)。

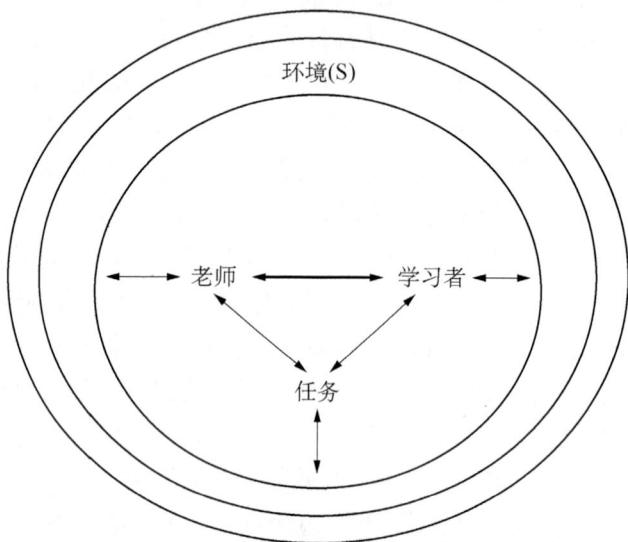

环境(S)

老师 ←→ 学习者

任务

图5-2 社会建构主义模式的教学过程

若干个同心圆中处于中心的是教学过程的参与者，教师设置体现自己教学理念的学习任务；学生作为个人理解这些任务的意义和个人相关性；任务便成为教师和学生的边接界面；环境是影响学习过程的重要因素，这样教师、学生、任务、环境处于一种动态的平衡中。而教师在任务型教学中，要从学生、任务、环境等多角度、多维度地思考如何实践和实施语言教学，并从单纯的语言教学功能中延伸教育的目的和价值，即使学习过程充满真实的个人意义，促进学习者学习能力、情感因素、健康人格等的协调发展。任何教学都应具有教育性，赫尔巴特说过："没有教育的教学"，注重英语教学的教育性，是英语教师应该承担的教育职能。

1. 重视学生的主体地位，发挥教师的主导作用

任务型教学中，课堂教学的重点由"教"转向"学"，旨在发挥学生主观能动

性。人本主义的代表罗杰斯在 1969 年《学习的自由》一书中指出,人类具有天然的学习潜能,但是真正意义的学习只有发生在所学内容具有个人相关性和学习者能主动参与之时。但这绝不意味着忽视教师的主导作用,而将以"教师为主导"和以"学生为主体"简单的对立,从一个极端走向另一个极端的误区。威德迅指出,以学生为中心并不意味着教师权威的减少,学生只是在教师权威的限制范围内发挥其自主性。教师必须为学习过程设计任务、提供必要的真实的材料,提出活动要求,同时提出各种学习活动的可能性以适应学生不同需求,监控并指导整个任务学习进程,片面主张减少教师的主导,只会使课堂失去方向、漫无目的。

2. 重视学习者和中介者的互动性,发挥教师的中介作用

心理学家维果斯基和心理学家佛瑞德均强调在语言教学中,教师作为中介者要发挥中介作用,以适当的语言引导、点拨和监控、反馈学习行为,使学习者达到或接近高一级的认知水平,即"最近发展区",它与传统教学观下的教师作为信息传递者有着本质的区别,中介作用涉及学习者和中介者之间的互动,以及学习者对中介者意图的反馈,能帮助学生获得发展进步、学会学习、处理问题、适应各种文化情境和社会变化,以及应付各种挑战所需要的知识、技能和策略,学习者在与中介者的互动中,获得持续的学习能力有助于促进全人的成长。

3. 重视任务设计的连贯性,发挥教师的组织协调作用

维果斯基强调意义必须是任务学习单元的中心,不同意将学习割裂成孤立的项目来进行,要采取的是整体的观点,因此教师在设计任务时,前一个任务是后一个任务的基础或准备阶段,后一个任务是前一个任务的延续或发展,要形成连贯的任务链。课堂教学上,教师要帮助学生对新旧知识进行整体的意义建构、组织内容、获取知识和采取寻求帮助的策略,发挥好组织协调的作用。

4. 重视教学反思,发挥教师的人格作用

教学反思被认为是教师专业发展和自我成长的核心因素,有利于教师经验量的积累、质的提高和准备性的增强。希昂 1983 年提出"反思性从业者"概念,也鼓励教师通过反思意识到自己的教学观念、信念(信以为真的事物)、不断监视自己的行动是否反映了这些信念,从而了解自己的信念体系,并提倡做个"高效"的教师,用人本主义观点认识自己,把作为"人"的自己和自己的人格带入师生关系中,发挥其"放任"的特质,自由地吸收新的思想和价值观念,为终身学习树立典范。

5. 重视环境的协调,发挥教师的指导促进作用

社会和临床心理学家布朗瑞尔用生态学观点阐述人的发展必须考虑周围的环境系统,不仅指密切的课堂和家庭的物质、人际环境,还指更广泛的社会文化

和教育背景。任务型教学中,要关注学习者对学习环境的个人偏好、对课堂环境的个人感知,教师要采取恰当的组织形式,指导和促进学生在课堂中形成良性的人际关系和和谐的课堂气氛。

(三) 以微课新模式为教师树立新定位

1. 教师是教学理论的开拓者

微课促使教师向教学理论开拓者转化,实现学生本位。教师在微课中大胆创新教学理论,运用丰富多彩的授课形式和先进的授课理念,提高了教师发现问题、解决问题的能力。

笔者对所教授学校的大学英语教师访谈发现,87％的教师表示在微课制作中,真正做到了从学生的个体差异性出发,根据学生的语言能力、学习动机、学习风格等进行课程开发与设计,真正做到了因材施教的行动研究,使教学的主体地位发生了根本的改变,由传统课堂中教师为主体的教师本位向以学生为中心的学生本位转变。

教师在微课的教学实践中不断反思自身的教学理论,更新自身原有的教育教学理论体系,使理论创新跟上微课研究的步伐,并把最新的教学理论与微课教学实践相结合,通过微课教学方式反思教学理论的优缺点,不断完善教学理论,制作更适合学生个体差异性的微课视频。

2. 教师是课程研发的设计者

教育信息化时代为知识的泛在学习提供了有利的条件。微课促进了教师的泛在学习。教师在制作微课的过程中,不断查阅资料、及时学习新知识,更新自己的教学理念和教学方式在设计课程的过程中,教师需要首先了解学生的语言能力、实际需求、学习动机、自我效能感、认知风格等个体差异性,在此基础上制定合理的教学方案及教学活动。

微课的授课形式让教师重新认识到自身知识能力上的不足,在制作微课的过程中,不断提升自身综合素质,如专业知识能力的提高、对学生特点和需求的把握、对于多媒体技术的熟练掌握等。微课促使教师摒弃旧有的传统课堂授课中的填鸭式的授课方式,重新思考如何恰当利用多媒体技术支持设计适合学生自身特点的授课内容和授课形式。教师成为真正意义上的课程设计的策划者。笔者对所在大学的英语教师进行访谈发现,85％的教师认可微课这一授课形式,认为微课改变了他们的授课理念和授课风格,自身的专业素质和多媒体技术的运用得到了提高;同时提升了教师的自我效能感。受访教师表示微课让教师获得了更多的课程设计方面的空间和自由,而不是局限于某一种固定的课堂授课模式。

3. 教师是教学活动的参与者

教师可以通过线上线下的方式自由地与同行教师进行切磋互动,针对微课中发现的问题进行有针对性的讨论,形成一个良好的微课学习共同体。教师可以把自己制作的微课视频放到网上进行分享,同行教师可以对微课提出评价及反馈意见,教师根据评价和反馈建议修改微课视频,使其更加符合学生的实际需要。

微课拉近了教师和学生的距离,教师不再是传统课堂中的权威象征,而是教学活动的参与者。教师可以通过网络与学生进行在线互动,对于学生在微课学习中发现的问题及时给予点拨、引导、帮助,使学生高效率利用微课学习英语,激发学生学习英语的兴趣和动机,最终提升学生的英语水平。

4. 教师是教学效果的反思者

微课可以使教师及时反思教学效果,进一步完善教学设计和教学活动:受访的 76.5% 的教师认为,教师可以利用网络在线模式监控学生学习微课的情况,学生在微课中遇到的问题可以提醒教师在微课设计过程中存在的疏漏;通过课堂活动教师还可以发现微课的内容难易程度是否适合学生的个体差异性微课授课内容能否引起学生的兴趣、微课的教学目标是否已经实现。

与此同时,教师在制作微课过程中遇到的技术问题为教师提供了一个良好的学习机会。84.3% 的教师表示在微课制作过程中,刚开始对于微课制作多媒体技术的运用生疏,随着微课制作次数的增加,学生对于微课学习的反馈意见及和同行教师的沟通探讨,多媒体技术的运用逐渐变得成熟;对于某一题材的微课,会根据课程需求巧妙地利用多媒体手段使微课视频更加生动有趣。

教育信息化时代的到来,彻底颠覆了传统的课堂教学模式,大学英语教师要跟上时代的步伐,及时转变自身角色:微课时代,大学英语教师不再是传统意义上的独占课堂的知识传授者的角色,而是转变成了教学理论的开拓者、课程研发的设计者、教学活动的参与者和教学效果的反思者。大学英语教师要充分利用微课这一新型优质教学模式,进一步提升自身教学能力,不断探索适合学生英语水平的教学方式,逐步提高学生的能力。

第六章
高职教师专业发展的展望：路径与选择

人生的价值，并不是用时间，而是用深度去衡量的。

——列夫·托尔斯泰

第一节　技术革新：大数据背景下的
高职教师发展

新一代信息技术发展催生了知识社会创新2.0，重塑了物联网、云计算、社会计算、大数据等新一代信息技术的新形态，其中大数据的研究与应用引起了世界各国专家学者的关注。被誉为"大数据时代的预言家"的英国牛津大学教授维克托·迈尔教授在《大数据时代》中指出，大数据开启了一次重大的时代转型，"大数据"正改变我们的生活以及理解世界的方式，成为新发明和新服务的源泉，而更多的改变正蓄势待发。大数据在公共卫生、商业领域的应用已经风生水起，一场工作、生活和思维的大变革正悄然地改变着这个世界。教育领域不可避免地受其影响和冲击，这必将促进教育优化，人才培养质量的提高，服务社会更加的高效化。

2014年6月教育部等6部委组织编制了《现代职业教育体系建设规划(2014—2020年)》(以下简称"规划")，规划指出将信息化作为现代职业教育体系建设的基础，到2020年信息建设水平要达到世界先进水平，现代职教体系的构建对高职教师也提出了新任务和新挑战。

当前信息时代已转型升级为数据时代，积极应对大数据的挑战，既是深化职业教育改革发展的需要，又是高职教师自主发展能力升级的需要，培养教师的数据意识、数据思维和数据素质成为教师发展的新命题。教师发展的目的是关注个人的全面发展，高职教师发展既要遵循高等教育的发展规律，又不可忽视"职业性"的属性。本节将从教师发展的"个人发展、教学发展、专业发展和组织发展"等4个维度，以大数据的视角重新解读高职教师发展的内涵、特征和实施途径，为大数据时代下开展教育研究提供借鉴。

一、大数据时代下高职教师发展的变革

"大数据"不同于一般意义的"数据"，它不仅是对与一个数字相关的信息进行撷取、处理、分析、管理的一种综合描述，而是包括交易和交互数据集在内的所有数据集。"除了上帝，任何人都必须用数据说话"。美国互联网中心将"大数据"定义为：通过高速捕捉、发现、分析，从大容量数据中获取价值的一种新的技术架构。可以概括为四个"V"，即更大的容量（Volume）、更高的多样性（Variety）、更快的生成速度（Velocity）和更大的价值（Value）。大数据时代下深入推进信息技术在职业教育中广泛和有效的运用，全面提升信息技术引领和支撑职业教育创新发展的能力，高职教育和教师面临着前所未有的挑战和机遇。

（一）大数据时代下高职教育的变革

1. 标准化培养受到挑战，倡导人才培养的个性化和多样化

《规划》指出要扩大学校招生自主权，对不同类型的学生实行不同的选拔方式，为不同来源学生、不同学习方式制定不同培养方案。大数据的发展应用将有助于实现这个目标与任务。统一的大纲、统一的教材和统一的人才培养方案的标准化将逐渐消失。高职院校的学生生源有可能来自中职校、普通中学、企业、行业甚至社区等，生源学生的多元化决定不可能用统一的人才培养方案覆盖所有培养对象，大数据时代下通过微观用户的细节来判断其偏好、企业行业的市场用人需求，私人定制，因材施教，实施个性化、多样化的人才培养，将会起到优化和高效的作用。

2. 程序性管理受到挑战，倡导预警管理的智能性和前瞻性

随着智慧校园和信息化平台体系建设的加快，通过监测、分析、融合每个用

户群的数据,以智能响应的方式运行,逐步建立人才预测、就业预警和人才培养管理信息系统。当数据发生异常时及时发出警告,从而采取相应的措施,这将颠覆传统的程序性管理方式,促使学校由粗放型管理走向精致化和智能化。如浙江某校通过学生、进入食堂等门禁记录,追踪学生在校的时间,当低于某一限度时,将对该学生进行锁定,从而有助于教师及时了解其学习和生活情况。智慧校园产生的大数据,能对学生学习与需求、舆情监控和教育决策等方面发挥预测作用。

3. 传统静态评价受到挑战,倡导动态评价的权变性与微观性

随着大数据的广泛应用,传统静态的终结性评价将受到质疑,大数据提供的海量动态的信息,千差万别,对学生的评价也不可能是静态和终结性的,学生动态的评价有助于对教育教学起到反馈、激励、诊断和导向的作用,反馈和反思微观个体的情况,为进一步调整学习方法和策略打下基础。权变性的概念来自管理理论,权变管理理论是卢萨斯等人在 20 世纪 70 年代提出的。"没有绝对最好的东西,一切随条件而定",教育教学的评价也必须随着学生主体的变化而变化,未来的教育教学评价也将转向权变和微观的落脚点。

(二) 高职教师"大数据"素质培养的必然选择

大数据时代高职教育诸多的变革,迫使高职教师必须迎接和面对大数据的挑战,然而高职教育既姓"高"又姓"职"的属性又决定了高职教师发展既要遵循教师发展的一般规律,又要注重职业专业发展。高等职业教育要着眼于把职业教育的"职业性"、高等教育的"学术性"、师德师能教育的"师范性"三者有机地统一起来,将大数据的素质培养贯穿在高职教师发展的全过程中,使大数据为高职教师发展服务,利用大数据的特征和属性,为教师提供个人发展、教学发展、专业发展和组织发展的全方位的辅导与指导。

1. 发挥预测性功能,培养大数据意识,有助于提升个人发展的自我效能感

班杜拉对自我效能感的定义是指"人们对自身能否利用所拥有的技能去完成某项工作行为的自信程度"。大数据的核心就是预测功能,它是人工智能的一部分,它通过数学算法运用到海量的数据来预测事情发生可能性。正如亚马逊、当当网可以帮我们推荐想要的书、谷歌可以为关联网站排序,现代社交媒体微信、QQ 知道我们的喜爱,可以猜出我们认识谁等。大数据对学习行为的预测,有助于教师为实现教学目标,帮助其在教学内容、教学方法上的选择和调适。培养大数据意识,发挥大数据的预测功能,培养教师在数据采集的中筛选、甄别和整合的能力,将有助于自我效能感的提升。

2. 发挥相关性功能，创新教学模式，有助于提升教学发展的实践能力

大数据时代中，事物之间的联系只需知道"是什么"，而没必要知道"为什么"，这种相关关系，而非"因果关系"颠覆了传统的"线性关系"，改变了人们探索世界的方式和方法。有效利用大数据的相关性功能，整合教学资源，搜索、共享、整合慕课、微课等网络视频课程，创新教学模式，围绕这些课程资源，根据学生需求，对学生学习风格、学习能力等进行有的放矢的考量，适时调整教学风格和提升课程的更新能力。又如在线资源库的开发，通过学生在线答题的时间、对错情况、参与讨论等大数据相关性分析，了解学生在学习中的进步情况及未来的表现和潜在的问题，实现线上与线下交互的教学模式，不断提高教学实践能力。

3. 发挥混杂性功能，强化信息技术应用，有助于提升专业化发展的能力

大数据的"大"，并不是绝对意义上的大，但却是收集采集到的全部数据的总和，我们应以一个比以前更大更全面的角度来理解事物，将"所有一切的数据总和"这个概念植入我们思维中。混杂性、不精准性成为大数据时代的特征。高职教师发展中，要强化信息技术应用，学会在纷繁混杂的大数据中，获得或提高与专业工作相关的知识和技能，数据处理能力已成为自主学习的利器，也成为专业发展的第一要素。一方面要追踪专业的学术前沿知识和理论，另一方面还要了解行业、企业发展的前沿技术，为产教融合、工学结合服务，从而提高专业发展的能力。

4. 发挥完整性功能，整合信息资源，有助于创设组织发展的良性互动氛围

相比于小数据和精准性时代，大数据更强调完整性，不仅包括量化的数据，还包括定性数据，完整性和包容性成为大数据的特征。创设有效的环境，整合资源，健全大数据资源共享机制，政府、企业行业、学校要整合信息平台，打通三方的互通频道，实现高职教育良性的共频共振的发展机制，更好地开展教与学的实践活动，不断提升教学、研究、服务和实践创新的能力，让数据"发声"，创设三方组织的良性互动氛围。组织发展是高职教师发展的保障，环境的创设有利于个人发展、教学发展和专业发展的协同提高。

二、大数据时代下的高职教师发展的实现路径

大数据思维，是一种意识，认为公开的数据一旦处理得当就能为千百万人急需解决的问题提供答案。大数据社会带来的数据优势应得到充分发挥，开启并利用收集的所有数字信息，将成为今后教育生活中不可分割的一部分，也应根植于高职教师发展的思维中。

1. 构建优质资源大数据共享机制，挖掘数据的潜在价值

随着数据进入市场，数据不再是单纯意义上的数据，现有市场上谷歌和亚马逊等网站都是大数据的先驱者。"开放政府数据"的倡议响彻全球，构建政府统筹、行业标准、企业参与、学校和社会共建共享的大数据库将成为可能。如高职院校人才培养工作状态采集平台对于教育主管部门、高职院校本身和社会各界都有积极意义。通过终端多样化，使教育主管部门、学校、行业企业、家长、教师群体，都能共享数据成果。教育主管部门能够对教育教学进行监控和评估；高职院本身也能实现自我监控和自我评估；行业、企业、家长对学校的情况有更深入的了解，便于对优质资源的选择和认可，这有助于利用数据把脉问诊，充分挖掘数据的潜在价值，指导服务于工作实践。

2. 建立健全数据信息管理的监管机制，倡导责任与自由并举

大数据重新定位了人类信息管理准则，并鼓励和倡导数据拥有者、开发者和使用者都要承担起相应的法律责任，实现责任倡导下的自由，保护个人隐私。因为数据使用者比任何时候都明白他们想要如何利用数据。如 Facebook 技术政策专家将用户信息向潜在广告客户进行信息模糊处理，有效地处理了暴露个人身份信息的危险。中国数据中心产业发展联盟秘书长郑宏介绍，未来的大数据关乎用户的人身和财产安全，需出台相关法律明确使用用户数据的权限和方式，建立信息泄漏的维权机制。高职教育在人才培养过程中，大数据采集分析不可避免地会暴露企业行业、学校等相关商业机密，甚至是教师、学生的个人隐私，建立健全数据信息管理的监管机制，克服和规避风险也成为数据开发者和使用者应尽责任。

3. 建立高职教师自主发展和培训实践机制，培养数据科学家

信息技术的迅速发展，掌握信息技术应用成为高职教师的必备素质，促进信息技术与教学的融合，完善信息化教学大赛制度，全国高校教师培训中心也在积极地组织微课在内的信息化大赛，进一步地提升教学的信息技术应用水平。运用信息技术将实现学校与企业、专业与岗位、课程标准与职业资格标准、学习过程与生产过程的无缝对接。大数据时代下高职教师传统的"双师型"身份即教师和技术工程师的身份不会削弱，而是对高职教师多重身份的复合要求。数据分析家、数据科学家将成为高职教师的另一个头衔，也是高职教师应对大数据的挑战，自我能力提升的重要体现，同时有助于增强教师从事职业教育的荣誉感和责任感。

4. 建立区域化、国际化教师发展联盟，实现教师可持续发展

教师发展要体现学习型社会提出的终身学习和可持续发展的理念，高职教师发展要拓宽渠道，拓宽视野，建立区域化、国际化的教师发展服务平台，构建教师发展联盟。西方国家有着成功的经验，如2010年欧洲国家着力建设一个开放的欧洲高等教育区为目标的"博洛尼亚进程"，旨在促进欧洲国家间优质资源的互动、交流和共享，赢得了众多欧洲国家的积极响应与支持。大数据时代，已经冲破了校园围墙，模糊了区域间的界线，站在国际化的前沿，有助于高职教师从封闭走向开放，从被动走向自主，进一步促进不同类型教师间的协调、共享与合作，为高职教师终身的可持续发展奠定基础。

　　大数据改造了我们的生活，它无法教会我们所有的事情，但却能帮助我们优化、提高、高效化并最终实现目标。大数据在高职教育领域的研究与应用才刚刚起步，大数据的使用者、开发者们如何发挥大数据的优势、规避风险需要政府、企业、学校等多方参与和研究，尽快建立健全相关制度，倡导宏观指导和微观实践的路径，将为实现高职教师发展提供另一种选择。培养高职教师大数据素质，将大数据资源转化一种工具，用它指导服务于未来的教育实践，将成为高职教师必备的基本素养。

第二节　制度设计：高职教师在线发展的价值取向

　　随着产业结构的调整升级和"一带一路"倡议的实施，社会对高素质技能型外语人才的需求增长。高职外语课程既要注重外语语言基础，又要培养学生实际应用语言的技能，特别是用英语处理与未来职业相关业务的能力。高职外语师资队伍水平与高职外语教育教学改革息息相关，当前高职外语教师专业素养薄弱、专业发展同质化、低效性一直是教师发展面临的困境。随着网络化学习的推广和普及，教育信息化颠覆了传统教师发展的范式，在线发展逐渐成为教师专业发展的一种新趋势，为高职外语教师发展开辟了新的路径。教师发展的实质性变化，从集中面授式培训转变为分散式的在线学习，从外在的刚性需要转变为内在的自主需求，从有形的教室到无形的网络空间，将在线发展嵌入到教师工作之中的持续参与的过程，这些变化和过程使高校教师在网络环境下开展在线学习和专业发展成为无限可能。

　　教师在线专业发展指基于互联网的在线环境，发生在教师身上的总体变化。高职外语教师在线发展指以信息技术平台为基础，支持外语教与学能力的转化，帮助教师开展反思性学习和实践，达到个性化发展和自主发展的目的，实现从新手入门级教师转变成职业专家型教师的动态演变过程。在线教师发展价值取向对外语教育教学决策、教师教学行为和教育实践效果具有深刻的作用，也影响着高职教育教学改革和发展，厘清在线专业发展的价值取向，梳理外语教师在线专业发展制度框架将有助于提高高职教育教学质量。

一、高职教师在线发展的价值取向

世界各国的教师发展的趋势正从"教师培训"向"教师学习"转变，从"教师在场"向"教师在线"转变，教师"在线"的蕴意广泛，即"在网"，包含互联网计算机终端、智能移动终端等，在线学习也经历了从远程学习到电子学习再到移动学习方式的转变，20世纪80年代到90年代开始英国开放大学、中国广播电视大学的远程教育如火如荼，随着信息技术的发展，网络课程慕课、微课等教学资源平台的开发，即时聊天工具、数字化教材或资源库等网络资源使高职教师在线发展逐渐成为应然的体验，但面对信息技术的革新，纷繁复杂的网络世界，审视在线专业发展的内隐的观念系和价值蕴意是值得探讨的话题。

1. 坚持泛在性和自适性的双融互通

泛在性源于泛在学习，指学习的发生无处不在，学习的需求无处不在，学习资源无处不在，利用手边的任何科技工具完成学习，即4A（Anyone, Anytime, Anywhere, Anydevice）。教师在线发展使得外语教师可以随时随地、利用任何终端开展学习，实现更有效的学习效果。对外语知识的获得、储存、编辑、表达和创造等的智能化的虚拟学习环境将提高教师的问题解决能力和创造力。自适性指教师根据学习环境的变化智能调适和改变自身的知识结构，生成建构新知识的过程，并使学习调至最优状态。外语教师在线专业的泛在性和自适性，相互依存，相融互通，外语教师要访问和收集包括文字、图片、视频、音频等任何形式的在线学习资料，及时掌握和了解高职外语教育教学改革的最新动态，不断调整和改变自己以适应目标发展的需要。公共课英语教师要立足培养学生职场环境下的英语交际能力，使英语学习服务于专业学习。

2. 演绎技术性和人文性的双重变奏

正如美国学者奈斯比特大声疾呼的：高技术需要高情感加以协调。教育信息技术的生长、发展都深深根植于文化维度之中，然而有时科学和文化表现为发展的分裂、隔阂甚至对立，中西文化传统的纠缠，知识至上的价值取向也曾使西方陷入深刻的文化危机。教师作为知识的应用者、价值的承担者，要平衡技术性和人文性的向度。语言是文化的一部分，又是文化的镜像折射，高职外语教师在线学习的内容不仅包括外语知识、语言技能、基本态度和实践能、团队精神，还包括普适性的文化的获得、跨文化交际能力和职业素质的养成。高职外语教育要坚持人文精神，提倡人文关怀，培养既有文化底蕴又有外语素养和适应岗位要求的高素质技能人才。

3. 注重自主性和协同性的耦合内聚

教师自由、自主地选择感兴趣的资源或话题，自由安排在线的学习时间，随时自主参加在线教研活动、项目研究，促进专业发展。从诺尔斯的成人学习理论来看，教师作为成年人总是根据职业岗位的需求或现实教育教学中的问题而开展学习活动，以问题为导向的学习本质具有自主性的特征。在线专业发展有教师个体自主参与模式，也有学习社区和学习共同体模式，学习型组织的创始人彼得·圣吉指出"培训不等于学习，个人学习也不等于共同学习。"教师在线学习的意义不再是靠灌输，而是在虚拟社会情境中以多成员间相互对话生成的，建立由在线学习教师、咨询专家、教育技术专家、网络管理者等构成的虚拟学习社区或学习共同体。基于共享观念和外语教学资源共建项目，协同组建校际发展在线联盟、行业企业发展在线联盟、邀请朋辈、企业人员、政府人员等参与，有助于开阔视野，获取资讯，促进个体与群体的协同发展，增强凝聚力，共同体成员为共同的培养目标，共享愿景，共建学习资源和学习平台，为从个人自主发展到群体自觉发展的转变。

4. 照非线性和思辨性的持续发展

在线专业化发展要素涉及人、技术、文化、环境等多重因素，各变量因素间的不确定性和复杂性形成了在线专业发展的非线性，任何一个因素的变化都可能引起在线学习效果的变化。在线专业发展需要发现问题、搜集信息、论证问题、评估反馈的批判性思维意识和技能，高职教育要培养具有批判性思维的技能人才，激发想象力和创造力，批判性思维源于美国 20 世纪 70 年代的西方逻辑学领域，80 年代开始引入教育领域，以培养和训练批判性思维能力。外语在线学习任务的设计、过程、监管、支持、评价、资源等因素中过程分析环节的引入，有助于学习分析问题、解决问题能力的培养。在线学习系统的非性和思辨性将有助于教师专业的可持续发展，为终身学习奠定基础。

二、高职教师在线发展制度设计

20 世纪末教师在线发展受到各国追捧，我国教师在线发展刚刚起步，以互联网为基础的在线虚拟环境必将成为外语教师发展的重要平台，如何走出高职外语教师发展的困境，制度设计不可或缺，和价值体系一起如同车之两轮，鸟之两翼,助推教师成长发展。

1. 构建教师发展标准——高职外语教师在线发展的行动指南

2001年美国国家教师发展署出台了《教师在线专业发展标准》,是目前国际教育研究领域最早的关于教师在线专业发展项目规划和评价的纲领性研究成果。国家政策和制度的出台规范着教师专业发展的目标、内容、方式和效果。2007年英国学校培训和发展署出台了《高校教师专业标准框架》,建立了一体化的教师专业标准框架,标志英国高校教师发展走向专业化的标志。2000年我国以立法的形式颁布了《〈教师资格条例〉实施办法》,全面实行教师资格制度的开始,但同时我国还应尽快出台《教师在线发展标准》和《高职外语教师发展标准》,标准的颁布对加快教师发展方式的转变、鼓励和促进教师转型升级、提高教育教学质量意义重大,同时有利于解决高职外语教师发展所面临的一系列问题,尽快确立《高职教师资格认定制度》,促进高职教师的健康发展。

2. 制定教师激励机制——高职外语教师在线专业发展的持续动力

教师发展最终是自主性发展,是教师专业知识、专业素养不断更新与完善的动态过程,增加教师自我效能感是教师增强专业能力的内驱力,是教师产生自主工作动机的内在原动力。高职外语教师的双师素质指既要掌握语言的知识、态度、技能、信念的基本能力,又要具有职业岗位的行业外语知识、职业素质、职业道德、职业情感和职业精神。高职教师在线专业发展受制于教师的需求、动机和目的,因此要从精神、薪酬、荣誉、工作等方面实施激励手段,通过设计在线发展项目等激励不同阶段的教师发展动力,如英国杜伦大学每年设立"梦想基金项目",为教师发展提供基金项目和智力支持。高职外语教师发展要设立"在线精英奖"等,加强在线学习,建立良性的激励制度,从激励教学行为入手,满足教职员工的需求和教师的行为,激发教师形成良好的职业道德和职业行为规范等,主体的虚拟环境和客体教职工都能共赢的效果,以激发教师的积极性的一种机制。

3. 建立发展性考评机制——高职外语教师在线专业发展的评价反馈

新西兰教育部借助"在线学习中心"实现数字化学习资源共享。英国在20世纪80年代末期开始实行发展性教师评价。高职教师发展考评要对教师开展分类、分层、分级考核。高职外语教师不同于专业课教师,不仅要有定量而且要有定性的内容,公平科学的竞争机制,确保高职教师在高职教育改革发展和信息智能化社会不被淘汰。要组建由职业教育专家、企业代表、职业技能鉴定专家等组成的资格认定委员会。高职外语教师在线学习的考评要考虑职前和职后的统一,职前教师注重学科知识向实践知识的转化和衔接,职后教师注重外语资格证书如全国翻译证书、口语证书的学习和考评,对教师实践应用能力、技术创新能力和社会服务能力等的考核，丰富在线教师发展的评价机制。发展性评价以教师为本，满足了教师尊重和自我发展的需要，全方位地鼓励教师的工作执情和积极性。外语在线学习课程可以有测验、设计练习、交互游戏、角色扮演等活动，学习者与在线系统进行的每一次交互都能得到系统的反馈。

4. 优化技术服务机制——高职外语教师在线发展的虚拟环境

2016年7月我国颁布中国信息化发展的纲领性文件——《国家信息化发展战略纲要》，文件指出到2025年我国要率先建成世界领先、国际一流的移动通信网络。核心技术是不受制于人的关键。高职教师在线发展当前从计算机端到移动技术环境转变，同时随着4G、5G网络的普及，无线信号的推广为智能手机接入互联网提供了保证，高职教师实现在线学习提供了可能。我国要进一步提升和优化技术环境，满足个性化和自主化的发展，在资源优化、数据服务、技术支撑上下功夫，为大数据时代下的教师学习提供保障。现有的高职外语教师学习网络有：高等英语教学网全国外语教师研修网等。当前全国高职英语慕课平台建设专项正紧锣密鼓地展开着，优化虚拟环境，提升知识的可视化、传播的艺术化、信息的可视化等，不断满足教师的发展，营造良好的虚拟空间。

5. 构建教师在线发展联盟——高职外语教师在线发展的组织文化场

文化场域的形成，会对教师的教育观念和行为产生预期、激励、阻止、调控的效果，教师在线发展突破了时间和空间的限制，教师在线联盟的建立实现了全球教师的联通，将来自于高校、企业、行业、社区等人员组成联盟，有助于形成文化互动，企业文化、校园文化、社区文化、社会文化及其价值的碰撞，这是激发教师发展的外部力量，同时不同领域的信息交流、新旧观念的冲突，在线情境的学习是教师发展的核心动力。联盟的每个成员要进行知识的交流，通过团队的合作与交流，使得共同体内部的知识得以发挥其最大的效益。在线联盟的运营和服务不能仅仅依赖于主办方，要集政府、企业、高校、行业、社区等为一体，共同为教师发展营造文化场域，以形成教师发展的文化自觉和文化自律，对高职外语教师文化责任和自身文化处境的反思，也是教师发展的动力系统，这种文化场深耕于教师的内心，却外显在教育教学发展和教师终身发展的实效上。

教师发展只有秉持积极的价值观，不偏废于高职外语教育发展的初衷，高职外语强调"语言基础"为"实践应用"服务，教师要发挥在线专业发展的双融互通；既强调工具性，又强调人文性；既注重个体的个性发展，又关注相互的协同性；既关照非线性，又关注在线学习思辨性，将充分发挥在线学习的优势，这也是无缝学习的方向，从而更好地实现专业发展。同时高职外语教师在线专业发展的制度不是不是孤立的，是相互依存、相辅相成，只有协调好各种发展制度之间的关系,高职外语教师在线专业发展才会有成效。教师在线专业发展的要使其与在线组织文化、信息技术和制度的良性融合,共同为高职外语教师的可持续发展注入新的活力。

第三节　工学结合：高职教师发展新路径

工学结合是将工作和学习结合起来,以校企合作为形式,以培养学生的实践操作技能为导向,把课堂学习和实践活动相结合的人才培养模式,强调培养学生的综合素质和就业竞争能力,同时提高学校教育对社会需求的适应能力。《国家中长期教育改革和发展规划(2010—2020年)》第十四条大力发展职业教育中强调:把提高质量作为重点。以服务为宗旨,以就业为导向,推进教育教学改革。实行工学结合、校企合作、顶岗实习的人才培养模式。"工学结合,校企合作"模式是我国目前高等职业院校人才培养的主要模式,也是其改革创新的重要内容和研究热点。但要真正地实现这一培养模式,就要求对现有的教学体系和内容进行全面的变革和创新,对于一贯作为公共基础课程的外语教学其改革的力度和难度尤甚。在此背景下对作为教改重要参与者和教学主要实施者的高职院校教师的专业素质提出了更高的要求。全面提高高职教师的专业素质以适应当前高职教育改革的要求,更好地培养学生在职场环境下语言的实际运用能力已成为当务之急。

一、工学结合背景下高职教师所应具备的专业素质

高等职业教育理念和培养目标以及高职院校"工学结合,校企合作"的人才培养模式决定了高等职业教育,既不是大学本科教育的低水平复制,也不是中职教育的学制延长,而是一种具有鲜明职业特色的高等教育形式。高职教师是否具备符合这种特点和模式的专业素质也成了高职教育能不能办好、能不能为国家和社会输送高技能人才的一个决定性因素。就高职教师所应具备专业素质而言,笔者认为它既有相同于其他专业教师专业素质的方面,也有其特殊的要求,应包括以下几个方面:

(1)正确的职业教育理念。我们经常说思想决定行动,要使高职外语教学能够真正地服务于培养高技能应用型人才的目标,为学生未来的职业发展保驾护航,每个高职教师就必须全面、深刻地理解高职教育理念的内涵和实质,用它

来引领和指导教学工作,使外语教学体现出鲜明的职业特色。这是每一个高职教师所必须具备的一个极其重要的素质。

(2)扎实的专业知识和相关的行业知识。专业知识素质是指所从事的专业教学的基础理论知识和专业知识的广度与深度,扎实的专业知识是教师进行授课的必备条件。就外语教学而言,高职教师应在自己所教授的语言上达到精通的水平,除了语言教学必备的"听、说、读、写、译"的能力,教师还须了解与所授语言相关的文化背景和国家概况等方面的知识,在工学结合背景下,外语是为专业课程服务的基础课程,它应满足职业岗位对职业能力的需求,使学生能使用外语结合专业和岗位进行具体的日常会话和专业交流,所以高职教师除了应当具备上述的语言教学方面的专业知识,还应根据所教学生专业的不同,了解掌握更为广泛"专业"的知识,把语言教学和相关的行业知识的传授有机地结合起来,例如在对旅游专业的学生进行授课时,教师可以把涉外导游的一些常用语和著名景点的介绍穿插到教学过程中去。这样既可以在教学中拓宽学生的知识面,同时也提高了学生学习的兴趣,使外语教学内容真正地和专业结合起来。

(3)灵活、科学、合理的教学方法和现代化的教学手段。工学结合模式倡导的是"教、学、做"合一的教学观,教学强调开放化教学、职业化教学、网络化教学。主张以学生为主体、以教师或技能老师为主导,理论和实践相结合,注重学生的实践能力、操作能力、职业能力和协作能力的培养,这和传统教学观念中强调学生被动接受、机械学习的教学观形成了鲜明的对比。因此教师应当根据学生的特点和教学内容灵活、科学、合理采取诸如问题导向教学、行动导向教学、任务项目课程教学、情境教学和案例教学等,善于使用现代化的教学方法,让学生积极参与到教学过程中来,使学生真正地成为学习中的主体。此外,高职教师还应在教学中充分利用现代化的教学手段,如网上教学、计算机辅助教学、多媒体教学来拓展学生视野、营造真实场景氛围,利用模拟客房、模拟车间、模拟办公室等加强现实效果,甚至可以不定期地把学生拉到社会中去,如外资企业、交易会等,进行实践锻炼,实现工学结合模式所倡导的"教、学、做"合一的教学理念。

(4)良好的教科研能力。高职教育在我国经过多年的蓬勃发展已经具备了相当的规模,工学结合模式也被广泛地认可和付诸实践,然而对于在工学结合模式下的高职教育都只是在宏观上的研究和实践,因此不同地区,不同院校,不同专业,不同分工的高职教育工作者都应该根据各自的实际情况和面临的问题积极参与到高职教育的理论和实践研究中来。对于高职教师而言,要树立自己不仅是一个教育工作者,更是一个教育研究者的观念,把科研和教学紧紧结合在一起,以科研带动教学,以教学促进科研。广大高职教师应在"工学结合,能力为本"的职业教育理念指导下，着力培养学生在将来工作中所需要的外语应用力，坚持"应用为主，够用为度"的高职外语教学原则，根据不同专业的特点和要求，改革外语教学。

二、工学结合模式下高职教师专业素质培养途径

（1）全面更新教育理念，发展创新思维。工学结合模式下教学更注重培养学生的职业能力，使得外语教学处于全新的情景之下。这就要求高职教师更新传统教育观念，不仅要掌握高职教育的基本规律，还要对工学结合教学模式进行深入研究，理解其对教学的要求和特点。同时广大高职教师应当解放思想，跳脱出传统教学理念的束缚，大胆探索和尝试新的教学方法和手段，着力提高自己的创新思维和能力。具体而言，教师应当提高信息素养，熟练掌握计算机技术网络技术，及时将新知识、新信息、新方法传递给学生。在教学中能设计合理的教学方案，采取合适的教学手段，使教学始终根据学生的需要、企业的需要、社会的需要处于动态更新的状态下。

（2）加强教学反思与教学研究，提高教科研水平。教学反思，是指教师以自己的教学活动过程为思考对象，对自己的行为、决策以及由此产生的结果进行审视与分析的过程，是一种通过提高参与者的自我觉察水平来促进能力发展的途径。教学反思是教师提高教学科研能力一条行之有效的途径，教师通过对日常的教学工作进行思考，从中发现问题，研究问题，解决问题，总结教学中的得失，把自己的思考转变为理论，然后再将其运用到教学实践中去，这种"思考"到"实践"，再由"实践"到"思考"的循环往复的过程，必将极大地提高教师的教科研能力。除了进行反思活动，广大的高职教师还应当教师还应开展丰富的职业教育和外语教育方面的理论研究，同时要进行外语课程、专业知识、信息技术的有效融合研究，并以此为指导思想开发基于学生职业能力培养的具有职业特色的精品课程、教材、课件、教学方案、网络资源和网络学习平台，加快外语教育以就业为导向、以服务为宗旨的职业化进程和教师职业化教学研究能力的提升。

（3）升级知识结构，提升行业能力。工学结合模式下，以往那种只要外语好就能当好教师的观念显然已经不符合高职外语教学的要求了，所以高职教师应当对现有的知识结构进行升级，提高自己的行业知识水平。笔者认为以下几条途径可以帮助提升教师的行业能力。一是参加行业培训。教师可以根据教学需要，有选择地参加一些相关行业培训，这样可以帮助教师熟悉授课对象的行业目标、职业岗位或岗位群，了解相关行业，岗位需要什么样的外语语言能力和岗位

需要的最基本的专业能力,在教学中有的放矢地将行业知识与语言教学有机联系起来。二是到企业进行实践。高职教师想真正提高自身的行业能力,就必须走出校园,到相关行业企业中去学习与锻炼,在进行工学结合的实践中提高自己的专业素质,实践形式可以是"半教半学"式,也可以是"脱产式"。教师通过到企业进行实践锻炼可以全面了解企业和社会对于高职毕业生语言能力的要求,同时也能提高自己的外语实际应用能力。三是参与行业外语教材的编写。通过参与行业的外语教材的编写和开发,可以使教师进一步掌握相关行业的外语知识和其知识体系,同时这样的一个过程,本身就是学习过程,走进专业的过程,它能加快我们由基础课教师向专业教师的转型,促进我们教师的成长。

(4) 养成自主学习习惯,树立终生学习理念。当今社会信息量巨大,知识更新迅速,作为教师必须顺应时代的发展,养成自主学习的习惯,树立终生学习的理念,保持旺盛的求知欲,不断更新自己的知识和理念,完善知识结构,以适应不断变化的职业教育发展需求。高职工学结合的教育模式给高职外语教学带来了深刻的变革,在这场变革中广大教师既面临着严峻的挑战,同时也应看到其中的机遇。高职教师应明确目标,通过各种途径,努力提高自身的专业素质,在教学实践中发现问题,解决问题,不断完善、提升自我,最终朝着成为专家型、导师型教师的目标迈进。

第四节　激励机制：高职教师荣誉体系比较研究

面对工业 4.0 引发的对技术技能型人才需求的变化,加快发展职业教育成为世界各国教育发展的国家战略。技术技能型人才的培养需要一支高素质的"双师型"教师队伍,提高高职教师的社会地位,提升教师的职业归属感、荣誉感和成就感已迫在眉睫。2015 年 5 月国务院总理李克强在首届"职业教育活动周"做出重要指示,强调要在全社会营造"弘扬劳动光荣、技能宝贵、创造伟大"的时代新风尚,提高职业教育的社会地位,激励广大教师积极投身职业教育。

荣誉指由于成就和地位而得到广为流传的名誉和尊荣。教师荣誉指社会或教育集团对人们履行教师义务的道德行为的肯定和褒奖,是教师个体或集体获得组织的专门和定性化的积极评价。我国教师荣誉形成制度已源远流长,从"万世师表"的孔子时期的萌芽到新中国成立的荣誉制度的探索,我国教师荣誉制度的形式和构建,经历了漫长的岁月,然而高职教师荣誉体系仍然沿袭普通高校的荣誉范式，未形成系统化的具有高职教育特色的荣誉制度，因此构建基于专业发展的高职荣誉体系，借鉴英美等西方国家荣誉制度建设的经验，推动和构建我国高职教师荣誉体系具有深远意义。

一、我国高职教师荣誉体系建设的现状分析

改革开放以来我国教师荣誉体系逐步建立，从国家到学校都设立不同的教师荣誉项目，作为激励和引导教师发展的动力机制，但在高等职业教育领域未形成系统性和制度性，存在诸多问题。

1. 荣誉称号类别单一，缺乏特色化

目前教育部会同人力资源和社会保障部设立的"全国模范教师"和"全国教育系统先进工作者"荣誉称号；教育部设立的"全国优秀教师"和"全国优秀教育工作者"荣誉称号；省级荣誉有"高校骨干教师""优秀教育工作者"等，从幼儿园系列到中小学系列，再到大学系列，荣誉称号无差别化，高职教育的特色不明显，未能有区分，荣誉称号类别单一。

2. 荣誉称号未有国家品牌，缺乏影响力

当前国家级荣誉称号都是由各行政职能部门设立，未有全国瞩目的"国字号"的品牌，尤其是高职教育领域，教师的培养和激励显得尤为重要，广东2014年评选首批高等职业教育专业领军人才，"大国工匠"荣誉称号也只是由相关省市非官方机构设立，"大国工匠(职业明星)金种子"奖等称号也多由各学校设立，国家范围内的职教荣誉未设立，因而缺乏社会的广泛关注，也不能形成社会影响力。

3. 荣誉评选方式单一，缺乏可信度

我国的教师荣誉分四级，即国家级、省、市、校四级荣誉体系，然而评选模式较为单一，通常自上而下的文件，自下而上的推选，采取民主和集中相结合的方式，由上级发文，派发荣誉称号指标给下一级，层层发放，评选主要是审核送报的材料事迹，部分地方还会出现"暗箱操作"，评审过程不公开透明等现象。2016年11月2日《中国教师报》发表题为《教师荣誉评选应避免马太效应》的文章，文章指出要获得上一级的荣誉必须获得若干下一级的荣誉称号，这种叠加和重复的获奖，未必能激励和促进教师的专业发展，未必能提高教师的荣誉感和职业幸福感，评选方式的单一造成可信度缺失。

4. 荣誉评选后续管理混杂，缺乏制度性

我国教师荣誉称号颁发后通常也会获得一定的物质和精神奖励，只停留在

奖励的表面形式,具有终身性,后续管理严重缺乏,如何挖掘模范典型人物的先进事迹,进一步发挥引领、示范和服务等功能未能开发,也缺乏跟踪管理工作,有部分教师由于获得国家级荣誉称号,逐渐远离一线教育教学岗位,从政或从商者有之,对教师荣誉的管理缺乏法律法规的约束,"一评定终身"的现象仍然存在。

二、我国高职教师荣誉体系建设原则

1. 坚持以人为本的原则

中国古代思想家孙子曰"天地之间,莫贵于人","以人为本"的哲学价值观贯穿中国历史发展的始终。高职教师荣誉体系构建要以教师为本,以教师专业发展为需要,体现需要的原则。在教师发展的探索适应期、稳定成长期和成熟发展期等不同阶段,满足教师生存、安全、人际交往、尊重和自我实现的多元需求,这就不能设立单一的荣誉,要在同一层级,关照多个层面的对象,并形成互补,从而促进教师的多元发展、可持续发展。

2. 坚持科学系统性原则

高职教师荣誉体系要建立在教育学、心理学、管理学、经济学等科学原理的基础之上,要与国家现代职体系建设相结合,与省市地方教育发展规划相结合,与学校教育管理和学校组织文化相结合,与个体的发展目标相结合,形成完整的、持续的激励系统,注重奖、责、权、利的统一和融合,注重物质奖励和精神奖励的双向融通,要以统一的激励目标为方向,形成合力,激发教师专业发展的内生动力,才能达到预期效果。

3. 坚持五大原则

五大原则为：①高职荣誉体系建设目标要具体;②荣誉标准要具有可测量性和可操作性;③荣誉体系应是教师个体、学校、省市、国家等社会各层面普遍认可和接受的;④各类别荣誉的设置与教师的工作和个体或组织的专业发展相关;⑤荣誉的设置不能终身制,要有时间的限制和后续管理,这些原则体现了荣誉制定和实施过程的公开、公正、民主和透明,强调和体现了权威性和公信力,发挥荣誉体系的激励功能。

三、我国高职教师荣誉体系建设的启示

教师荣誉作为对教师工作的认可和肯定,有助于调动教师工作的积极性、主动性和创造性,提升教师专业发展,增长专业发展的动力和内驱力。高职教师担

负着为"中国制造 2025"培养大批技术技能型人才的职责，将"人口红利"变为"人才红利"，吸引更多的优秀人才加入高职教师行列，不断提升高职教师的社会地位，科学合理地建设教师荣誉体系具有深远影响。

1. 设立国家级高职教师的荣誉称号，优化和健全荣誉制度和法律法规

党的十七大报告中明确指出"设立国家荣誉制度，表彰有杰出贡献的文化工作者"，2000 年在科技领域设立"国家最高科技奖"，重奖做出突出贡献的科学家们，奖金 500 万元，第一次设立的国家荣誉称号鼓舞了社会各界。2009 年以周洪宇等为代表的学者在第全国人大代表会上呼吁建立"国家教师荣誉制度"，至此，学术界及社会各界开始关注教师荣誉和教师荣誉制度的建立。2016 年 5 月，教育部、人力资源和社会保障部联合发文，决定自 2016 年起，组织开展"乡村学校从教 30 年教师荣誉证书"的颁发工作。至此，我国教师国家荣誉制度的建立正逐步走向正轨，这对进一步设立国家级高职教师荣誉称号奠定了基础。国家级高职教师荣誉称号建议设立墨子奖、黄炎培奖等，以春秋战国时期的墨子来命名，是由于墨子长期从事生产工艺劳动，具有高超卓越的技术，他是教师也是工程师，符合高职教师"双师型"教师的要求和身份；以黄炎培来命名，是由于黄炎培是中国近代史上倡导、推行和研究职业教育的第一人，这个国家级荣誉奖项要由国家主席或总理亲自颁发荣誉证书，这个奖项的设置有利于在全社会形成"崇尚一技之长、不唯学历凭能力"社会风尚，为职业教育办学和事业发展提供发展机遇。同时要将这个奖项写入宪法，配套出台教师荣誉称号的相关制度和实施意见，成为个体和组织必须遵守的法律法规。

2. 完善四级荣誉体系，形成"阶梯式"的教师专业发展成长路径

高职教师荣誉体系建设仍要完善国家级、省级、市县级、校级的四级体系，国家级荣誉体系由国务院设置和颁发；教育部和其他部委颁发的荣誉和省级部门同属省级荣誉；市政府和市县教育局及其他行政机构颁发的教师荣誉称号属于市级荣誉；高职院校党委行政颁发的教师荣誉称号属于校级。不同规格的荣誉设置应呈现"金字塔"形，颁奖的规模可逐渐扩大，周期可以缩短，要注重校本荣誉的设置的多样性。以江苏某高职院为例，该校除了设立综合奖"工匠"奖外，还设立了教学、科研、管理、党务、师德等单项奖，如实践达人、技能土豪、管理精英、科研尖兵、先锋卫士、耕耘育人奖等奖项，同时根据教师发展的不同周期设有新秀展露奖、技能骨干奖、魅力奉献奖等，形成了横向到边，纵向到底的网格状的荣誉体系图，每位教师都能有自己的人生坐标和荣誉标杆，为教师在不同周期，不同工作岗位实现教师专业发展奠定了基础，明确了教师的努力方向，形成专业发展的阶梯，激励高职教师投身教育教学和企业行业的工作实践，专注于专业发展,提升专业素质和修养,铺就一条螺旋上升的教师成长路径。

3. 探索国家主导,行业、企业、园区、社区、学校五方参与的荣誉体系评审机制

高职教师荣誉体系的设置不同于普通高校,除"高等性"的特征外,"职业性"的属性也要求高职教育在设立荣誉体系时,要吸纳行业、企业、工业园区(科技园、产业园)、社区、学校等参与制定荣誉体系的评审机制,从评审主体的组成、评审指标的测评到评审程序的落实,都要强调多方参与,运用多种测评手段参与评审,评审标准要清晰、明确,具有可操作性;组建采用第三方评审机构,减少行政干预,把建立评审标准作为重点,加强科学性和公平性。同时规范管理机制、待遇机制等,帮助获奖落实明确权责待遇,引导教师发挥示范和引领的作用,同时实行动态的调整机制。国家级的荣誉评审周期可以是三年一次,省市级的评审可以两年一次,校级荣誉评审可以是每年进行,从而缩短周期,提高教师获奖的覆盖面,提升专业自信,激发从"被动"投入到"主动"完成的内驱力的提升。评审过程中注重推荐和测评的设计,注重来自合作企业的师傅、行业的专家、学生、家长、同事的推荐提名,减少自荐环节,注重实绩和能力考查,以评审组的实地考察为重要依据。设置荣誉体系的仲裁机构,对评审标准、过程等实行自述、申述和复述的仲裁评审过程,以达到公平、公正、公开、透明的效果。

4. 提升品牌的影响力,全媒体多媒介的宣传教师荣誉典型

"酒好也怕巷子深",要用营销学、传播学的手段加强高职教师荣誉品牌的塑造和推广。英国"国家年度教师"的评选项目,英国BBC广播电台是全程的合作单位。要和国家级主流媒体开展深度合作,如中央电视台2003年首播的"感动中国"系列、2015年开始制作"大国工匠"系列、"寻找最美教师"系列等品牌活动已形成传播效应。除了借助传统媒介外,发挥新媒体传播的"蝴蝶效应",提升品牌具有极大的推动作用。要注重教师荣誉颁奖的表彰仪式,让荣誉的敬畏感和感染力从仪式开始,加拿大政府会邀请获奖者赴渥太华接受年度教师总理奖颁奖典礼,由总理亲自颁授,同时获得总理亲笔提写的祝贺信。我国也要举办庄严、隆重的颁奖盛典,有助于在全社会形成尊师重教的社会氛围,形成文化认同和文化烙印,反过来也能提升荣誉品牌的全球影响力。美国社会心理学家米尔格伦提出了一个"六度分离"理论,指出"你和任何一个陌生人之间所间隔的人不会超过五个。"根据这个理论,你和世界上的任何一个人之间只隔着五个人。因此要让教师荣誉典型传播起来,让更多人接触、看到和感悟到标杆和示范的引领作用,利用微博、微信等新媒体媒介,讲好教师典型故事,传播好声音,弘扬正能

量,传承中华传统的文化价值观,将职业教育培养的人才观中的"工匠精神"发扬光大。2016 年"工匠精神"第一次写入政府工作报告,在"中国制造2025"的发展进程中,发扬精益求精、孜孜以求的敬业精神和精雕细琢、用心钻研的专注精神,让职业教育中的典型人物引领社会潮流,让"工匠精神"生长在理想的土壤中,实现从"中国制造"向"中国创造"的未来发展转变。

5. 建立动态的荣誉后续跟踪管理机制,确保教师专业化发展方向

高职教师荣誉体系要注重后续管理,建立"四位一体"的后续保障系统,即政策保障、资金保障、人员保障、环境保障等。政策保障即制定高职教师荣誉后续跟踪管理制度,规定和规范荣誉教师应履行的责任、权利和义务等,不得脱离教学一线。美国国家年度教师要在获奖以后的一年时间里,成为国家教育发言人,开展和参加国内外各类教育宣传和研讨活动,传播教育改革创新理念,开展学术研修、海外深造等活动,所有的费用都由政府负责。这些责任和权利的规范值得我国借鉴。建立荣誉人员的资源库,开通线上线下的研讨交流平台,扩大荣誉教师的影响力。资金保障,即注重物质奖励和精神奖励并重,鼓励企业、行业、社会力量资助荣誉教师开展专业发展的活动,同时规定奖金要用于专业发展、教学资源、教学设备及一切有助于教学研究的活动经费。人员保障,即要求荣誉教师吸引教师同行、企业工程师、产业精英等跨界人士参加,组建专业发展团队,努力成为职业教育的领军人物或"大国工匠"。环境保障即做好软环境和硬环境的建设,建立有一定规模的大师工作室,营造浓郁的环境氛围。条件适合的情况下,将高职教师荣誉体系标准与职业教师资格证书标准、职称评定标准相对接,为职业教师提供专业发展动力,催生教师专业发展的内驱力,激活发展力,发挥荣誉教师的创新领航,辐射带动,示范引领的作用,荣誉教师要加强自我勉励,成为职业教育的担当者、教育改革创新的排头兵、职教育理念的传播者、专业发展的践行者,实现人生价值。

德国作家席勒的名言:"还有比生命更重要的,那就是荣誉。"个体因意识到外界的肯定和褒奖所产生的道德情感,就是荣誉感。社会学范畴下的荣誉体系的构建具有社会导向和激励作用,高职教师荣誉体系尚未形成,因此每个职业教育的工作者们都应意识到建立国家级高职教师的荣誉体系、完善阶梯式四级荣誉体系、探索国家主导,行业、企业、园区、社区、学校五方参与评审机制、提升品牌的影响力、建立动态的荣誉后续跟踪管理机制具有深远的意义。

第五节　社会学视角：高职教师专业发展路径

社会学视野中高职教师专业化的路径高职教师专业化包含两个方面，一是高职教师个体专业化，二是高职教师职业专业化。

第一个方面主要指高职教师个体的内在的专业性提高，第二个方面主要强调高职教师群体的外在的专业性提升。从社会学的视角看，高职教师个体的内在的专业性提高是建立在个体努力基础上的，需要高职教师自身主动的学习和努力，需要高职教师在所处的冲突社会状况中，不断通过主动调适"冲突"，接受利益团体随时调整变化的专业价值规范，需要高职教师在人际"互动"中主动解释或选择他人影响及环境结构因素。

可见，高职教师个体专业化是一个在"冲突—互动—协调"中"主动社会化"的过程；高职教师群体的外在的专业性提升是高职教师在学校体系中，"应"高职教师专业的整体标准与目标要求，"答"教育系统、学校组织与法令条例规定的奖惩制约及专业规范和社会角色期待，而习得专业、职业与技术知能，内化专业规范，表现专业行为，改善专业服务功能，提升专业品质的过程。

可见，高职教师职业专业化是一个在"规范—习范—改善"的组织功能提升中（习得专业规范，表现专业行为，改善专业服务功能，赢得专业地位）"应答社会化"的过程。冲突理论、符号互动理论与结构功能理论为我们探寻高职教师个体专业化与群体专业化的具体路径提供了有益的启示。

一、"冲突协调"路径

冲突理论与符号互动理论告诉我们，冲突是社会的本质，也是高职教师个体专业生活的本质。高职教师专业生活中每时每刻都面临着冲突：知识与能力的冲突、教与学的冲突、先进的教学思想与传统的教学方法之间的冲突等等。解决专业冲突，谋求进一步发展，要求高职教师个人在专业生活中与他人（或客体）积极互动，并在互动过程中，统合主观的我与客观的我，以"重要他人"的观点（或客体）作为参照，知觉、修正或发展专业观念，表现合适的角色行为，提升高职教师个体内在的专业性。

（1）反思研修。反思研修是指高职教师作为冲突知觉的自为主体，通过独立的分析、质疑、实践、分析、探索、创造等提升自身专业知能、职业知能和技术知能，解决专业冲突的活动。反思研修的形式有很多种，主要体现在教学反思、专业深造、网络研修、行动研究等方面。教学反思是高职教师通过对自己个人或者同行、同事的教学行为或教学过程进行反思和分析，总结经验教训，提升教学质量和水平的活动。专业深造是指高职教师根据专业生活中冲突的性质与内容，选择相应的院校进修，提升自己教育教学水平的活动，相应院校包括综合类大学、各类师范院校以及同类型的高职高专院校等。网络研修是教师选择以网络为平台进行学习、研究的一种新方法。网络能创造设高职教师之间、高职教师与科研工作者之间、高职教师与企业行业人员之间交流互动，共同探讨的环境和氛围，有利于在互动对话中生成新的教育火花，解决认知冲突。行动研究是一种特殊的"教学研究"模式，是高职教师对自身的教学活动进行思考和探究，并使教学活动和内容以更为有效的方式展开。

（2）联企锻炼。联企锻炼是指高职教师通过联系一家或几家企业开展职业技能和专业技术方面的锻炼和实践，实现更新和提升自身专业学科、职业能力以及技能等，解决专业冲突的活动。企业有良好的职业实践条件，如先进的生产设备、最新的工艺流程与技术信息，规范的高新技术孵化平台，这些都大大有利于高职教师学科、职业与技术方面的实践锻炼。同时，通过联企锻炼，能使高职教师更加全面地理解和掌握当前高职生工作岗位与工作内容所应具有的职业知能和技术知能，促使高职教师适时反思与调整专业教学活动内容和教学活动方式，提升高职教师的课程开发能力、组织能力和实施能力，联企锻炼的形式包含挂职、兼职、顶岗实践等。

（3）教研活动。教研活动是以提升高职教师教育教学能力、促进学生全面发展为目的，以课程建设、专业建设以及教学过程中高职教师所面临的各类专业冲突为研究对象，以高职院校教师为研究主师资培养，以专业研究人员为合作伙伴的冲突导向型的实践性教育研究活动。教研活动的最终目的是有针对性的提升高职教师的专业教育教学综合素质，强化高职教师理论和实践能力、课程建设和实施能力。通过项目分析、专业剖析、集体备课、公开课和教研沙龙等各种形式的教研活动，实现全面解决教师在教育教学和教学改革过程中碰到的疑点和难点，创新教学模式，转变学生的学习方式。教研活动能直接增进教师的教育专业知能，解决教育中各种现实的冲突情境。

（4）同行互助。同行互助来源于美国学者肖尔斯和乔伊斯提出的"同伴互助"概念。原指在互相信任和依赖的基础上，教师共同规划各类教学活动，相互提供、反馈及分享经验(反思)，帮助教师改善自身的教学行为。同行互助有助于教师改善自我的教学行为。高职教师同行互助是指高职教师相互之间以及高职教师与行业企业的同行之间为解决学科与教育专业、职业和技术方面的冲突情境,在学科、教育、职业和技术上相互帮助,互相反思学习,共同提高。同行之间相对容易建立互动与信任关系,有利于实现互帮互助,并通过这种行为,解决双方之间在职业、学科、技术、教育专业知识与能力方面面临的实际冲突。

二、"规范改善"路径

结构功能主义理论认为个人社会化过程的本质是被动的,遵循既有的社会规范与期望而表现专业角色。从社会学的观点理解高职教师专业化,就是指高职教师在当前的学校教育教学体系中,遵循高职教师专业的目标要求和整体标准,教育系统、学校组织与法令条例等所期望和规定的角色规范,习得专业、职业、技术知能,内化专业团体规范,表现适当的高职教师专业角色行为,改善专业服务功能,赢得专业地位的历程。可见,促进高职教师专业化必须在建立健全高职教师专业规范中改善高职教师专业行为,提升高职教师职业的专业品质。

(1)建立健全高职教师专业标准。健全而成熟的专业标准是一门职业专业化的重要标识。高职教师专业标准是指国家为进一步明确宏观的高职教师教育发展方向、凸显高职教育教师行业的特性而制定的专门用于衡量高职教师专业发展状态和多层次质量规格的高职教师专业可持续发展体系。高职教师的队伍建设、专业教学水平提升、教育体系完善的主要依据和重要保障是健全而成熟的高职教师专业标准。建立健全高职教师专业标准主要应建立健全高职教师准入标准、发展标准和职称评聘标准。专业性的准入标准是一门职业专业化程度的主要标志。建立健全高职教师准入标准,严把高职教师"入门"关,有助于提升高职教师的专业性。严把"入门"关,除注重道德、性格等个性品质和角色意识外,更应注重和强调与"高职"特性相关的专业素质要求。教育主管部门在注重和强调高职教育特征的同时,应明确高职教师特殊的素质要求,制定并出台相应的《高职教师资格条例》等制度,建立健全高职院校教师准入标准。同时,教育行政部门可根据不同类型(根据高职教师的素质要求,高职教师可分为:教师类与技师或工程师类)的初、中、高级明确高职教师应具有的学科与教育专业水平与能力、职业资格等级与能力、技术水平与能力及社会服务能力,以此建立健全高职教师发展标准。职称评聘标准对提升和促进高职教师专业发展有重要意义,高职教师评聘标准要体现高职教育的特色,特别是高职教师指导学生参加专业技能比赛、学科竞赛、参与校企合作的成效、技术研发、创新能力及成果、社会化服务等方面成果应作为职称评审的重要指标。此外,根据"双师型"素质的要求,可实施教师系列与工程师系列互通,鼓励教师同时申报两个系列的职称,并在岗位聘任及教学任务上区分,不同的系列开展不同的教学任务,享受不同的待遇。

（2）构建完善的高职教师教育体系。从教育培训的角度出发,高职老师专业化发展受制于三大因素：第一是职前培养水平,职前培养水平决定高职教师专业化的起点水平;第二是入职培训水平,该水平决定着高职教师专业化的成长进程;第三师资培养是职后培训水平,该水平决定高职教师专业化水平的成熟度。由此看来,高职教师作一门特殊的专业,应建立一项完善、科学、严谨的职前、职中和职后教育培训体系,以全面提升教师的专业素质和专业水平、促进教师专业化发展。为此应构建一体化的高职教师教育制度和专业发展学校。

一体化的高职教师教育制度,需要有健全的职前培养、入职教育、职后培训的制度。根据高职教师学科专业性、教育专业性、职业性和技能性"四性合一"的要求,完善的高职教师职前培养制度应体现学科教育、师范教育、职业教育,技能教育等内容,提升专业化的起点水平。为保证教师顺利适应受聘单位与岗位需求,要严格规范高职教师入职教育制度,提升高职教师专业化的成长性能。为促进高职教师专业的可持续发展,要完善强化高职教师职后培训制度,提升高职教师专业化的成熟程度。

其次,要建立职前、入职、职后一体化的高职教师教育制度。高职教师的专业发展是动态的,其本身是一个持续不断的过程;高职教师职前、入职、职后三个发展阶段在功能上既各具特点又相互作用,每一阶段发展过程中的"关键"事件都由先前事件所决定并预示着将来发展的走向。

因此,高职教师教育要建立职前、职中、职后一体化的终身教育制度。这种终身教育制度的外在表现形式是高职教师专业发展学校,其运行模式是：以地域为单元,以综合性大学或师范学院（大学）或专科学院（大学）等的院系组成一个高职教师教育联合体,与一所或几所职业院校结成伙伴关系,一起培养教师,高职教师职前培养一般集中在"联合体"里进行,职中、职后的学习和培训则根据教师个体发展差异由"联合体"与伙伴高职院校共同实施针对性的教育。

（3）建构高职教师专业伦理。专业伦理是高职教师专业化的品质保证。架构高职教师专业伦理须注意以下五点：

第一,凸显高职教育的规律和目的。高职教师专业伦理既要考虑产业经济对高职教师专业伦理的具体要求,也要考虑专业伦理是否能很好地适应与促进高职学生的身心发展,特别是职业技能的习得与养成。

第二,尊重高职教师专业的"特性"。高职教师的专业"特性"主要体现为"技术性""实践性"和"职业性","三性"是高职教师专业伦理所必须体现的特殊伦理诉求。

第三,体现"社会服务"理念。"提供专门的社会化服务"是专业化的体现,高职教师是一门专业,除一般的教育教学服务属性外,还具有"社会服务"的功能属性,社会培训和技术服务是高职教师实现高职教育特色发展的一个主要观测点,是高职教师专业和高职教育的本质要求,所以高职教师专业伦理要凸显其社会服务属性。

第四,现实性和前瞻性相结合。现实性是指现实可行性,指专业伦理不但要遵循教育法规政策的要求,又要适中、全面、具有可操作性,体现时代对教师的现实要求。前瞻性是指专业伦理必须紧跟时代(特别是产业发展)的步伐并成功应对时代发展的趋势。在制定专业伦理规范时,要将现实性和前瞻性有机结合起来,将现实性作为专业伦理的落脚点和基础,以前瞻性引领高职教师的伦理追求。

第五,"规约"与"德性"相统一。规约是对从业人员专业行为的基本和具体要求,一般使用明令禁止或消极的语言组织,对专业行为既有约束力,又有保障作用;德性是一种获得性的人类品质,是从业人员因自身发展需求而积极主动的伦理诉求。"规约"和"德性"相统一,可使专业人员获得专业实践的内在利益,也能保证专业人员"透过专业工作中专业理想的实现,达至个人能力的卓越与良好关系的满全"。

第六节　教育生态：高职教师成长环境优化

一、教育生态学的内涵

生态学是研究有机体或有机群体与其周围环境的关系的科学,它注重生物体与其生存环境之间的各种关系及造成的影响。教育生态学是美国教育家劳伦斯·克雷明于 1976 年在其所著的《公共教育》中率先提出的概念。

它把生态学原理与方法运用和渗透于教育学中,尤其是运用了生态系统、自然平衡、协调进化等原理来研究教育与其周围生态环境之间交互作用及其规律。教育生态学视角将人与环境交互作为研究的首要原则,而且将人与环境互动与发展放到更完整、更复杂的动态环境系统中去考察,努力还原人与环境复杂关系的生态本质。

将教师的成长考察置于一个更为宽泛的时空架构中,在这个架构中有教师的赖以成长的"场域",强调场域中集体价值观、周围氛围、群体文化对个人专业发展的促进和羁绊。教育的生态环境是以教育为中心,影响教师个体成长和受教师成长影响的所有条件之和,也就是教师感受到的职业生活和成长环境。

所以,教师专业成长不仅是教师学科知识、教学技能的增强,还包括教师个体社会化的同步发展,即教师作为社会人所表现出来的价值观、人生观、情感、意志等的发展和完善,而这些又是教师"育人"并对学生产生重大影响的个人专业成长要素,它们直接受到教师生存其间所形成的各种人际环境状况的影响。有利的生态环境可以促成教师个体成长的超常发挥。

二、教育生态视角下教师成长环境探讨

教育生态学视角下的教师的成长环境研究凸显了教师主体的个体性和环境的层级性及系统性。教师专业发展环境就是教师的生活世界,亦即教师感知和体验到的职业生活和成长环境。教师成长环境的层级性包括了教师自我发展的环境,也包括教师与他人(学生、同事、领导等)之间的关系,也包括教育政策、教育体制、社会期望之下的自我约束和突破。

总之,教师在与环境互动的背景下,教师不是环境的消极接受者,而是环境的积极营造者,教师是主体,处于环境系统的中心位置。以下分析采用提出的环境分类法,认为教师成长环境从里到外分别为个人环境、学校环境和社会文化环境。

(一) 教育生态视角下教师成长的个人环境

从生态视角观来看,对教师发展影响最大的是个人环境,它是教师成长生态系统中的微观系统,处于层级系统中的最里层,包括教师的家庭背景、教育背景、教师内在信念、情感体验,教师自我素质的提升。个人环境在教师成长中发挥着重要的作用,父母、老师及家族优秀同辈的模范表率作用,配偶对家庭及工作的大力支持都能产生积极的环境作用,成为教师成长发展的外部驱动力。而教师本人的职业认同、自我发展的内在信念成为教师成长发展的内部驱动力。

(二) 教育生态视角下教师成长的学校环境

学校环境是教师专业成长过程中的感受最直接的环境,是层级系统中的中观系统,作为中观系统调节和引导教师专业发展的方向和路径。因此学校环境

在教师成长过程中有着特殊的意义，它对教师的成长有着非常明显的作用。学校环境包括学校制度、教学环境、科研环境、教师与行政人员的关系、教师之间的关系、师生之间的关系、校园氛围等。教师在与环境互动的过程中，与学校环境互动是最为关键的，不能被动地适应学校环境，应该积极主动地营造、优化环境，在一个轻松、愉快、和谐、向上的学校环境中从不成熟走向成熟，使自己的职业生涯得到完美发展。

（三）教育生态视角下教师成长的社会文化环境

社会文化环境是教师成长生态系统中的宏观系统，处于层级系统中的最外层。它主要是指与教师发生间接关系的教育政策、教育制度、教育习俗和文化等。教育政策对教师的成长起了重要的导向作用，教育制度发挥着强制及潜移默化的作用，教育习俗和文化体现出社会大众对教师的期望，教师会不自觉地调整自己的各种行为规范来满足大众的期望。

三、高职教师成长环境现状

从教育生态的视角来看，环境在教师的成长过程中起了非常重要的作用。在高职院校普遍重视理工商专业发展的当下，我们来探讨生存空间日益缩小的教师的成长环境具有很强的现实意义，它能使教师在困难之中坚定信念，找到适合教师专业发展的新路径。笔者分别从个人环境、学校环境和社会环境等 3 个层面来进行考察。

（一）高职教师成长的个人环境

高职教师大多数个人素质高，但是缺乏行业从业背景。高职教师大多数从普通高等院校毕业，所修专业主要是外语语言文学、应用语言学、翻译，部分教师且未受过师范教育的专门训练，也没有行业从业背景，直接进入高职院校担任教师。教师们普遍外语文学素养高、语言功底扎实。

入职后学校一般都会提供教育学、心理学的短期培训以便于教师能够获得教师资格证以及快速适应教师工作状态。高职教师的女教师比例很高。高职教师大多为女教师，从传统的观点来看，对家庭承担的责任重、对家庭付出的比较多，影响了投入到职业发展上的时间和精力，压缩了职业发展的空间，对家庭情感的维护在一定程度上也影响了自己的职业规划。

如今的高职院校多数是由中职、中技或者成人院校升格而来，学校原来的教师多数学历不高,为适应教学及职业院校发展的需要,一些教师在教学之余一般都利用业余时间进修提高,多数已经获得硕士学位,其中的艰辛付出更加坚定了教师们心中作为高职教师的内在信念。而新入职的年轻教师一般都是硕士研究生以上学历,他(她)们都怀着美好的心愿投入职业教育的洪流,却不料与自己想象中的大学有点差距:比如职业院校多数重视理工商科的发展,对诸如语言、人文类的学科重视不够,外语学科被边沿化,教师自我的内在信念也在发生动摇,这种内在的信念会处处体现在教学育人的诸多过程中。

但是尽管如此,大家对教师的职业认同还是持有较积极的态度。教师缺乏归属感。由于高职教育快速发展,高职院校教师的需求量连年都有增长,而事业单位进人都有编制的限制,单位编制的增长和教师人数的增长产生了矛盾,很多新进教师属于非编人员,尤其是教师。在编和非编的待遇一直都有差距,所以引发了同工同酬的呼吁,教师期望能够打破在编和非编的界限,提高非编教师待遇,增加非编教师收入,加强教师的归属感,稳定高职教师队伍。

(二) 高职教师成长的学校环境

教学环境日益得到改善。如今高职院校的教学实体环境总体较好,比如多功能语音室、多媒体课室、各种教学软件等。但是高职教师多数要承担全院公共外语的教学,所以日常的教学工作量比较大,备课、教学负荷重,有时候会对自己的职业发展产生影响,比如教学和科研之间的矛盾、教学和日常生活之间的矛盾,随着时间的推移会产生职业倦怠感。科研的艰难发展。

随着国家对高职教育的日益重视,教育管理部门也意识到高职院校科研的重要性,科研项目较以前增加,科研经费的支持力度也不断加强,但是由于外语学科在高职院校被边沿化,在科研申报方面常常处于弱势地位,科研申报的成功率较其他学科低,严重影响了教师们的科研兴趣和热情。

高职教师精心撰写的论文发表困难,一方面可能是教师本身的科研经验和教研理论的欠缺,另一方面与很多期刊歧视高职院校教师不无关系。

高职院校中行政化倾向还比较严重,管理人员官本位思想较严重,没有树立清晰的为教师和学生服务的意识,个别管理人员把教师视为管理和监视的对象,不了解教师的需求和实际困难。教师从心理上难以认同部分管理人员的工作作风和教育管理措施,影响了学校正常教育管理工作的执行,也造成了教师和管理人员之间并不十分和谐的关系。教师之间是竞争中相互理解、共同提高的关系。

教师之间历来就存在着竞争,不过由于都是属于高知人群,所以这种竞争隐藏在和谐相处的背后。但是有些与教学相关的内容相互之间还是有许多的交流和共享,比如说课比赛、讲课比赛、课堂经验交流、教学资源的分享等。

　　在科研方面,有共同兴趣和研究方向的老师会自发地组织起来一起申报课题,共同探讨研究的主题,分工合作撰写课题申报书,一起外出调研,组织实施课题的各个项目。高职教师与学生相处融洽,但对于学生的厌学有点力不从心。高职学生的外语整体水平较差,学生的学习积极性不高。但是由于外语课堂许多老师能够中西结合,上课比较生动活泼,也有较强的趣味性,所以课堂气氛还是比较活跃,师生之间关系和谐。学生课后很少有人复习,所以外语教学的实际效果差强人意。

(三) 高职教师成长的社会文化环境

　　国家的教育政策对于教师的择业观、教师的专业发展影响很大。近十多年来国家重视高职教育,对高职教育的支持力度不断加大,高职院校地位的提高吸引了很多硕士、博士、行业技术能手投身高职教育行业,吸引了大批优秀人才,外语学科的新进教师基本具有硕士及以上学位,提高了教师的整体素质。

　　如今,高职教育强调学校要增强学生的实际运用知识的能力,所以对师资提出了新的要求：双师素质教师,多数没有行业背景的高职教师正在积极地参与顶岗实践。目前的困境是缺乏顶岗实践的平台。

　　国家为了提升教师素质,建立了强师工程项目,国培、省培、市培项目相继上马,力度不可谓不大,有些改革受到了教师们的欢迎,有些却是为培训而培训。教师普遍认同教学改革,但是改革总是自上而下,缺乏规范的调研和论证,教师话语权缺乏,尤其是教师的话语权。教师的微弱呼声几乎被淹没,教师的需求被搁置,所以较难达到最终的改革目的。

　　自古以来教师是一个比较受人尊重的职业,所以社会对教师的期望值较高,尤其是教师,普遍给人的感觉是开朗、西化、洋气、知识面广,教师常常在自我发展和社会的期望之间找平衡点。

四、教育生态学视角下高职教师成长环境优化

　　从教育生态学的视角来看,教师能感受到的职业生活和成长环境都对其发展产生影响,教师就是在与环境互动中成长起来的,一方面要适应环境,另一方面要创造环境、优化环境。我们可以从个人环境、学校环境和社会文化环境进行优化,或者可以说从微观环境、中观环境和宏观环境优化,以便形成教师和环境的良性互动。

（一）高职教师成长的个人环境优化

信念是意志行为的基础，是个体动机目标与其整体长远目标相互的统一，没有信念人们就不会有意志，更不会有积极主动性的行为。教师信念可以理解成：教师主体在即时情境下对自身专业发展这个客体的认识、理解、想法和观念，教师信念决定着教师的行为。国家大力发展职业教育给教师带来了机遇，但是外语学科的边沿化也给教师带来了挑战，教师应该在这个时候坚定自己从事职业教育的信念，把挑战化为动力，激发出自己潜在的精力、体力、智力和其他各种能力，探索出一条适合外语学科在高职院校顺利发展的新路径。提高自身双师素质。高职教师应该适应形势发展的需要，在努力提高自己的专业知识的同时，也要提高外语实践教学技能。因为教师的专业知识和专业技能也是组成教师专业发展的个人环境要素，它是决定教师专业发展的要素之一。创设和谐家庭环境。和谐的家庭环境是职业成功发展的良好保障之一。家庭轻松愉快的氛围使得教师很容易进入工作状态并且乐于在课堂上也保持轻松愉快的良好环境，容易和学生形成良性的互动，又反过来促进教师的身心愉悦，增强从教的信基础建设念和家庭幸福感。

（二）高职教师成长的学校环境

要建立和谐的教师之间的关系，摒弃传统的"文人相轻"的旧观念，新型的教师关系不仅仅是同事关系，更是基于共同爱好的友谊关系，还是基于共同事业的伙伴关系。尤其是在高职院校外语学科不受重视的环境下，教师之间更要树立协同创新的观念，建立新型的教学科研共同体，以便于改善知识结构，实现优势互补，在互助协作中与同事共同成长。其次，要建立轻松愉快的教学氛围。以独特的人格魅力吸引学生，以丰富的文化知识吸引学生，以新颖的教学方式吸引学生，从而在轻松愉快的环境中激发学生的学习兴趣，挖掘学生的学习潜能，教师与学生在此过程中知识与情感得到了有效的交流，从而达到共识、共享、共进，实现教学相长与共同发展。改革管理模式，建立民主参与式的学校管理模式。建立民主参与式的管理模式的前提是以人为本，尊重教师，使教师能在更宽松、自由的氛围中工作和思考，为教师专业发展创造良好的环境。倾听教师心声，了解教师的实际生活、教学、科研状况和需求，提供有针对性的、切实有效的帮助和指点，把国家发展、学院发展和教师个人的发展结合起来，取得多赢的局面。改变评价方式。正确的评价才会有激励的作用，才会有向上的动力。应该摒弃重科研、轻教学的观念，鼓励教师以研促教，以教促研，教研结合。同时可以根据教师个人事业发展的特点，细化教师事业发展群体（研究型、教学型、教学研究结合型），形成相应的评价方式及职称晋升方式。弱化学生对教师的评价和优化教师考核标准，采取多种措施激发教师自身的内在动力和自我发展的能力。

（三）高职教师成长的社会环境优化

教育管理部门要把教师教育落到实处。教师是一个需要终身学习的职业，职前教育和在职教育紧密相连，教师的职前和在职教育要有科学性、连贯性。职前教育重点注重系统性的、理论性的知识学习，在职教育重点注重实践性的、实用性的技巧提升。就高职教师而言，多数具有扎实的理论功底，但是教学中会遇到很多实际困惑：如何激发高职学生学习外语的兴趣？如何把外语和专业教学相结合？如何贯彻项目引领的教学理念？如何践行"做中学，学中做"？如何开发外语校本课程？因此教师教育应该多做调研，要"自下而上"倾听教师的心声，从教师的实际需求出发，使教师在各项省培国培和其他培训中获得解决实际问题的能力，教学和实践能力获得真正意义的提升，而不是流于参加过多少次培训的这种形式主义。相关部门要采取优化教师成长环境的配套措施。鼓励高职教师顶岗实践，采取相关的配套措施。

在《高职高专外语教学基本要求中》提出："在完成《基本要求》规定的教学任务后应结合专业学习，开设专业外语课程"，因此教师自身要有很强的实践教学的能力，要具备"双师"素质。教师提高实践教学能力的最佳途径之一是参与企业行业的顶岗实践。但是在就业形势比较严峻的当今，很多企业行业并不愿意接纳教师顶岗实践，当然其中有企业行业自身发展及用人原则等原因，但是也与国家及教育行政部门只倡导而无实际措施不无关系。国家应该采取相应的措施，鼓励企业行业接纳教师参与顶岗实践，比如减免税收，申报科研项目可以加分，可以享有当地政府的优惠政策，或者可以直接给予现金奖励。政府从多层面多渠道调动企业的积极性，给教师提供顶岗实践平台。

教师不仅要利用业余时间或者寒暑假参与企业行业顶岗，更要争取完全脱产顶岗的机会，真正融入企业行业的生产和服务中。比如参与企业对外合作项目的前期调研考察，外语资料的整理和翻译，项目合作过程的口译等。

教师成长的环境因素以及互动对于教师的职业发展起了很重要的作用。我们以教育生态学的视角来研究教师的成长环境，将教师的成长考察置于一个更为宽泛的架构中，个人环境、学校环境和社会文化环境共同交织构成了教师成长的总体环境。教师要创造条件与环境积极互动，完善自身的专业发展。

第七节　评价体系：高职教师自我评价体系构建

一、教师评价

教师评价是对教师工作现实的或潜在的价值做出判断的活动，它的基本目的是促进教师的专业发展与提高教学技能。教师自我评价是教师评价的核心部分，它是一个自我反思和自我提高的过程教师通过自我评价来认识自我、分析自我、最终提高自我，对于深化高职教育教学改革具有极其重要的意义。

我国高等职业教育目标是"以服务为宗旨，以就业为导向，走产学结合的发展道路"，培养高素质的技能型专门人才。2008年，《高等职业教育英语课程教学要求(试行)》指出："高职英语课程是高等职业教育的一个有机组成部分，是为培养面向生产、建设、服务和管理第一线需要的高技能人才的目标服务的。"

所以高职院校的英语教师应依据高职英语课程教学的特点和目标，构建合理的教师自我评价机制，促进高职英语教师专业发展。

1. 树立正确的教师自我评价观

教师在进行自我评价过程中，由于教师自我评价的复杂性和特殊性，最常出现的问题是过低的自我评价、过高的自我评价和不完全的自我评价。为了对教师自我评价机制进行合理的调控，应该树立正确的教师自我评价观。通常情况下，教师在自我评价时，功利性比较强，总是把评价结果与前途、利益联系在一起，使教师的自我评价违背了评价的激励、诊断和交流初衷，导致评价缺乏科学性与有效性，违背评价的发展性目的。

为了让教师客观、公正地评价自己，从根本上认识自己的优势和不足，树立正确的自我评价观显得格外重要。人本主义心理学代表人物马斯洛认为："人都有自我发挥和完成的欲望，使自己的潜能得以实现、保持和增强。"教师通过自我评价不断进行自我激励、自我诊断、自我调整，最终得到自我提高，这个过程就是教师的自我发展、自我实现过程。树立正确的教师自我评价观能充分调动教师的积极性，激发教师的潜力。在自我评价过程中，教师的自我意识得到了充分培养，进而为教师专业成长提供了前提。

2. 高职英语教师专业发展对教师自我评价的要求

教师专业发展是近几年来外语教学研究领域讨论颇多的一个术语。中国著名教育学家傅道春指出:"教师专业是指教师专业水平提高的过程和结果,是教师成长和发展的本质方面。教师的专业又包含了许多的社会内涵,即争取教师工作专业地位的努力和斗争。"从中我们得出教师专业发展是一个持续不断的过程,是一个发展的概念。

姜虹指出高职院校培养高技能人才的关键是教师,其核心在于教师的专业发展,教师专业素质的发展直接关系到学生外语水平及外语教育教学整体质量的提高。就教师发展而言,格雷芙斯认为应界定教师发展的内涵和外延,内涵发展即通过个人实践和反思,外延发展即借鉴他人的经验和理论。

由此可见,教师发展是一个动态的过程,需要教师不断学习和探索。教师发展突出了教师内在的自觉性和自我进步意识,强调教师在整个职业生涯发展的过程中要不断提高专业素养,提倡教师参与开发教学理论,形成批判性的自我意识和自我评价,通过教师积极反思自己的教学,观察自己的课堂行为,评估自己的教学效果,以促进自身发展。高等职业教育发展形势要求高职英语教师从传统意义上的知识传授者角色转变为课堂教学活动的组织者、监控者和评价者角色,所以高职英语教师角色的多样性决定了教师评价的复杂性和特殊性。

为了全面客观地进行教师评价,一般都采用多途径、多主体来评价教师。教师评价主要方式有:领导评价、同行评价、学生评价、社会评价和教师自我评价。教师自我评价同其他四项"他评"不同,是一种教师通过认识自己、分析自我,从而达到促进自身素质提高的内在机制。自我评价作为一种自我发展的动力机制,对于教师的发展来说,是教师专业提高的根本动力。

二、高职英语教师自我评价促进专业发展的途径

1. 树立高职教育理念,实现教育思想转变

长期以来,我们的英语教育以培养传统的学业智力为中心,导致课程结构过于单调,课程内容过于局限,教学模式过于统一,评议方式过于僵化。

因此,高职英语教师应该转变传统的教育观念,树立"以服务为宗旨,以就业为导向,走产学结合的发展改革之路"的高职英语教育理念,学习和运用多元智能等教育理论和现代职业教育理论,合理应用智能划分方式,把握和分析学生智能发展需求,寻求个性化发展的职业技术教育规律,以科学的发展观指导高职英语课程教学的改革。

2. 高职英语教师要树立终身学习的理念

科技的迅速发展和产业的更新换代对高职英语教师的专业知识和能力要求

发生了改变,为此,高职英语教师应该树立终身学习的理念,不断更新知识结构,发展专业能力,接受新知识的挑战。目前高职院校英语教师大部分是英语语言文学专业毕业的,对理工科方面知识的了解相对薄弱。为了有效完成课程目标,真正提高学生的职业素质、职业能力和就业竞争力,高职英语教师必须将语言技能与职业技能进行融合,与时俱进地拓展自己的专业和行业知识领域,做一个终身学习者。

3. 培养教学反思能力

20 世纪 80 年代,美国、英国等西方国家兴起反思性教育思潮,反思性教育思潮出现了许多名词。

杜威提出反思性教学的三个条件：思想开放、有责任感、对教学全身心投入。他认为反思性教学是一种思考问题的方式,要求教师具有做出理性选择并对这些选择承担责任的能力,教师应该既是实践者,又是自身教学行动的研究者。教师应该培植起“反思”的意识,不断反思自己的教育教学理念与行为。

教师自我反思的过程也就是教师自我评价的过程,教师只有在不断研究新情况、新环境、新任务、新问题,经过不断自我诊断评价,了解自己的优势和不足,才能有意识地寻找学习机会,不断适应、促进教育工作,成为一个“自我引导学习者”。教师正是在自我反思、自我评价过程中主动探索自己所不熟悉的专业知识,实现自我专业发展。

4. 依据可操作的高职英语教师自我评价指标体系

教师自我评价指标体系是教师自我评价得以开展的依据,教师自我评价要求教师依据评价原则,按照评价标准,对自己的工作表现主动做出评价,了解自己专业发展程度以及自我专业发展的能力。

为了使自我评价更加客观、合理,教师还需要借助一些工具,包括教学录音或录像、专家制定和教师自行编制的量表、学习者的经历和教学自传、教学日志、教师学习审计、角色模型简介、生存忠告备忘录及理论文献等,在此基础上,对自己过去的专业发展过程进行自我评价,了解自己专业发展的水平,进而制定新的专业发展方向。

5. 创设宽松的高职英语教师自我评价环境

王斌华在男女助理教师协会(英国)的研究报告指出：“评价对象能否做到襟怀坦白,这是自我评价成功与否的关键。”为了减少和消除教师自我评价中的误差,应做到：创设自由、民主和平等的宽松教师自我评价环境;明确评价的目的,将教师自我评价与教师的切身利益关系脱钩,摆脱“为了他评而自评”的倾向;充分发挥学生、家长、同事、学校领导和教育专家的作用,多方面收集信息;构建教师自我评价机制，促进高职英语教师专业发展，在对教师形成性评价过程中促进教师的专业发展。

6. 重视高职英语教师自我评价结果

高职英语教师是高职英语课程教学改革中重要的一环。在当前高等职业教育快速发展的背景下，把高职英语教师自我评价的结果和教师自身的专业发展有机结合起来，促使高职英语教师在专业能力发展方面适应高等职业教育英语课程教学改革目标和要求。

为了实现英语教师自我评价的发展性目的，学校管理者应根据教师自我评价的结果，积极帮助教师分析存在问题及原因，并提出解决问题的意见，以改进不足；英语教师对自我评价的结果要采取认真的态度，积极参照自我评价标准，对自我评价的结果进行分析处理，对教学工作中存在的问题进行客观的评价和积极有效的纠偏，对高等职业教育英语课程改革目标和教师自身实际工作状况之间的差距进行深刻认识、反思和总结，以提高教师自我评价的意识和能力，有力地促进教师专业素质的提高。

高职英语课程改革的关键是教师，高职英语教师自己是教学的设计者和实施者，也是教学的直接责任者，他们对于教学整个过程的构思最清楚，因此，教学效果评价只有建立在教师自我评价的基础上才有意义。高职院校培养高技能人才的核心在于教师的专业发展。

基于高职英语教师自我评价机制促进高职英语教师专业发展，可概括为：树立高职教育理念，实现教育思想转变；高职英语教师要树立终身学习的理念；培养教学反思能力；依据可操作的高职英语教师自我评价指标体系；创设宽松的高职英语教师自我评价环境；重视高职英语教师自我评价结果。

高职英语教师通过不同途径构建教师自我评价机制，不断总结教学工作中的得与失，改进教学，提高高职英语整体教学质量，进而促进高职英语教师专业发展。

参考文献

[1] Bartllet, L. Teacher Development through Reflective Teaching [A], Richards, J. C. & D. Nunan. Second Language Teacher Education [P]. Cambridge: Cambridge University Press, 1990: 202 - 214.

[2] Nanun, D. &C. Lamb. The Self Directed Teacher: Managing theLearning Process [P]. Cambridge: Cambridge University Press, 1996.

[3] Richards, J. C. Beyond Training: Perspectives on Language Teacher Education [P]. Cambridge: Cambridge University Press, 1998.

[4] Richards, J. C. & C. Lockhart. Reflective Teaching in Second Language Classrooms [P]. Cambridge: Cambridge University Press, 1994.

[5] Wallace, M. J. Training Foreign Language Teachers: A Reflec-tive Approach [P]. Cambridge: Cambridge University Press, 1991.

[6] Veenman, S. Perceived Problems of beginning teachers. Review of Educational search, 1984, 54, 2, 154 - 155.

[7] Shulman, L. S. (1987). Knowledge and Teaching: Foundations of the New Reform. Harvard Educational Review, 57,1.

[8] Calderhead, J. Teachers: Beliefs and Knowledge. InBerliner, D. C. and Calfee, R. C. (Ed), Handbook of Educational Psychology. NewYork: Macmillan, 1996. [58] Lortie, D. (1975). School teacher. Chicago: University of Chicago Press

[9] Richards, J. C. &T. S. C. Farrell. Professional Development for Language Teachers: Strategies fro Teacher Learning [P]. Cambridge: Cambridge University Press, 2005

[10] AdeyPetal. The Professional Development of Teachers: Practice and Theory [M]. Dordrecht: Kluwer Aca-demic Publishers, 2004.

[11] Coffey B. State of the art article—ESP: English for Specific Purposes [J]. Language Teaching, 1984,17(1): 2 - 16.

[12] Crandall J. Language teacher education [J]. Annual Review of Applied Linguistics, 2000,20(1): 34 - 55.

[13] Day C. Developing Teachers: The Challenges of Life long Learning [M]. London: Falmer, 1999. 106 - 108.

[14] Greene M. Toward a Community of Wide-Awareness: Art, Imagination, and Diversity [M]. Tempe, AZ: Ari-zona State University, 1990.

[15] Lange DL. InRichards JC&Nunan D(eds). Second Language Teacher Education [P]. Cambridge: Cambridge University Press, 1990.

[16] 董金伟. 外语教师专业发展的有益方略——《语言教师专业发展: 教师学习策略》介绍 [J]. 外语教学与研究,2007,(2): 157 - 159.

[17] 甘正东. 反思性教学: 外语教师自身发展的有效途径[J]. 外语界,2000,(4): 12 - 16.

[18] 卢真金. 反思性教学研究述评———从内容分析法的角度[J]. 浙江教育学院学报, 2007,(3): 1 - 8.

[19] 魏立明,隋铭才. 国外外语教学文献述评[J]. 国外外语教学,1996,(4): 38 - 40.

[20] 熊川武. 论反思性教学[J]. 教育研究,2002,(7): 12 - 17,27.

[21] 约翰·杜威. 我们为何思维·经验与教育[M]. 姜文闵译. 北京: 人民教育出版社,1984.

[22] 章玮. 大学英语反思性教学的当下之思[J]. 黑龙江高教研究,2008,(3): 166 - 168.

[23] 左焕琪. 英语课堂教学的新发展[M]. 上海: 华东师范大学出版社,2007.

[24] 徐华. 一带一路战略背景下高职教育国际化路径研究[J]. 江苏高教. 2016(7)

[25] 张勇. 教师问题意识消解因素分析与策略思考[J]. 当代教育科学. 2015(2)

[26] 张正东,李少伶. 英语教师的发展[J]. 课程·教材·教法,2003.(11).

[27] 叶澜. 新世纪教师专业素养初探[J]. 教育研究与实验,1998(1)

[28] 傅树京. 教师发展学校: 理念及特点[J]. 首都师范大学学报(社科版)2003(5)

[29] 张勇. 教师自主学习现状调查与分析[D]. 上海师范大学硕士论文. 2010

[30] 徐华. 高职外语教师在线专业发展的价值取向和制度设计[J]. 黑龙江高教研究. 2017(4)

[31] 申继亮. 心理学视野中的教师专业发展[J]. 北京师范大学学报(社科版),2004(1)

[32] 叶澜. 学校文化的关键: 唤醒教师内在的创造激情[J]. 教书育人,2008(3)

[33] 陈振华. 论教师的经验性学习[J]. 华东师范大学学报(教育科学版),2003

[34] 叶澜. 改善教师发展生存环境,提升教师发展自觉[N]. 中国教育报. 2007(3).

[35] 徐华. 基于专业发展的高职教师荣誉体系建设比较研究[J]. 江苏高教. 2017(6)

[36] 张忠华. 论大学青年教师的教学能力结构与发展策略[J]. 中国高教研究. 2013(4)

[37] 梅国平. 教师发展: 学校内涵发展的生命线[J]. 江西师范大学学报(哲学社会科学版). 2011(8)

[38] 夏飞,高燕. 内源与外源发展: 教师专业发展的实践博弈[J]. 中国教育学刊. 2015(8)

[39] 肖丽萍. 国内外教师专业发展述评[J]. 中国教育学刊. 2002(5)

[40] 赵昌木. 教师成长的个人因素探析[J]. 临沂师范学院学报. 2004(8)

[41] 徐华. 大数据时代下的高职变革与教师发展[J]. 中国成人教育 2015(7)
[42] 王艳玲. 教师专业发展：教师教育的核心理念[J]. 全球教育展望. 2008(10)
[43] 蔡文伯. 改革开放以来我国教师专业化发展的回顾与展望. 师资建设. 2009(1)
[44] 李志厚. 论教师学习的基本追求[J]华南师范大学学报(社会科学版). 2006(4)
[45] 李志厚. 西方国家教师学习研究动态及其启示[J]外国教育研究. 2005(8)
[46] 姜勇. 论教师专业发展的后现代转向[J]. 比较教育研究,2005(5)
[47] 王艳霞. 内在生成的教师专业发展[J]. 教育科学研究 2009(5)
[48] 饶从满. 教师发展若干基本问题辨析[J]中国教育学刊. 2009.04
[49] 韩卓. 高校公共英得教学中淘题、成因及解决对策研究[D]. 东北师范大学,2012
[50] 覃锋. 高职英语教师自主能力调查与研究[D]. 上海外国语大学,2012
[51] 苏尚锋. 个体与组织：教师自主性的二重维度[J]. 教师教育研究,2007,(6)
[52] 邓金. 培格曼. 最新国际教师百科全书[M]. 北京：学苑出版社,1989：553
[53] 单中惠主编. 教师专业发展的国际比较[M]. 北京：教育科学出版社,2010：13
[54] 叶澜等. 教师角色与教师发展新探[M]. 北京：教育科学出版社,2001.4
[55] 王卫东. 教师专业发展探新[M]. 广州：暨南大学出版社,2007.34.
[56] 吴黛舒. "新基础教育"教师发展指导纲要[M]. 桂林：广西师范大学出版社,2009.16
[57] 陈燕. 大学英语教师专业发展新视角[M]. 北京：中国政法大学出版社,2004.18
[58] 张敏. 教师学习的理论与实证研究[M]. 杭州：浙江大学出版社,2007：24
[59] 吴刚. 教师专业发展的多元途径[M]. 上海：上海教育出版社,2008
[60] 联合国教科文组织(学会生存———教育世界的今天和明天[M]北京：教育科学出版社,1996
[61] 彼得·圣吉. 第五项修炼—学习型组织的艺术与实务[M]. 上海：三联书店,1994
[62] 大学英语教师专业发展状况实证研究[M]. 北京：国防工业出版社,2011(4)
[63] [加]马克斯范梅南. 教学机智—教育智慧的意蕴[M]. 北京：教育科学出版社,2001(4)
[64] [美]布鲁克菲尔德著：《批判反思型教师 ABC》. 中国轻工业出版社,2002
[65] 郑肇桢. 教师教育[M]. 香港：中文大学出版社. 1987
[66] 徐斌艳. 教师专业发展的多元途径[M]. 上海：上海教育出版社,2008
[67] 郑慧琦、胡兴宏主编. 教师成为研究者[M]上海教育出版社. 2006：6
[68] 杨平主编. 新课程教师学习和自我发展能力培养与训练[M]. 北京：人民教育出版社. 2005
[69] 教育部师范教育司：《教师专业化的理论与实践》[M]. 人民教育出版社 2003
[70] 教育部. 高职高专教育英语课程教学基本要求[M]. 北京：高等教育出版社,2000.11
[71] 刘润清. 大学英语教学[M]. 北京：外语教学与研究出版社,1999
[72] 束定芳. 外语教学改革问题与对策[M]. 北京：上海外语教育出版社,2004
[73] 刘黛琳. 高职高专外语教育发展报告(1978—2008)——改革开放 30 年中国外语教育发展丛书[M].上海外语教育出版社,2008.
[74] 李扬. 高职教师专业发展的策略研究[D]. 上海师范大学,2011
[75] 褚小宝. 高职院校教师专业发展的现状及对策研究[D]. 华东师范大学,2009
[76] 王丽婷. 高职院校教师专业发展的研究现状与展望[J]. 广东农工商职业技术学院学报,2008,24(3)

[77] 林崇德. 教师素质的构成及其培养途径[J]. 中小学教师培训,1998(1)

[78] 刘黛琳. 教指委要成为高职高专英语教学改革的引领力量[J]. 外语界,2009(1)

[79] 夏纪梅. 外语教师发展问题综述[J]. 中国外语,2006,3(1).

[80] 宋青龙. 高职院校教师专业发展的若干问题研究[D]. 华中师范大学,2007

[81] 顾明远. 为素质教育正名[J]. 课程. 教材. 教法. 2015.337

[82] 戴曼纯,张希春. 高校英语教师素质抽样调查[J]. 解放军外国语学院学报,2004,(2):22 - 23.

[83] 甘正东. 反思性教学:外语教师自身发展的有效途径[J]. 外语界,2000,(4):12 - 16.·82·

[84] 高等学校外语专业教学指导委员会. 关于外语专业面向 21 世纪本科教育改革的若干意见[A]. 高等学校外语专业教学指导委员会英语组. 高等学校英语专业英语教学大纲[Z]. 上海:上海外语教育出版社,2000.

[85] 高翔,王蔷. 反思性教学:促进外语教师自身发展的有效途径[J]. 外语教学,2003,(2):87 - 90.

[86] 胡隆. 创新是外语教师教育技术研究的永恒主题[J]. 外语电化教学,2004,(6):26 - 30.

[87] 黄景. 行动研究与在职外语教师[J]. 外语教学,1999,(3):13 - 16.

[88] 刘黛琳,张剑宇. 高职高专公共英语教学现状调查与改革思路[J]. 中国外语,2009,(6):77 - 83.

[89] 刘法公. 论基础英语与专门用途英语的教学关系[J]. 外语与外语教学,2003,(1):31 - 33.

[90] 刘学惠. 外语教师教育研究综述[J]. 外语教学与研究,2005,(5):211 - 217.

[91] 夏纪梅. 外语教师发展问题综述[J]. 中国外语,2006,(1):62 - 65.

[92] 文秋芳,任庆梅. 探究我国高校外语教师互动发展的新模式[J]. 现代外语,2011,(1):83 - 90.

[93] 吴铭方等. 努力探索,不断改革,建设大学英语后期教学新体系[J]. 外语界,1998,(3):45 - 50.

[94] 吴一安. 优秀外语教师专业素质探究[J]. 外语教学与研究,2005,(2):199 - 205.

[95] 中央教育科学研究所比较教育研究室编译. 简明国际教育百科全书[Z]. 北京:教育科学出版社,1990.

[96] 郑金洲. 教育文化学[M]. 北京:人民教育出版社,2000:127,229.

[97] 陈冬英. 澳大利亚 TAFE 的发展历程及趋势[J]. 广州职业教育论坛,2012(1):60 - 64.

[98] [6]赵祥麟,王承绪. 杜威教育论著选[M]. 上海:华东师范大学出版社,1981:28,61.

[99] 陆有铨. 现代西方教育哲学[M]. 郑州:河南教育出版社,1993:246.

[100] 胡敏华. 基于素质构件的高校双语教学师资队伍的建设思路[J]. 江苏大学学报(高教版),2006(3):63 - 66.

索　引